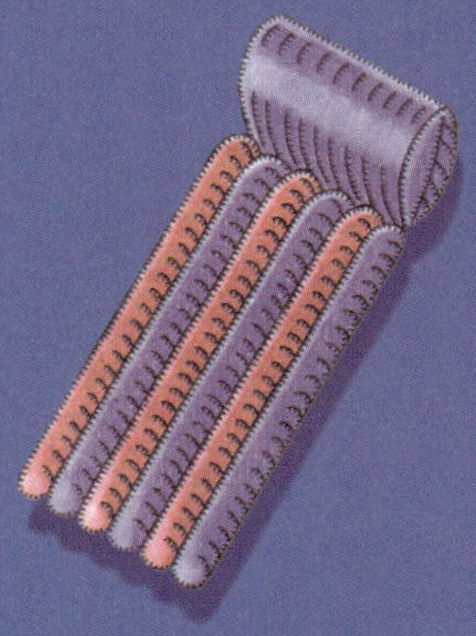

Die blaurote Luftmatratze

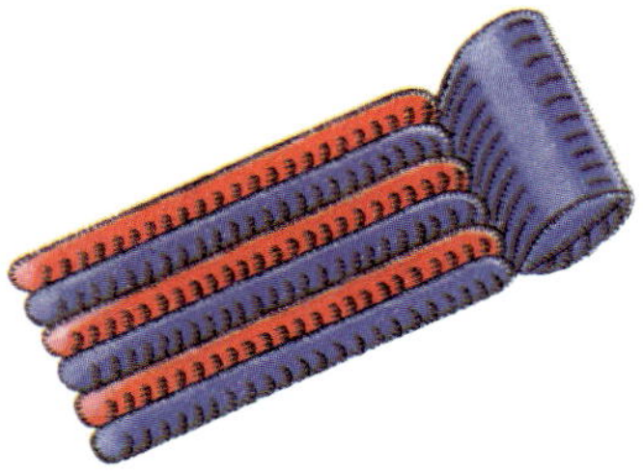

Die blaurote Luftmatratze

15 Schriftsteller lassen sich treiben

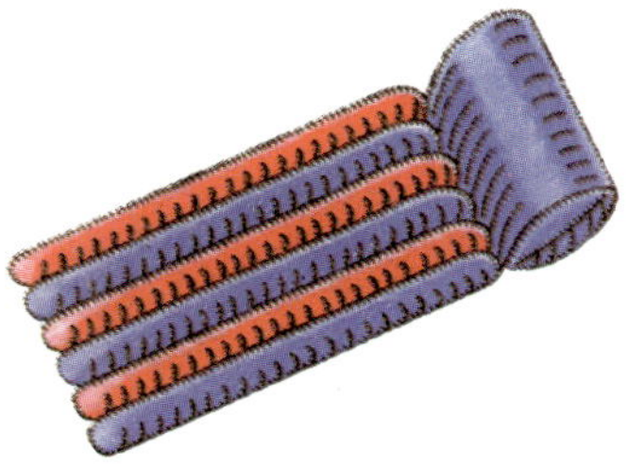

Eichborn.

Detlev Reinert (Hrsg.)

Die Deutsche Bibliothek – CIP-Einheitsaufnahme

Die blaurote Luftmatratze / 15 Schriftsteller lassen sich treiben / Detlev Reinert (Hrsg.).–
Frankfurt am Main: Eichborn, 1996
ISBN 3-8218-0340-1
NE: Reinert, Detlev [Hrsg.]

Umschlaggestaltung: Martin Rasp unter Verwendung einer Abbildung von Michael Sowa
Lektorat: Christiane Gieselmann • Gudrun Bolduan
Gestaltung: Christina Schneeweis • Stephanie Weischer
Satz und Litho: Fuldaer Verlagsanstalt GmbH, Fulda
Druck und Bindung: L.E.G.O., Italien
ISBN 3-8218-0340-1

Verlagsverzeichnis schickt gern:
Eichborn Verlag, Kaiserstr. 66, D-60329 Frankfurt am Main

Inhaltsverzeichnis

Copyrights für die Erzählungen

Wir danken der Agentur Contours, Hamburg, für ihre Unterstützung.

Vorwort des Herausgebers

Die Idee wurde vor vier Jahren geboren: *Die blaurote Luftmatratze.* Berühmte und berüchtigte Schriftsteller aus der ganzen Welt sollten für das Magazin der Süddeutschen Zeitung ein sommerliches Ferienstück schreiben, in dem eine blaurote Luftmatratze (mehr oder weniger) vorkommt. Alles andere sollte der literarischen Phantasie der Autoren überlassen bleiben. Vorgaben und Einschränkungen gab es keine – es sollte so ziemlich alles möglich sein. Mit einer Ausnahme! Nur der Titel der Geschichten war immer gleich: *Die blaurote Luftmatratze.*
So schrieb schon im ersten Jahr unter diesem Titel Patricia Highsmith einen Krimi über zwei jugendliche Hammermörder in New York, der an Aids erkrankte Amerikaner Harold Brodkey verfaßte den ergreifenden Monolog eines glücklich sterbenden Mannes, die russische Schriftstellerin Viktorija Tokarjewa träumte von einer sommerlichen Liebesgeschichte in einer Datscha, während der deutsche Kult-Kolumnist Max Goldt äußerst weise Ratschläge eines hitzekollapsgefährdeten Luftikus an die Leser des SZ-Magazins weitergab.
Das alles konnte also *Die blaurote Luftmatratze* sein: vielseitig und überraschend, ernst und humorvoll, geistreich und unterhaltend.
Endlich wieder Ferien! Etwas Abwechslung wäre da schön – das haben wir uns daraufhin jeden Sommer gesagt. Und immer neue Autoren an den Schreibtisch gebeten. Nur die gemeinsame Überschrift stand natürlich fest: *Die blaurote Luftmatratze.* Alles andere, wie immer, offen. So schrieb der amerikanische Starschreiber John Irving eine verwegene Humoreske, der polnische Romancier Andrzej Szczypiorski reiste in einer Sommeridylle in die Vergangenheit, Siegfried Lenz, einer der meistgelesenen Autoren Deutschlands, inszenierte eine verzwickte Liebesgeschichte, und die amerikanische Bestsellerautorin Joyce Carol Oates sorgte für einen spannenden Krimi.
Die erste Science-Fiction-Story schrieb ein Jahr später das polnische Universalgenie Stanisław Lem, auch der holländische Romancier Harry Mulisch ließ sich in seiner Erzählung von einigen phantastischen Ereignissen inspirieren, während die erfolgreiche amerikanische Erzählerin Rita Mae Brown in ihrer Kindergeschichte eher den realistischen Alltag in einer Kleinstadt süffisant beschrieb. Jakob Arjouni, Star des neuen deutschen Krimis, wollte sich da nicht so recht entscheiden. Seine Detektivgeschichte aus der Berliner Unterwelt mischte kaltschnäuzig Wirkliches mit Unwirklichem.
Doch war klar – irgendwann mußte Schluß sein. Aus den wunderbaren Erzählungen sollte ein wunderschönes Buch und damit die Serie beendet werden. Nicht irgendeines, sondern ein kleines Gesamtkunstwerk, das die Geschichten und die Illustrationen zusammenläßt. Denn die renommiertesten Stars der Illustrationskunst gehören natürlich mindestens genauso zur Idee der blauroten Luftmatratze. Und natürlich nur im Großformat. Zum Abschluß war die Herausforderung also besonders groß. Margriet de Moor, seit Ihrem Kastraten-Bestseller *Der Virtuose* hochgelobt, arrangierte um *Die blaurote Luftmatratze* eine schreckliche Sommeridylle am Meer, der Avantgardist Vladimir Sorokin, berühmtester Autor der neuen russischen Literatur, konstruierte ein experimentelles wie traumatisches Traum-Stück während Deutschlands erfolgreichste Krimi-Autorin Ingrid Noll eine detektivische Kurzgeschichte in einer Art Zauberberg-Stimmung über einen sonderbaren Schlangenmenschen namens Tristan erfand. Wieder war also alles möglich gewesen.
Diese 15 wundersamen Erzählungen um *Die blaurote Luftmatratze* sollten animieren: Lassen Sie sich treiben! Machen Sie damit Ferien! Und vor allem: Gute Unterhaltung.

Detlev Reinert

Patricia Highsmith

Die blaurote Luftmatratze

Petit Roulet

Eine Weile später erinnerte sich Johnny schon nicht mehr, wer sich das ausgedacht hatte, er oder Grant, und es war ja auch egal. Sie waren Kumpel, gingen auf dieselbe Highschool und wohnten zufällig auch im selben Mietshaus an der Central Park West. Und es war Sommer, Ende Juni, und höllisch heiß; Manhattan schwitzte im Dampfbad; nach einer halben Stunde ohne Klimatisierung waren Hemden und Sommerjacketts durchnäßt, und man war dankbar für das leiseste Lüftchen, das vom Hudson oder East River herüberwehte. Und Johnny und Grant langweilten sich. Es langweilte Johnny, daß er noch zehn Tage warten sollte, bis er mit Mutter und Stiefvater für zwei Urlaubswochen an den Lake Champlain fahren würde. Grant fuhr mit seinen Eltern nach Maine.

Es langweilte sie, ihre Adidas und Jogging-Shorts anzuziehen (ohne zu joggen), sich mit einem Eis in der Faust auf eine schattige Bank im Central Park zu setzen, den vorbeikommenden Mädchen nachzugaffen und sich, einer noch schockierender und vulgärer als der andere, darüber auszulassen, was er mit dieser oder jener anstellen würde, wenn er sie allein erwischte, und sie waren es sogar müde, beim Anblick eines besonders dicken oder häßlichen Mädchens zu sagen: »Die ist für dich!«

Also dachten sie sich »die Hotelmorde« aus. Von Anfang an erschien es so leicht, so einfach, geradezu narrensicher. Jeder einen, das heißt einen Mord, Mord an einem Wildfremden.

»Der Typ darf natürlich nicht zu unhandlich sein«, hatte Grant mit seinem Sinn fürs Praktische gemeint und dabei gelacht.

HOTEL
PETIT-ROULET

Sie hatten unwillkürlich die Stimmen gesenkt, denn hinter ihrer Parkbank hätte ja jemand im dichten Gesträuch sitzen und sie belauschen können.

»Hammer? Ich bin für Hammer«, sagte Johnny. »Den kannst du dir leicht in den Gürtel stecken, verstehst du? Darüber ein Sommerjackett. Kein Problem.« Kein Problem war ihr neuester Lieblingsausdruck, auch wenn es reichlich Probleme geben mochte.

»So leicht vielleicht doch nicht«, meinte Grant bedächtig, »uns am Empfang herumzudrücken, bis wir wissen, daß der Typ allein ist...«

»Ach was, wenn da noch wer im Zimmer ist, fragst du: ›Sind Sie Mr. Bloomingdale?‹ oder so, dann sagt er nein, und du sagst, es war ein Irrtum.«

Es sollte so gehen, daß sie zuerst die Zimmernummer auskundschafteten, indem sie am Empfang die Ohren spitzten, welche Schlüsselnummer der Hotelgast verlangte, dann nach einem Weilchen mit dem Aufzug hinterherfuhren, anklopften und sagten: »Eine Nachricht für Sie, Sir, die wir unten übersehen haben.«

Wenn dann die Tür aufging, nichts wie hinein, Tür zu und raus mit dem Hammer. Den Mann niederschlagen, den Fuß auf die Kehle setzen und darauf stehen bleiben, bis er tot war, anschließend den Hammer mit einem eigens dafür mitgebrachten Taschentuch abwischen, den Hammer dalassen, nachsehen, ob niemand auf dem Gang war, und raus aus dem Zimmer. Fahrstuhl abwärts. Und hinaus. Nichts gestohlen. Ganz ruhig und gelassen. So viele Leute gingen in einem Hotel unbemerkt ein und aus.

Sie lümmelten sich auf der Bank und lachten, ein etwas gedämpftes Lachen. Grant zog sein Hemd aus, ein Unterhemd, denn das war kühler als ein T-Shirt, wischte sich Stirn und Hals damit ab und zog es wieder an. Beide waren sich einig, daß sie eine tolle Geschichte zu erzählen haben würden, viel besser als ein paar im Laden geklaute CDs!

»Und«, fuhr Johnny fort, »es ist jetzt auch eine gute Zeit, wo wir sowieso demnächst beide aus der Stadt verschwinden. Vielleicht sollten wir noch warten – so bis zwei, drei Tage vorher, ich meine, bevor wir wegfahren.«

»Richtig, da ist was dran. Wir müssen uns nur das Hotel aussuchen – zwei Hotels, klaro.«

»Klaro«, echote Johnny. »Ich denke an die Gegend Murray Hill. Mittelgroße Hotels, nicht *ganz* so groß, daß da vielleicht Personal rumläuft und fragt, ob sie was für dich tun können.«

»'n Hammer hast du zu Hause?«

»Klar. Du?«

»Klar.«

»Okay. Wer zuerst?«

»Ist doch egal, oder?« meinte Grant.

*

Johnny war zuerst dran. Grant hatte ihn vorgeschubst, das hatte er wohl gemerkt, aber tun würden sie es beide, keine Frage. Es war, als sollte er im Schulschwimmbecken vom hohen Brett springen, was Johnny sehr zuwider war. Wenn der erste oder die ersten gesprungen waren, konnte man nicht gut einen Rückzieher machen und sagen, daß man Angst hatte oder keine Lust. Da könnte man nie wieder den Kopf hochhalten, die andern würden es einen nie vergessen lassen. Also sagte Johnny: »Okay, klar, aber vielleicht nicht schon morgen, einfach so. Ein paar Tage muß ich mich schon damit abgeben.«

Sie hatten es geprobt, allein und zusammen, etliche Male. »Eine Nachricht für Sie, Sir, die wir unten übersehen haben.«

Johnnys eigentlicher Name war Kim Alexander Kent. Das »Kim« haßte er, zumal er ein paar Mädchen kannte, die Kim hießen. Johnny konnte auch die neuen Modenamen wie Ryan (sowieso ein Nachname) nicht leiden, oder Städtenamen wie Chelsea für Jungen oder Mädchen. Daß einer Harlem hieß, hatte er bisher noch nicht gehört. Aber dieses verdammte »Kim« stand in seinem Paß. Was war so verkehrt an William oder Charles? Also hatte er sich eigenmächtig John genannt und nicht lockergelassen, bis er das Gefühl hatte, er habe gewonnen. Johnny hatte hellbraunes Haar und war nicht so kräftig gebaut wie Grant Snyder. Er lebte bei seiner Mutter und George Sipio, ihrem zweiten Mann, der Elektrotechniker war und in einem Betrieb an der West End Avenue arbeitete. Keine Geschwister.

Das Hotel, das Johnny sich ausgesucht hatte, stand an der 39th Street, nahe der Second Avenue. »Eastside Towers« hieß es, obwohl man von Türmen nichts sah. Johnny trug eine dunkelblaue Baumwollhose und seine besten Turnschuhe, ein hellblaues Hemd mit Krawatte und ein Seersucker-Jackett, weiß und hellblau gestreift. Der Hammerkopf ragte rechts aus seinem Hosengürtel, der hölzerne Stiel steckte in der Hose. Er war mit zwei Bussen hergefahren, stehend, und behielt das Jackett zugeknöpft.

»Auch wenn es im ›Eastside Towers‹ nicht klappen sollte«, sagte er sich zum vierten Mal, »in New York wimmelt es von Hotels, und morgen oder übermorgen ist auch noch ein Tag.«

Johnny Kent trat ins Foyer – von der Doppeltür am Eingang zwei Stufen hinunter – und gab sich den Anschein, auf jemanden zu warten, der jeden Moment durch denselben Haupteingang hereinkommen würde wie er. Eine Frau ging zum Empfang und fragte, ob etwas für Hopkins da sei.

»Zimmer zweihundertzwölf.«

»Nein, Madam.« Dann klickte ihr Schlüssel auf der Marmorplatte.

Johnny erinnerte sich, wie Grant gesagt hatte: »Leichter schon, klar, aber ich könnte nie eine Frau umbringen. Einfach nicht drin!« Johnny hatte ihm hundertprozentig beigepflichtet.

Ein Mann kam herein, ein Hüne mit einer braunen Tüte unterm Arm, die aussah, als wäre eine Pulle darin. »Irgendwas für sechs-null-eins?«

Der Portier ging nachsehen und kam mit einem zusammengefalteten Blatt Papier wieder.

Der ist zu groß, dachte Johnny, dem trotz Klimaanlage am ganzen Körper der Schweiß ausbrach. Er hätte so gern seine Krawatte gelockert, sein Jackett aufgeknöpft.

Jetzt kam ein Ehepaar. Hinter ihnen ein Mann, allein. Das Ehepaar sah sich die Postkarten auf dem Ständer neben dem Empfang an. Der einzelne Mann sagte: »Thornton. Vier zweiundachtzig, bitte.«

Der Portier legte Mr. Thornton die Schlüssel hin.

Johnny verschränkte die Arme und schaute weiter zum Eingang, schlenderte aber dabei langsam zu den Aufzügen. Mr. Thornton war schon hinaufgefahren.

Soeben kam eine Gruppe von fünf Leuten, einige mit Gepäck, und alle gingen zum Empfang. Außer dem schlanken, adretten Portier war im Moment kein Hotelangestellter in Sicht.

Johnny drückte den Knopf für aufwärts. Ein Aufzug kam, zwei Leute stiegen aus, Johnny ein. Er drückte auf die Vier. Bevor die Tür zuging, stieg noch ein Mann zu. Er drückte einen Knopf über der Vier. Im vierten Stock stieg Johnny aus. Er hatte den anderen Mann mit keinem Blick angesehen.

Johnny drückte auf die Klingel von 482. Nach ein paar Sekunden rief eine ältlich klingende Stimme: »Ja, bitte, wer ist da?«

»Eine Nachricht für Sie, Sir, die wir unten übersehen haben.«

Das Schloß wurde gedreht, die Tür öffnete sich einen Spaltbreit, und Johnny stieß sie weiter auf, drängte sich schnell hinein, schlug die Tür zu und riß den Hammer aus dem Gürtel.

»Was soll…«

Krach!

Johnny hatte ihn seitlich am Kopf getroffen, und als der Mann taumelte und zusammenbrach, ließ Johnny ihm den Hammer noch einmal mit ziemlicher Wucht von oben auf den Schädel sausen. Der Mann ging zu Boden. Johnny zauderte, aber nur kurz, bevor er den rechten Fuß auf die Kehle des Mannes drückte. Er stellte sich auf diesen Fuß, verlor die Balance, stellte sich wieder darauf, versuchte zu springen, um den Druck zu verstärken. Jetzt, dachte Johnny, jetzt bestimmt, aber er mochte sich hier nicht so lange aufhalten, bis er sah, daß der Mann wirklich tot war. Der Greis muß mindestens schon fünfzig sein, dachte Johnny; die Augen des Mannes waren jetzt geschlossen, und aus seinem Scheitel quoll nur ganz wenig Blut. Taschentuch raus, Hammer abgewischt, es war geschafft.

Geschafft! Johnny atmete tief durch und legte den Hammer auf den Teppichboden. Der linke Fuß des Mannes lag so verdreht, daß es richtig tot aussah, fand Johnny. Er lauschte. Er hatte Angst, die Tür zu öffnen. Aber er zwang sich, das Taschentuch in der Hand und die Hand am Türgriff.

Jemand stand wartend vor den Aufzügen. Johnny schloß die Tür wieder, wartete, bis er glaubte, daß eine Minute um war, und versuchte es noch einmal. Der Jemand war weg. Johnny ging hinaus, zog die Tür zu, wischte den Griff ab und stopfte sich das zusammengeknüllte Tuch in die Tasche. Er rief einen Aufzug. Jetzt konnte er das Jackett aufknöpfen und die Krawatte lockern. Ein Mann und eine Frau kamen, bevor der Aufzug da war. Johnny sah sie nicht an.

Unten ging er ohne Hast zum Ausgang, ohne jemanden anzusehen. An der nächsten Straßenecke (er war nach Westen gegangen) zog er sein Jackett aus und hängte es sich über den Arm. Er war in Schweiß gebadet und hatte das Gefühl, sein hellblaues Hemd sei dunkelblau geworden. Aber war nicht ganz New York in Schweiß gebadet?

Eine halbe Stunde später stand Johnny zu Hause unter der Dusche und ließ sich das kalte Wasser sogar durch die Haare laufen. Mutter und Stiefvater, beide berufstätig, waren nicht da.

Kurz vor fünf klingelte das Telefon. Grant.

»Ja«, sagte Johnny mit fester Stimme.

Es war ihr vereinbartes Codewort. Grant verstand.

»Ehrlich?« fragte Grant. »Echt?«

»Wirst schon sehen.« Damit wollte Johnny sagen, daß sicher etwas darüber in der Zeitung stehen werde, wenn auch vielleicht nur kurz. »Und du? Wann trittst du in Aktion?«

»Morgen, denke ich«, antwortete Grant gedehnt.

»Okay.« Johnny legte auf. Sie hatten ausgemacht, daß sie sich an einem Mordtag nicht treffen würden, vielleicht überhaupt nicht mehr, bevor sie mit verschiedenen Zielen die Stadt verließen.

*

Der folgende Tag war ein Dienstag. Ins Fernsehen würde er wohl nicht kommen, überlegte Johnny, und eine Zeitung kaufte er sich nicht. Zum einen wollte er da nicht lesen müssen, daß der Typ womöglich noch lebte und sich an das Aussehen des Angreifers erinnerte. Johnny sah sich lustlos ein paar Fernsehkrimis an, alte Filme, und sagte sich, daß er sich wie gewöhnlich langweilte. Seine Mutter und sein Stiefvater bemerkten offenbar keine Veränderung an ihm. Gut. Johnny juckte es am Mittwoch, Grant anzurufen, bevor dessen Eltern um sechs nach Hause kamen, aber er traute sich nicht. Gegen sieben schickte Johnnys Mutter ihn Eiscreme kaufen, und Johnny hoffte, unten in der großen Eingangshalle Grant zu begegnen, aber vergebens.

Johnny kaufte sich bei der Gelegenheit eine Spätausgabe der Post. Kurz vor neun war er allein in seinem Zimmer, und da fand er es auf Seite fünf. Ein Foto zeigte »William Thornton, 56 Jahre, von einem Unbekannten in einem Hotel in Murray Hill erschlagen.« Text über dem Foto: »Mörder ließ Hammer zurück.« Natürlich würde er die Meldung nicht ausschneiden und aufbewahren. Aber wenn Grant einen Beweis wollte…!

Samstag morgen rief Grant kurz vor halb zehn an, wie er es oft tat, wenn er sich mit Johnny verabreden wollte. Johnnys Mutter nahm ab und gab den Hörer gleich an Johnny weiter. Sie suchte gerade ihre Einkaufstaschen zusammen, um mit George fortzugehen, und beide kümmerten sich nicht um Johnny.

»Also – ja«, sagte Grant mit einem Unterton von Stolz.

»Echt? – Glückwunsch.«

»Bei dir ist das Haus voll?«

»Die wollen gerade einkaufen fahren. Du meinst also – ja?«

»Ich meine ja«, antwortete Grant großspurig. »Wirst schon sehen. Heute abend oder morgen.«

Johnnys Zunge war wie gelähmt. Wie gerne hätte er sich heute mit Grant getroffen, nur um mit ihm auf einer Parkbank zu sitzen, aber er wußte, daß sie das besser ließen. »Sehen wir uns vielleicht morgen?«

»J-a-a« – nachdenklich – »vielleicht.«

»Treffen wir uns auf der Parkbank? Du weißt. Wie üblich. Halb elf?«

Es war abgemacht. Johnny fühlte sich ungeheuer erleichtert, fast glücklich. Es war komisch. Die Verabredung für Sonntag half ihm, den Rest des Samstags durchzustehen, der ja nur langweilig werden konnte, sterbenslangweilig – Socken einpacken, saubere Jeans, eine Hülle über den Tennisschläger – langweilig! Und seine Mutter würde die blaurote Luftmatratze einpacken, ohne die es für sie kein richtiger Urlaub wäre. Dabei würde die Familie nicht einmal vor Dienstag abreisen.

Johnny saß zwanzig Minuten zu früh auf der grünen Bank; er hatte Jogging-Shorts an, verschlissene Turnschuhe, ein T-Shirt, keine Socken. Der Schweiß rann ihm schon bis in die Gesäßfurche, und dabei hatte er sich nicht einmal anstrengen müssen auf dem gemächlichen Weg über die Central Park West. Keine Andeutung eines Windhauchs.

Jetzt kam Grant, fast genauso angezogen und ein leichtes Lächeln um den Mund. »Na, Kumpel?« meinte Grant, indem er sich auf die Bank plumpsen ließ. Er sah Johnny wieder an. »Du guckst ja, wie wenn du mir nicht glaubst. Grins doch mal.«

Johnny grinste, nicht nur, weil Grant es befohlen hatte. »Okay.«

»Wirst schon sehen.«

Grant meinte die Zeitungen, das wußte Johnny.

»Die sind langsam«, meinte Grant. »Vielleicht suchen sie zuerst noch überall nach Hinweisen.«

»Viel Glück!« Jetzt lachte Johnny.

Grant hatte einen alten Tennisball mitgebracht, schmutzig und wahrscheinlich schon ziemlich schlaff. Andauernd drückte er ihn mit der rechten Hand zusammen und ließ ihn wieder los, als hätte er ihn nur dazu mitgebracht.

Johnny hätte gern gefragt: »Hast du auch den Hammer dagelassen?« Aber er wollte hier draußen das Wort »Hammer« nicht aussprechen. Schließlich spazierten vor ihnen auf dem Weg Leute vorbei, langsam, in beide Richtungen. Der Gedanke war ihm schon gekommen, daß er und Grant einander jetzt oder in ein paar Jahren erpressen könnten, aber wie er es sah, konnten sie das eigentlich doch nicht. Wie wollte der eine oder der andere denn etwas beweisen, wenn es keine Fingerabdrücke gab, keine Namen, keine Beschreibungen? So würde es nur ein Geheimnis zwischen ihnen sein, ein großes, aber für andere wahrscheinlich nicht glaubhaft.

»Gucken wir uns mal um, wo wir 'ne Wurst kriegen?« fragte Grant. »Scheiß auf die Hitze, ich krieg' jetzt Hunger.«

Johnny hatte dieselben Worte schon viele Male gehört. An der Central Park West schoben Händler ihre Karren auf und ab und verkauften Frankfurter Würstchen und Coca Cola und Root Beer, und wenn sie ein Stück weit gingen, würden sie bald einem begegnen. Wie schon so viele Male. Also standen sie auf und schlenderten den gewundenen Weg entlang zur Central Park West. Grant ließ den Ball, der wirklich nicht mehr viel Luft hatte, ein bißchen auf dem Pflaster hüpfen.

*

Am Nachmittag blätterte Johnny den *Sunday Mirror* durch, den sein Stiefvater mitgebracht hatte. Da war es. Grants Werk. Nicht auf Seite eins, aber das Foto war größer als das von Johnnys William Thornton. Ein Mann in Hose und Hemdsärmeln auf dem Boden eines Hotelzimmers; er lag ganz entspannt auf der Seite, wie im Schlaf. »Hammermörder schlägt wieder zu«, hieß es im Text. »Kenneth Jurgen, 42 Jahre, aus Evanston in Illinois, wurde in einem Hotel an der West Side von unbekanntem Täter erschlagen.«

Johnny war überhaupt nicht schockiert, im Gegenteil, ihn überkam ein Gefühl der Sicherheit und Geborgenheit.

Johnny und Grant versuchten, sich am Sonntag nicht mehr zu treffen. Der Sonntag war selbst im besten Fall ein ekliger Tag, da hatte jeder, und wenn er sich noch so beschäftigt gab, viel Zeit zum Schnüffeln und Spionieren. Johnny sah fern. Am Montag rief Grant an. Auch seine Leute fuhren erst am Dienstag, warum sollten sie sich also nicht wie üblich treffen? Grants Stimme klang ruhig und selbstzufrieden, als wüßte er schon, daß Johnny die Zeitung gelesen hatte.

Um elf saßen die Jungen auf einer grünen Bank, verzehrten die Reste ihrer Frankfurter Würstchen und tranken ihr Root Beer aus. Johnny spürte, daß die gewohnte Langeweile wieder da war, dieses Gefühl von Stillstand und Leere, genau wie sonst, obwohl sie doch nun endlich in Urlaub fahren würden – morgen. Grant wollte offensichtlich über die Tat nicht mit ihm reden. Das war natürlich auch am klügsten.

Eben kam ein sehr dickes junges Mädchen mit zwei kleineren Mädchen vorbei, alle drei mit einem Eis vor dem Mund.

Johnny deutete mit dem Kopf zu der Dicken. »Die ist für dich, Grant.«

Grant grinste und tat, als wollte er ihm eine reinhauen.

Patricia Highsmith, geboren 1921 in Fort Worth in Texas, wurde 1950 durch die Verfilmung ihres Romans *Zwei Fremde im Zug* durch Alfred Hitchcock bekannt. Sie hat seitdem 21 Romane und acht Kurzgeschichtenbände veröffentlicht und gehört zu den erfolgreichsten Krimiautoren. Mit *Ediths Tagebuch* (1977) erlangte sie endgültig Weltruhm. 1963 übersiedelte Patricia Highsmith nach Europa, seit 1983 lebte sie im Tessin in der Schweiz. Kurz nach Vollendung ihres letzten Romans *»Small g« – eine Sommeridylle* starb Patricia Highsmith im Februar 1995 in Locarno.

Max Goldt

Die rotblaue Luftmatratze

Michael Sowa

Irgendwo im Lande gibt es eine Werbeagentur, die beschlossen hat, Wege zu gehen, die man nicht nachvollziehen kann. Die Firma, die das Parfum »Vendetta« herstellt, hat dieser Agentur einen Auftrag erteilt. Resultat ist der Werbespruch: »Wenn Liebe und Leidenschaft ins Unerträgliche wachsen.« Ist das denn werbewirksam? Die Liebe ist doch eigentlich nur dann schön, wenn sie erträglich ist. Unerträglich wird sie in Fällen, in denen sie nicht erwidert wird. Welche Frau möchte denn nach aus Liebeskummer durchweinten Nächten riechen? Die Firma Butter-Lindner scheint sich der Dienste der gleichen Agentur bedient zu haben. Seit einiger Zeit prangen in ihren Filialen an den Verkaufstheken Aufkleber folgenden Inhalts: »Nichts findet man schwerer wieder als verlorenes Vertrauen«, und auf den Milchkartons sieht man das Bild eines Saxophonspielers, unter dem steht: »Jeder von uns steht manchmal vor Problemen, die unlösbar erscheinen.« Möchte man denn gleich zum Frühstück daran erinnert werden? Richtig ist der Satz gewiß. Am eigenen Leib erfuhr ich es neulich: Ich öffnete die Haustür, und vor mir stand, wie von einer unbekannten Macht dorthin projiziert, ein äußerst ungepflegter Mann. Hätte er noch fünf Zentimeter näher bei mir gestanden, wäre das einem Kuß gleichgekommen. Sein fauliges Mundwerk grunzte: »Na, heute mal ohne Perücke?«

Ich wußte absolut nicht, was ich machen sollte. Ich trage nie Perücken. Mein Haar ist so füllig und seidig, daß ich, wenn der verdammte Rest nicht wäre, zum König des Laufstegs taugte. Nach Schicksalssekunden des Haderns ging ich, finster blickend, fort von dem Mann und vergaß ihn nicht den lieben Tag lang. Vielleicht hätte ich sagen sollen, was einst Herbert Wehner im Parlament einem Christdemokraten an den Kopf warf: »Sie sehen ungewaschen aus. Waschen Sie sich erst mal!« Problem: Die Menschen wissen heute nicht mehr, wie man sich wäscht. Bis vor fünf Jahren wußte ich es auch nicht, doch dann lernte ich Personen in der DDR kennen. Sie hausten in verfallenen Bauten aus der Kaiserzeit. Duschen und Wannen gab es darin keine. »Wie wascht ihr euch denn?« fragte ich. Man erklärte mir es, und ich werde dieses Wissen im weiteren Verlauf meiner Ausführungen ohne Scheu verbreiten, weil es wichtig ist.

Duschen oder gar baden sollte man ohnehin nur vor Arztbesuchen, wenn man bei einer neuen Liebschaft antritt, vor kirchlichen Feiertagen oder einer militärischen Musterung. Wer es öfter tut, frönt dem Laster der Verschwendung und riskiert Erkrankungen der Haut. Was viele Hautärzte noch immer nicht wissen bzw. zwar wissen, aber den Patienten nicht weitererzählen, ist dies: 50 Prozent, wenn nicht 70 bis 75 Prozent, wahrscheinlich sogar 90 Prozent, in einigen Regionen sogar 95 Prozent aller Hautkrankheiten haben ihre Ursache in der verweichlichten Unsitte des täglichen Badens oder Duschens. Es gibt zahlreiche Körperstellen, aus denen kaum jemals Sekrete quellen. Es gibt kein Ellbogenschmalz, der Rücken gibt keine Exkremente von sich, und die Schweißabsonderung von Waden und Oberschenkeln ist normalerweise gering. Es ist daher absurd, diese Körperteile ständig einzuweichen und mit aromatisierten Schmierseifen zu behandeln. Was ist also zu tun? Hier mein Vorschlag:

*

Es ist sechs oder sieben in der Früh, je nachdem, ob man ein fleißiges Bienchen ist oder ein fauler Sack. Abrupt beendet der Radiowecker die Schlafenszeit mit penetranten Rock-Schlagern oder dösigem Gebratsche, je nachdem, ob man ein verblödeter Konsument oder ein vertrocknetes Bürgerlein ist. Vergnügt entsteigt man dem Schlafanzug, denn Umweltengel schlafen nicht nackt, weil man sonst die Bettwäsche zu häufig waschen muß. Im Badezimmer lacht einem die Badewanne frech entgegen. Man denkt aber: »Nein, nein, bis Weihnachten sind es noch fünf Monate, das Vaterland ruft nicht, und eine neue Liebe ist zwar laut Jürgen Marcus wie ein neues Leben, aber leider nicht in Sicht, und außerdem hab' ich ja noch mein altes, und das ist gut genug für einen wie mich. Daher werde ich nicht baden.«

Der Menschheit Erfahrungsschatz lehrt, daß es lediglich vier Körperstellen gibt, die einen Hang zu beschleunigtem Stinken haben. Hat man längere Zeit enge Schuhe getragen, erhöht sich die Anzahl auf sechs. Nur diese Stellen muß man regelmäßig reinigen, und damit auch Hinterwäldler wissen, was gemeint ist, möchte ich diese Stellen nun aufzählen: Achsel (links), Achsel (rechts), Fuß (links), Fuß (rechts), und dann noch zwei.

Apropos »noch zwei«. Ein Freund versuchte neulich, mich von den Vorteilen des Putenfleisches zu überzeugen. Er sagte: »Eine Pute hat sieben Sorten Fleisch. Helles, dunkles, saftiges, trockenes und noch drei.« Ist das nicht süß?

Mit meinen Ratschlägen zur sowohl öko- als auch dermatologisch sinnvollen Körperpflege möchte ich fortfahren, indem ich ein nützliches und preiswertes Requisit der drohenden Museumsreife entreiße. Waschlappen heißt das Gerät. Zuerst befeuchtet man die Achseln, schmiert etwas Seifenschaum rein, und dann kommt der Waschlappen. Desgleichen verfährt man mit den Körperstellen, denen ich vorhin mit »noch zwei« die Vorzüge diskreter Ummantelung verlieh. Erst vorne, dann hinten. Das Ganze dauert zwei Minuten, und man hat gerade zwei Liter Wasser verbraucht. Immer bedenke man: Nur das Wasser, das die Ahnen nicht verduschen, kann die durstigen Kehlen der Enkel befeuchten. Diese Waschmethode, die vom Duschwahn Befallene als »Katzenwäsche« diffamieren, hat noch andere Vorteile. Man stelle sich mal zwei arme Arbeitslose vor. Der eine duscht, der andere ist mit dem Waschlappen zugange. Da klingelt das Telefon, Karl Lagerfeld ist am Apparat. Nein, nicht der berühmte Modeschöpfer, den ich verehre, seit er in *Wetten, daß...?* einmal keine Miene verzog, als der neben ihm sitzende Otto Waalkes Grimassen schneidend seinem Gewerbe nachging, sondern sich von einem ebenfalls in der Runde sitzenden und um Volkstümlichkeit bemühten Politiker aufs beachtlichste unterschied, indem er wie versteinert dasaß und wartete, bis der Spaß vorbei war. Nein, ein anderer halt, der zufällig auch Karl Lagerfeld heißt. Purer Zufall, kann er ja nichts für. Dieser Mensch hat einen Posten im Aufsichtsrat einer Putenbrustfarm über. Wer kriegt den Job? Der Waschlappenmann! Er kann seine Toilette in Sekundenschnelle unterbrechen und zum Telefon jagen. Bis der andere unter seiner rauschenden Dusche das Klingeln gehört, den Hahn abgestellt hat, fluchend, tropfend und unter dem Risiko des Ausrutschens zum Telefon gekommen ist und eine Pfütze auf der Auslegeware erzeugt hat, sind die Puten längst über alle Berge.

Nun ist man korrekt gewaschen, und es stellt sich die Frage: Was zieht man an? Früher wurde diese Frage durch Standeszugehörigkeit und Konventionen eindeutig geregelt. In der heutigen, die freie Entfaltung des individuellen Willens überbetonenden Zeit sind Moderegeln allenfalls noch innerhalb kleinerer sozialer Verbände und Subkulturen bindend. Die Menschen sind vollkommen ratlos. Es gibt aber noch Leitsätze. Einen, der gerade für die jetzige Sommerzeit von Bedeutung ist, äußerte einmal Coco Chanel. Ich meine jetzt wirklich die berühmte Modezarin und nicht jemanden, der zufällig auch so heißt und den ich verehre, weil er mürrisch dreinsah, als neben ihm ein Komiker amtierte. Coco Chanel sagte: »Das Häßlichste an einer Frau sind ihre Kniekehlen.« Dem pflichte ich unbedingt bei, ergänze aber: »Bei Männern ist's nicht anders.«

Man muß daraus folgern: Miniröcke und Shorts sind reine Kinder- und Teenagerkleidung. Sicher: Wir respektieren die neuseeländische Kultur, die es sogar Bankdirektoren erlaubt, kurzbehost zur Arbeit zu gehen. Eine andere Kultur glaubhaft respektieren kann aber nur der, der auch seine eigene akzeptiert und respektiert.

Und unsere Kultur bedeutet: lange Hose, Rocksaum handbreit unterm Knie. Denjenigen, die dagegen verstoßen, sollte man freilich nicht mit Strafen drohen. Man sage ihnen lieber, daß sie seltene Ausnahmen von der Coco-Chanel-Regel darstellen, indem sie ungewöhnlich schöne Kniekehlen haben. Man muß dabei aber so gucken, daß die Angesprochenen haarscharf mitkriegen, daß man aus pädagogischer Durchtriebenheit lügt.

Nicht nur die Länge von Hosen, sondern auch ihre Farbe kann Gegenstand erzieherischer Ratschläge sein. Weiße Hosen zu tragen, wie es seit einigen Sommern insbesondere bei jungen Männern mit ausgeprägter Sprachmelodie üblich ist, ist eine ökologische Untat. Jeder einzelne, egal ob Männlein oder Weiblein, kann meine Behauptung daheim mit einem kleinen Experiment beweisen. Man lade zwei Freunde zu sich ein. Egal ob Kopte, Siebentagsadventist oder sonst was Wildes. Wichtig ist, daß einer eine weiße Hose und der andere ein dunkle trägt. Man öffne eine Flasche roten Weines. »Hm, lecker Weinchen«, frohlocken die Geladenen. Dann sagt man aber: »Der ist nicht zum Trinken, den kippt ihr euch auf die Beine.« Es murren zwar die Freunde, doch sie tun wie geheißen. Man sei nun hellwacher Zeuge eines Unterschiedes: Der Weißbehoste entledigt sich zeternd seines Beinkleides, tut es in die Waschmaschine und kündigt an, leider hier übernachten zu müssen. Im Wandschrank sei doch noch diese rotblaue Luftmatratze, die reiche ihm als Notlager. Der andere ist fröhlich und ruft: »Bei mir sieht man den Fleck gar nicht. Die Hose kann ich locker bis zum Herbst weitertragen. Und übernachten muß ich hier auch nicht. Tschüs ihr beiden!« Da steht man nun also da mit dem Barbeinigen. Hoffentlich ist er nicht Siebentagsadventist. Mit denen läuft außer Halmaspielen bestimmt nichts. Apropos sieben Tage: Ein Freund erzählte mir neulich von Puten. Er sagte: »Eine Pute hat sieben Sorten Fleisch. Saftiges, trockenes, helles, dunkles und noch drei.« Ist das nicht goldig?

*

Es ist also sinnvoll, in langen, dunklen Gewändern durch den Sommer zu stiefeln. Doch im Ernst: Was der Umwelt dienlich ist, sind nur in zweiter Linie Waschmittel, auf deren Verpackungen Störche, Frösche oder andere Sympathietiere abgebildet sind. Wichtiger wäre es, den Menschen ihre oft krankhafte Etepetete-Hygiene abzuerziehen. Wer kennt nicht die grausamen Eltern, die ihrem Kind verbieten, Sachen in die Hand zu nehmen, mit dem Argument: »Wer weiß, wer das schon alles angefaßt hat!« Man denke auch an die Millionen Tonnen von Reinigungsmitteln, die Damen verschwenden, denen von »Hausfrauenverbänden«, welche in Wirklichkeit verkappte Lobbys der chemischen Industrie sind, eingeredet wurde, ihr Dasein sei ein vollwertiger Beruf, und die infolgedessen alle fünf Minuten die Fenster putzen, Kacheln polieren und mit schaumversprühenden Dampfwalzen auf ihren Teppichen herumfahren. Die Öko-Spots im Fernsehen bräuchten durchaus nicht zu zeigen, daß man keine Kühltruhen in den Wald wirft. Das ist so, als ob man Spots darüber zeigt, daß es sich nicht gehört, Leute zu erschießen. Mit Mord und Waldfrevel befaßt sich eh nur der gewöhnliche Kriminelle. Was die Öko-Spots vermitteln sollten, ist, daß jeder, der zum Beispiel täglich seine Unterwäsche wechselt, ein Ferkel ist, das sich schämen sollte. Es mag einige undichte und stark sekretierende oder körperlich schwer arbeitende Außenseiter geben, bei denen sich ein Leibwäschewechsel nach zwei Tagen empfiehlt. Beim normalen Menschen ist er erst nach vier Tagen geboten. Eher riecht es nicht durch die Oberbekleidung durch. Fazit: Kleiderwechsel erst kurz vor der Stinkschwelle! Und es dauert sehr lange, bis eine Jeans stinkt! Bei einem verschwitzt riechenden Oberhemd reicht es oft aus, es zwei Tage zu lüften, um den Geruch loszuwerden. Solche Selbstverständlichkeiten sind heute in so große Vergessenheit geraten, daß es Epikureer geben mag, die es komisch finden, wenn man an sie erinnert. Doch es ist notwendig. TV-Prominenz sollte hier vorreiten. Musical- und Serienhelden halten es dagegen für mutiges, politisches Engagement, in Interviews Lebensanfängerauffassungen nachzusprechen, wie zum Beispiel, daß die Biedermänner die Brandstifter und in Bonn zu finden seien. Das haben sie wohl aus der Zeitschrift *Bravo-Girl*. Da stand das auch mal drin. Ich fände es mutiger und weiß Gott auch politischer, wenn sie sich in einer schmutzigen Hose in eine Talk-Show setzten und begründeten, warum sie das tun. Es wäre ein heilsamer Schock für die desinfektionssüchtige Gesellschaft. Einer Hausfrauenzeitschrift war es jüngst ja auch eine Schlagzeile wert, daß die Lindenstraßen-Schauspielerin Marie-Luise Marjan ihre Bettwäsche nur fünfmal im Jahr wechselt.

Nun habe ich Stellung bezogen zu Fragen der sommerlichen Körperpflege und Kleidung. Menschen, die nicht starrköpfig sind, sondern sich zu ihrer Hilfebedürftigkeit bekennen, werden es mir danken. Ansonsten darf man, wenn es heiß ist, seinen Teller nicht mit sämigen Soßen beladen, sondern nur mit superleichten Dips und Dressings. Immer schön dippen! Und tüchtig trinken muß man. Auch hier gibt es eine Regel: Alkohol erst, wenn es dunkel ist. Dies ist aber so eine Nun-ja-Regel. Selbst Menschen, die gewohnt sind, an die Grenzen des Machbaren, des Menschenmöglichen zu stoßen, werden mit mir einig sein, daß es im Hochsommer unmöglich ist, sich an diese Regel zu halten. Man sieht zur Zeit viele Häuser und Wohnungen mit heruntergelassenen Jalousien. Viele denken, ach, die Leute sind halt in Urlaub. Dies ist eine Irrinterpretation. In Wirklichkeit befinden sich in diesen verdunkelten Häusern Menschen, die nicht wissen, daß die genannte, den Alkoholkonsum zeitlich eingrenzende Regel eine reine Winterregel ist. Man darf im Sommer sowieso nicht alles so bierernst nehmen. Man muß sich zurücklehnen und »die Seele baumeln lassen«, wie seinerzeit unser verehrter Tucho, oder wie John Lennon. Wie schön wäre es, wenn die beiden gemeinsam ihre Seelen hätten baumeln lassen können! Wenn die noch immer beißend aktuellen Texte unseres Tucho auf die herrlichen Melodien der Beatles geprallt wären! Es wäre mindestens etwas so Grandioses wie die Kinks oder die Erste Allgemeine Verunsicherung dabei herausgekommen. Doch das sind weltfremde Phantasien eines hitzekollapsgefährdeten Luftikus. Tucholsky und Lennon war es nicht vergönnt, zur gleichen Zeit zu leben. Jeder von uns sollte nun seinen Partner in den Arm nehmen und ihm sagen: »Duhu, ich glaube, es ist ein ganz persönliches Geschenk der Schöpfung an uns beide, daß wir zur gleichen Zeit leben. Laß uns kreativ mit diesem Geschenk umgehen. Laß uns den Waschlappen nehmen.«

Man sollte dem Himmel viel öfter danken, daß man gleichzeitig mit anderen Menschen leben darf und daß nicht jeder allein in seiner eigenen Zeit existiert. Nur deshalb kann man Freunde haben. Apropos Freund: Ein Freund sagte zu mir neulich: »Eine Pute hat sieben Sorten Fleisch. Saftiges, trockenes, helles und dunkles und noch drei.« Ist das nicht niedlich?

Sommerzeit ist auch Reisezeit. Der gute alte Brahmwald lockt. Zum Beinevertreten ist er wie maßgeschneidert. Auch das Ebbegebirge ist vorzeigbar. Zizidäh! Hat man größere Geldmengen zusammengerafft, sollte man sein Reisesparschwein mit Rücksicht auf den Kreislauf statt in Richtung Süden lieber gen Norden grunzen lassen, wie weiland unser Tucho. Und auf keinen Fall die Jalousien runterlassen! Erstens wünscht das die Kripo nicht, und zweitens denken sonst alle: »Die sind gar nicht verreist. Die sitzen da drinnen und saufen.«

*

Wie gerne würde ich die lieben Leser mit heiteren Schlußbemerkungen in Urlaubstage voll unbeschwerter Beschwingtheit entlassen. Doch ich muß ernste Wörtchen auftischen. Zum Weihnachtsfest meint so mancher seinen lieben Anverwandten eine Freude zu machen, indem er ein Tier verschenkt. Sicher: Anfangs ist die Freude groß über die niedlichen Geschöpfe. Aber die Tiere wachsen heran, ihr Fell wird stumpf und talgig, und aus den Mäulern hängen ihnen wenig gesellschaftsfähige Schleimfäden. Plötzlich ist der Hund lästig, der Hamster gar nicht mehr goldig, denn er beißt und nervt von spät bis früh, und auch die Pute ist gar nicht mehr so putzig, sondern starrt einen bei der morgendlichen Reinigung der Analfalte hinterhältig an. Tja, und dann kommt die Urlaubszeit. Was tun Tausende von miesen Bürgern? Sie tun die Tiere in die Parkanlage, pfeffern sie in die Kiesgrube.

Traurig stehen Hund und Hamster und Pute im Park und kuscheln sich aneinander. Über ihren Köpfen hat sich eine Denkblase eingefunden, in welcher steht: »Wenn Liebe und Leidenschaft ins Unerträgliche wachsen.« Tiertypisches Gedankengut ist das nicht, aber der Text erhält auf diese Weise einen zyklischen Aufbau, und auf zyklische Aufbauten, das pfeifen die Spatzen von den Dächern, fahren die Leser total ab.

Max Goldt, geboren 1958 in Göttingen, lebt heute in Berlin und war in den achtziger Jahren die eine Hälfte des Musikduos *Foyer des Arts*. Seit 1989 hat er als Onkel Max eine Kult-Kolumne in der Satirezeitschrift *Titanic*, und soeben ist sein viertes Buch, *Quitten für die Menschen zwischen Emden und Zittau*, erschienen.

Harold Brodkey

Die blaurote Luftmatratze

Lorenzo Mattotti

Im Morgengrauen, in der anflutenden Helligkeit und bei wiederkehrender Sicht, im Wald, wo ich auf meiner blauroten Luftmatratze in einem Nylonzelt kampiert hatte – vorn und zum Teil an den Seiten offen, mit einem nun milchig leuchtenden, weiter oben an zwei Wächter-Bäumen befestigten Vorzelt –, erwachte ich. Licht und Dunst zwischen den Stämmen, das Fast-Schweigen der Vögel, der biologische, organische Wust um mich her auf der Erde stimmten mich sanft... Ich habe eine Neigung zu biologischer Frömmigkeit. Dies hier ist mein Wald, hoch in den nördlichen Catskills gelegen, nicht sehr hohen Bergen. Es ist kein sehr alter Wald, sowenig wie der im angrenzenden Naturschutzpark. Das gesamte Terrain wurde in den letzten zwei Jahrhunderten zweimal abgeholzt. Nur zwei Bäume an der Lichtung hier sind auffällig groß, ein Bergahorn, vor hundert Jahren gepflanzt, und eine Kiefer ungefähr gleichen Alters.

Das Licht verleiht dem blauen Nylon einen heiligen Farbton, einen Ton wie aus einem Bellini-Gemälde, wie der Farbton des Madonnenmantels; ein strahlendes Bellini-Blau, das mich mit Ehrfurcht erfüllt. Die Talseite der Bergflanke, die abfallende Seite, ist rechts von mir. Hinter den abwärts gestaffelten Säulen von Baumstämmen, jungen und älteren, mächtigeren Bäumen, tut sich ein unermeßlicher Raum von nun leuchtender, wie neuer Luft auf... In einer rauhen Welt erzeugt diese stille, strahlende Schönheit, diese gewöhnliche, flüchtige Anmut, wie ich schon sagte, sprachlose, heidnische Frömmigkeit.

Nun, da ich wach bin, überdenke ich, während ich aufstehe, meine Kleidung glätte, den Spirituskocher anzünde, meine Situation. Ich zünde mir eine Zigarette an; ich bin ein sterbender Mann. Ich habe einen inoperablen Hirntumor. Festgestellt wurde das in einem Verfahren, das fast zwei Monate dauerte. Und ein anderes rauhes Verfahren bringt mich um meine Stelle – die Firma wurde verkauft und schreibt Verluste oder nicht genügend Gewinn; die Fehler haben die Leute an der Spitze gemacht, und einige davon sollen ebenfalls gehen. Ich habe eine Position eine Etage darunter und war in meiner Arbeit dort erfolgreich – das führte, als der große Einbruch kam, zu Eifersucht, zu Wut eigentlich, sogar zu Haß. Ich mag durch meine anhaltenden Kopfschmerzen zu abgelenkt gewesen sein, um geschickt zu agieren. Bin ich etwa arrogant gewesen? Nein. Ich war eher demütig und rechtfertigte mich. Aber ich behielt weiter recht, und siehe da, ein blutiger Krieg.

Ich bin fünfunddreißig, geschieden, meinen Kindern nicht entfremdet, aber sie entwickeln sich zu Menschen, die sehr meiner Frau gleichen, und die vermisse ich nicht. Es liegt an einem programmatischen, durchdachten, betont mentalen Egoismus, bewußt angestrebt, nicht seicht, nicht dumm, nicht einmal kalt: eher ein intelligenter Koller von Episkopalismus inmitten von Selbstlosigkeitstheorien und Gott weiß was. Dieser Zug meiner Ex-Frau und meiner Kinder, will ich sagen, hält mich von ihnen fern.

Ich weiß nicht, inwieweit etwas davon zu meinem schlechten Befinden beiträgt.

Ich habe einen Hirntumor. Ich habe Anflüge von Kopfweh und sporadische Sehstörungen. Vermutlich habe ich meine Bosse schon seit langem verachtet und sie für selbstverliebte Dilettanten gehalten, die sich wohl kaum ehrlich der Aufgabe stellen, eine große Firma zu leiten. Vermutlich ebensolange habe ich meine Ex-Frau verachtet – und ihr vergeben. Illoyal war ich keinem gegenüber, jedenfalls nicht sehr deutlich, nicht sehr oft. Aber ich bin insgesamt kein vorsichtiger Mensch, und es macht mich innerlich rasend – versetzt mich moralisch in Aufruhr –, wenn ich, dünkelhafterweise wahrscheinlich, davon überzeugt bin, daß ich die Vergeudung orten kann, das Ausmaß der Fehlentscheidungen, die plumpe Zerstörung der Leben und Chancen anderer, die sie mit egoistischem Starrsinn herbeiführen... mit dieser vorstädtischen Nadelstreifen-Selbstsucht.

Es heißt, ich hätte noch Glück. Meine Arbeit – Produkt-Design, aber an dem Punkt, wo das Design unter praktischen Gesichtspunkten der Fertigung und des Marketing umgemodelt wird – wirkt in ihrer Qualität und allem, worauf ich damit abziele, auf manche Leute kränkend... Oder stachelt sie vielleicht einfach nur zum Wettbewerb an. Seit dem Studium beobachte ich das, sagt man mir das. Und schon während des Studiums. Und lange davor, in den ersten Schuljahren. Bislang ist es mir bis zu einem gewissen Grad gelungen, mich anzupassen und zu schützen, aber im letzten Jahr habe ich begonnen, die Umsicht zu verlieren. Der Tumor. Schicksalhafte geistige Aufweichung vielleicht. Wahrscheinlich.

Wie dem auch sei, ich werde von früheren Verbündeten und Kollegen schäbig, ja dreckig behandelt. Da schwitzen sie und zittern, aber sie sagen: »Wir wollen, daß Sie gehen... Von Ihrer letzten Idee da halten wir überhaupt nichts...« Dann nehmen sie es zurück und sagen: »Gut ist das schon, aber Sie werden mit Martin zusammenarbeiten müssen...« Ich habe noch nie mit Martin zusammengearbeitet, das ist ein ehrgeiziger kleiner Irrer, ein mickriger Dieb – von Ideen, von Büromaterial, von Geld, wenn er welches finden kann. Er ist derjenige, der immer das Hostessen-Büchlein bei sich hat – der Kuppler für die obersten Ränge. Bei den Bestechungen, die er bietet, bei seiner Unermüdlichkeit und dem Mitleid, das er gezielt weckt – immer ist er entweder krank oder macht er eine Familientragödie durch –, ist er auf einer bestimmten Ebene unwiderstehlich. Er ist dicklich und angeberisch, gerissen, weinerlich und abstoßend, sogar abscheulich. Doch selbst das setzt er noch zu seinen Gunsten ein. Er brüstet sich sogar damit, wie unermüdlich korrupt er sei, wie aggressiv... Das ist seine Art und Weise zu sagen: *Fürchtet mich.* Tatsächlich fürchten ihn alle im Haus außer den beiden Geschäftsführern ganz oben. Martin hat sich in mich verbissen, kurz bevor die Erträge absackten. Er ist fest entschlossen, das Kommando über mein Arbeitsleben an sich zu reißen – das ist der Mann, mit dem ich nun klarkommen muß. Bestimmt wissen sie, daß sie mich damit hinausdrängen. Muß eigentlich jeder Scheiße fressen, der ein Gehalt verdient? Ist jeder, der Scheiße frißt, darauf aus, daß alle anderen noch mehr Scheiße fressen?

Der kleine Phil Moore, der Kurzbeinige, die Koksnase, früher ein Freund von mir – ich habe ihn hierher in den Wald mitgenommen –, arbeitet mit Martin, diesem Horror-Luden, zusammen, ob nun gezwungenermaßen oder freiwillig. Er kam zu mir ins Büro und sagte: »Du hast uns an die Wand gestellt... Du läßt uns durch Reifen springen... Du magst uns nicht: Du willst hier weg...« Behauptet, er und Martin wären ganz unschuldig. Tut nur seinen Job. Und verschafft seinem Ego Auslauf, indem er mich rausquetscht. Na, zum Teil hat er ja recht. Ich will weg. Aber von mir ist die Initiative nicht ausgegangen. Sie müssen mir eine Abfindung zahlen.

Halb fürchten sie sich vor mir – vor dem Stunk, den ich machen könnte. Ich bin einigermaßen wütend. Und müde. Aber sie fürchten mich nicht genug, und die Verhandlungen über die Abfindungssumme wurden alptraumartig vertrackt. Martin, der Horror-Lude, scheut vor Lügen nicht zurück; im Lügen kennt er keine Grenzen. Setzt Fürze in die Luft, redet blöd daher und ruft mich nachts um vier an, um mich wissen zu lassen, er hätte aus meinem Papierkorb ein Blatt mit Notizen, auf dem was davon steht, daß ich kündigen will. Er verstellt seine Stimme. Er nutzt aus, daß er so widerwärtig ist – und wie lachhaft es ist, jemanden wie mich aus der Arena zu vertreiben. Mir kommt allmählich der Willen abhanden, mich gegen Mr. Urschleim zu wehren. Es ist ja nicht so, als würde man sich mit Achill raufen; um Ehre geht's bei einem Gezerre wie diesem nicht für einen Moment. Und der Mann ist auch noch stolz auf sich.

Er hat mich zum Nachgeben aufgefordert, weil wir beide Presbyterianer sind. Sagte: »Wir weißen Männer, wir halten doch zusammen, was?« Die Frage ist, ob ich eine geringere Summe annehme, mich verpisse und ihn gewinnen lasse. Oder in der Zeit, die mir noch bleibt, mit ihm zu arbeiten versuche. Ich könnte auch das Waldstück hier verkaufen, einen Profi anheuern und ihn die Abfindung für mich aushandeln lassen. Ich will aber diesen Wald nicht verkaufen, diese Lichtmomente. Oh, Himmel.

*

Ich fühle mich tatsächlich ein bißchen ausgeruht, erfrischt, physisch dem Tag gewachsen, allem, was geschehen mag, allem, was denkbar ist, einschließlich dem Tode. Ich habe das Gefühl, die Gewalt der Welt zu verstehen – *Bei unvernünftigen Verhaltensweisen stehen immer Selbstwertgefühle* – gräßliche Floskel – *auf dem Spiel.* Ich habe lange Zeit in Kontakt mit der kuriosen Unvernunft anderer gelebt. Doch dieser Moment ist geprägt von weicher Morgenluft, von Wildnisluft, Berglicht, dem Geruch der Bäume und Steine. Ich habe genügend Energie, um es *ernst* zu meinen oder *nicht ernst*... um ihnen schroff entrüstet oder *sarkastisch* zu kommen..., die Energie, den klaren Kopf dafür habe ich... Im Büro muß ich, wie bei jeder Sportart, sein wie sie, wie die Gegner, um gegen sie kämpfen oder mit ihnen fertig werden zu können, um auf die nützlichste Taktik und die erforderlichen sprachähnlichen Geräusche zu kommen.

Mein Gott, diese Bürointrigen. Mein Leben haben sie verschlungen. Meine Stärke in der Welt (wie sie bislang war) besteht hauptsächlich darin, allem Häßlichen gegenüber hochnäsig und erhaben zu sein, glatt daran vorbeizugleiten. Es ist Verrat an der Demokratie, wenn ich mich da im Verhältnis zu meinen Kollegen hochnäsig und erhaben gebe, obwohl es patriotisch ist, Amerika letztlich doch – oder vor allem – schön zu finden. Ich übe Verrat an meinen Kollegen, die ich verachte. Mir ist alles völlig egal, was ihnen nicht egal ist. Vom Geld vielleicht abgesehen.

Ich stehe zwischen zwei Ehen. Vermutlich sollte ich an meine beiden Kinder denken. Ich gehe in den Wald, um nicht an sie zu denken. Ich weiß nicht, inwieweit ich meinen Tod auch zur Sache meiner Kinder machen will. Ich verheimliche ihnen ungern etwas. Aber ich registriere kaltblütig und empfinde warmblütig die massive, kollerartige Selbstsucht, zu der meine Ex-Frau sie

ermutigt hat. Sie hat mir das sogar angekündigt für den Fall, daß ich nicht zu ihr zurückkehren würde. Was kümmern sie mich? *Du weißt doch, wie selbstsüchtig ich bin, Hank*, hat sie gesagt. Glauben Sie, jetzt wollte sie mich noch haben, auf dem absteigenden Ast und mit Tumor? Ich will nicht bei ihr sterben. Ich kann in der kurzen Lebensspanne, die mir noch bleibt, aus Wohltätigkeit unterrichten oder aus Wohltätigkeit Bettschüsseln leeren, wenn ich von der Firma genügend Geld loseise. Das Leben, das ich hinter mir gelassen habe, wird besser aussehen, wenn ich akzeptiere, daß ich ununterbrochen, täglich und regelmäßig verschlagen sein muß: *Schatz, sag mal, wirke ich auch interesselos freundlich? Kannst du mir sagen, ob ich einen Hauch von bedrohlicher Verschlagenheit ausstrahle? Wirke ich wie ein guter Staatsbürger?* Mein Leben liefe dann besser, aber ich würde mehr kränkeln und noch schneller sterben, als ich jetzt kränkle und sterbe, und gewinnt man als Sterbender nicht die Freiheit, die Welt nicht länger zu akzeptieren?

Ich habe einmal an einer ländlichen Hochzeit teilgenommen – der Sohn eines Methodistenpfarrers heiratete in einer quälend protzigen Sandsteinkapelle in der tiefsten Provinz ein hübsches Mädchen. Diese Kapelle, an einem Seeufer, in einem Birkenhain, war auf grauenvoll angestrengte, amerikanische Weise hübsch – unsicher christlich, bemüht traditionsreich. Die Architektur war nicht ohne Qualität, aber ohne die Aura von Generationen Gläubiger. Sie war nicht rein – in Hoffen auf Gott – wie die Holzkirchen, die man jenseits des Sees sah. Der Morgen hatte regnerisch begonnen. Gerade als wir in der Kirche Platz nahmen, hörte der Regen auf; die Sonne kam hervor; die farbigen Glasfenster aus der Zeit der Jahrhundertwende begannen, in harter, amerikanischer Pracht grell zu leuchten.

Die erste Brautjungfer hinten im Mittelgang hatte einen zweijährigen Sohn, der sich weder von ihr trennen, noch sie ohne ihn voranschreiten lassen wollte, und so schritt die Frau mit einem Bukett in der Hand und einem Kind auf der Hüfte, gehalten von ihrer anderen Hand, weiter – ein Bukett anderer Art. Sonderbar milde wirkend, von Anmaßung frei, bewußt anmutig, nahezu-gesättigt-und-doch-außer-sich schritt sie in dem überwältigenden Licht den Gang hinauf.

*

Ist es einem bestimmt, glücklich gewesen zu sein? Hier noch eine Definition eines Lebens, das ich nicht gelebt habe. An jenem Hochzeitswochenende fiedelte in einem Provinz-Nachtklub eine ältliche, übergewichtige, grauhaarige Frau mit nicht zu übersehendem Bauch auf einer weißen Violine und sang, von einer Back-up-Band begleitet, einen Song, den sie geschrieben hatte. Sie sang und raunte, sie könne alle zum Tanzen bringen. »I'll make you wild«. Sie sang es, sie raunte es. Sie hatte ihre Verstärker installiert, und alles, was sie von sich gab, drang sehr laut in den Raum, ein bißchen dröhnend, ein bißchen schrill, mit elektronischem Diskant, elektronischem Beben. Sie war laut, hypnotisierend, begabt und auf ihre eindringliche Art so inspiriert, daß sie uns wild machen konnte… dionysisch. Und wirklich begannen die Leute zu tanzen. Die Frau wurde immer suggestiver, *anzüglich* und gebieterisch auf irgendwie irisch-schottische Weise, die *zigeunerhaft* war und unwiderstehlich. Die auch dem hinterwäldlerischen Amerika entstammte, den Camp-Treffen, den Erntefesten.

Alle im Publikum, in dem vollen Saal, die nicht verkrüppelt oder gichtkrank waren, die betrunkenen Mittelalten, die Achtzigjährigen und die bekifften Jüngeren, Leute aus der ländlichen Arbeiterschicht, tanzten wild-steif. Auf weiße, verlegene Art waren wir orgiastisch. Ein wenig bewußt-traditionell und zugleich wie Rebellen. Die sexuellen Selbstoffenbarungen, soweit sie gingen, paßten zum Raum und zum See. Und erklärten die Intimität von Klubs und Sommerfrischen. Erklärten den sommerlichen Snobismus meiner Eltern, erklärten Nachtklubs und See-Kurorte auf neue, ein wenig komische, aber rührende Weise, ließen Verwandtheit ahnen. All die Dinge, die ich nicht gelebt habe, waren gegenwärtig. Ich bin niemals dionysisch gewesen.

*

Schlechte Nachrichten, gebrochenes Herz, absurde Spannung. Dennoch, das Licht zwischen den Bäumen, die Himmelsausschnitte, blaß strahlend blau wie die lichtgetränkte Nylonfläche über meinem Kopf, sagen, es wird ein schöner Tag. *Je m'en fouisme – Ich-scheiß-drauf-Ismus*: Ist das meine Leitmelodie? Seit ich alt genug und stark genug geworden war, zumindest teilweise meinen Willen durchzusetzen, habe ich, schon als Junge, beharrlich einen Teil jeden Tags, zwei, drei Momente lang, gelebt, ohne zu leiden. Und ohne kalten Vorsatz. Hie und da ein zivilisierter Moment der Freiheit und der Emotionen.

Ich habe dieses Stück Land im letzten Jahr gekauft, fünf Morgen, vier davon bewaldet, abschüssig, zwischen grauen, flechtenbewachsenen Felsbrocken und oben begrenzt durch eine dreizehn Meter hohe Felswand, unten durch eine Hangwiese, klein, weniger als ein Morgen, von Schierlingstannen umgeben, und im Wald zwischen der Wiese und dem Felsen ein kleines, grünes Holzhaus mit drei Räumen, Veranden nach drei Seiten, einem steilen Holzschindeldach und Fensterläden an Angeln.

Ich würde gern eine Baumzählung veranstalten und herausfinden, wie viele Bäume ich besitze, wie viele Äste, Zweige und Blätter. Und wie viele Käfer. Eine Viertelmillion Blätter. Eine Million Blätter... Ich bin Millionär als Eigentümer von raschelnden Blättern... und Grashalmen. Von Luftmolekülen... Die Luft, die ich in diesen Minuten atme, gehört mir. Kubikmeter von Luft, unsichtbare Bausteine eines durchscheinenden Tempels.

Was sagt die Statistik? Fünfundsiebzig Ahornbäume, achtzig Buchen, siebzehn Eichen, sieben Jungeichen, sieben Schierlingstannen, darunter eine, ah – eine malerische Riesin. Und so fort. Aber das erfinde ich. Während ich auf einem Holzklotz hocke und Kaffee trinke, eine Henkerszigarette rauchend auf meiner rotblauen Luftmatratze sitze, blicke ich auf das unebene Gelände ringsum, auf die nahe Steilwand, auf die Bäume, die am Felsen gewachsen und im Felsen verankert sind, belaubte Pilaster. Auf das verstreute, modernde Laub am Boden. Die Bäume, die mir gehören, sind nicht ganz und gar einzigartig für mich; es sind *Bäume*, eine generalisierte Masse: *meine Bäume*. Ob Gott wohl Seelen so sieht, was meinen Sie? Ich habe keinem meiner Bäume einen Namen gegeben. Im Morgenlicht blicke ich mich um – die *sehnige Anlehnerin* dort, da die *Das-Leben-ist-gebucht-Buche*, der *Hoch-hinaus-an-der-Ostgrenze-Ahorn*, die *Birch Society*, eine Gruppe von krummen Birken... keine Namen, die lang anhaltende Zuwendung bezeugen. Die Gefühle, die ich für die Bäume hege, sind halbgebacken, unausgegoren, völlig verschieden von allem, was ich je für Tiere, Menschen oder Dinge empfunden habe... diese geduldigen wogenden Bäume... Wind kommt auf, rüttelt an meinen semibenannten, halbnamenlosen Bäumen... ein verschwommener Klecks Vegetation, Äste, die in Bewegung dem Auge dicker erscheinen, die über den Boden huschenden Aschenrosen der Schatten... Die Wendungen entstammen einem spanischen Gedicht: *das Geschmier der Vegetation... Aschenrosen...* Das Denken stockt. Die grandiosen unsichtbaren Kettenglieder des Bergwinds geißeln meinen Wald. Ich lausche in mich jäh erfüllender, unglaublicher Schlichtheit den Lauten dieses Winds, der mächtigen, gewandten Kraftprobe des Morgenwinds. Rings um mich her breiten sich bebende Wirbel federnder Schatten aus, Millionen von Zweigen, unendlich bewegt. Die Welt ist tätig, sie rührt sich exzentrisch und rauschend, rührt sich in den blonden, sonnigen oberen Luftschichten anders als in den unfreieren, grünlichen unteren. Die Natur hat gesagt: *Ich will die gefesselten Bäume wild machen.*

Dionysische Befreiung? Das nehme ich an. Eine Probe für die Freigabe von Samen. Eine unsichtbare Umarmung. Die Regungen des Berghangs.

Auch die Wolken sind verschmiert, so rasch ziehen sie im Wind dahin. Der Kapitalismus besitzt eine spirituelle Seite – eine heidnisch-spirituelle Seite und eine christliche, eine der Selbsterforschung und der Werte, der Wahrheiten hinter den Wahrheiten. Und er besitzt eine gesittet-spirituelle Seite; eine Sorg-immer-für-ein-schmuckes-Haus-Seite, eine Trag-die-richtige-Kleidung-Seite. Die Verantwortung für den Zustand der näheren Welt ist eindeutig zugeteilt, ob die Gemeinschaft ihr Wissen um eine solche identifizierbare Verantwortung nun intelligent nutzt oder nicht. Diese Bäume hier werden mich überleben, es sei denn, aus mir wird ein radikaler Kapitalist oder ein destruktiver Sterbender von zügelloser Anmaßung, und ich lasse sie fällen.

In meiner Hand liegt das Schicksal der Bäume, die im Morgenwind, in der erschaudernden Luft rauschen. Die Aschenrosen der gleitenden, flirrenden und wirbelnden Schatten gleichen manchmal den dahingespritzten grauen Lettern eines rastlosen Alphabets, die über Felsen und tote Äste am Boden schlüpfen, über wildes Gras auf der Wiese, hier und da rötlich getöntes Gras wegen rötlicher Samenkörnchen, mit gelben und weißen Wildblumen zwischen den Halmen. Ein trockener Bach, der über

Moos, Rainfarn, Mauerpfeffer, Giersch, Engelsaugen, wilden Senf und wilden Phlox auf Lichtungen zwischen den Bäumen hinwegschnellt. Schatten und Blätter führen über mir ihr bewegtes pflanzliches und ätherisches Leben, verleihen dem Moment eine köstliche Tiefe.

Mein Leben ist verpfuscht; und doch bin ich ziemlich glücklich. Unziemlich glücklich vielleicht. Ich kann nicht behaupten, ich verstünde das Glück. In meinem Fall hat es immer eine sorglose, eine Zum-Teufel-damit-Komponente, ist eine Form von trunkener Genugtuung, im Kern gefühllos, von Gefühl befreit, fast ein Aufschrei von *Genug*. Das Gefühl von Erfüllung gleicht der Genugtuung mit ihrem Rückgrat von schmählichem Triumph... von Frieden und Entkommensein. Es ist etwas Seichtes in mir und in meinem Blut – eine alte Überlieferung –, und es ist die tiefste und wildeste Emotion, zu der ich fähig bin, das Tiefste in mir: glücklich zu sein. Es beruht darauf, daß ich eine bedeutende Anzahl von Dingen ignoriere, doch ich habe nun einmal eine rebellische Natur dieser Art. Im heidnischen Sinn ist es eine ernste Angelegenheit, glücklich zu sein.

Wie absurd das hier ist, diese Gedankenfolge. Wie weit würde ich gehen, wie weit bin ich schon gegangen, um Besitzer meiner bislang unbenannten, nicht bis in ihre Tiefen erkannten Bäume zu sein? Wenn mir jetzt Geld fehlt, muß ich gründlicher erwägen, wie ich verhandeln muß, wie ich *schlau* mit den Situationen umgehen kann, in denen über die Summe bestimmt wird, die ich haben werde, während ich sterbe. Ich muß herauskriegen, wie ich diesen Zuhälter-Biederlingen und Moore-Ratten Gottesfurcht einbleuen kann.

Wahrscheinlich werde ich tun, was notwendig ist – welchen Teil meiner Seele will ich nun noch retten? Was kümmert mich noch? Als ich ein Kind war, hat mir niemand gesagt, wie das Leben wirklich ist... Ich wünschte, man hätte es mir gesagt. Nun warte ich, während der Wind brabbelt, stammelt und zuckt, als wäre er lebendig und stünde still, ein ungeheuerlicher, transparenter Wiederkäuer-Akrobat, ein gläsernes Geschöpf, das sich von seinem Ausbruch im Moment zuvor ausruht. Ich warte darauf, daß er in die Bäume meines Waldes zurückkehrt, der weite, unsichtbare, tätige, saltoschlagende Bergwind. Der unumwundene, umarmende Wind.

Tod? Häßlichkeit? Da scheiß ich drauf. Verflucht noch mal, da scheiß ich drauf, und wie! Da sind sie, die ersten transparenten Schritte – und Sprünge – des Winds zwischen den Bäumen.

Harold Brodkey, geboren 1930 in Staunton in Illinois, wurde mit sechs Jahren der Intelligenzquotient eines Genies bescheinigt. Seinem hochgelobten Erzählband *Erste Liebe und andere Sorgen* von 1958 ließ er jedoch erst dreißig Jahre später die *Nahezu klassischen Stories* und den Roman *Die flüchtige Seele* folgen. 1994 erschien sein letzter Roman *Profane Freundschaft*. Harold Brodkey lebte in Manhattan und starb im Januar 1996 an den Folgen von Aids.

Viktorija Tokarjewa

Die blaurote Luftmatratze

Nicolas de Crécy

Fernando rief um neun Uhr morgens an und sagte, daß er zum Mittagessen käme. Ljusja solle ihn gegen ein Uhr erwarten.

Einerseits war ein Mittagessen mit einem geliebten Menschen ein Fest. Andererseits war es eine große Anstrengung: ins Geschäft laufen, kochen, auftragen, dann wieder abräumen, Geschirr spülen. Ljusja hatte diese Art der Arbeit nie gemocht. Sie hatte immer eine Haushälterin namens Manja gehabt. Aber Manja war gestorben, der Himmel sei ihr gnädig. In der letzten Zeit half ihre Freundin Nina. Sie kam und kochte für drei Tage im voraus. Sie drehte Fleisch durch den Wolf, für Frikadellen. Dann kam Fernando und verschlang alles innerhalb einer Stunde. Fernando war dick. Und Dicke essen viel, sie müssen schließlich ihren gesamten Umfang mit Kalorien versorgen.

Nina zitterte vor Haß, aber sie schwieg, drehte wieder den Fleischwolf und kochte Bohnensuppe.

Eigentlich hieß er Fedja. Nina hatte ihn Fernando genannt, nach einem Bösewicht aus einer mexikanischen Serie. Das russische Fernsehen hatte eine zweihundertteilige Fernsehserie gekauft, und so flimmerte das mexikanische Leben über die Mattscheiben der Moskauer Wohnungen, lenkte die Menschen von der Inflation ab und von der Regierungskrise.

Ljusja setzte sich jeden Abend vor den Fernsehapparat und drang in ein fremdes, einfaches Leben ein. Was sie bezauberte, war, daß Männer und Frauen sich mit nichts anderem als der Liebe beschäftigten und über sie redeten, als ob im Leben nichts anderes existieren würde. Ljusja verstand das.

Jede Folge wurde zweimal am Tag ausgestrahlt: morgens und abends. Ljusja sah sich beide Sendungen an, zuerst morgens um halb zehn. Dann wartete sie auf den Abend, um sich bequem in den Sessel zu setzen und nochmals dasselbe anzusehen. Sie hatte es nicht satt. Natürlich sah sie das schlechte künstlerische Niveau, aber das störte sie nicht. Es gab etwas Wichtigeres als die Kunst: das Leben selbst, die Leidenschaft, ihr heißer Atem...

Aber heute gab es kein Fernsehen. Ljusja zog sich an, nahm ihre Einkaufstasche auf Rädern, den Geldbeutel und den Schlüssel. Sie prüfte nach, ob sie auch nichts vergessen hatte.

Der Weg zum Geschäft war nicht weit, aber er führte an den Abfallcontainern vorbei. Ljusja fürchtete immer, dort Ratten zu sehen. Mit Ratten verband sie eine äußerst widerliche Erinnerung.

In diesem Winter hatte es Frost bis dreißig Grad unter Null gegeben, und zu ihrer Datscha war ein Rattenpärchen geflüchtet: ein Männchen und ein Weibchen. Und sie blieben. Ljusja beschloß, mit ihnen einen stummen Vertrag zu schließen: Benutzt das Haus, eßt vom Buchweizen – aber still, ich will euch nicht hören. Doch die Ratten benutzten das Haus, fraßen vom Buchweizen, fraßen ein Loch in den Boden und sprangen auf den Tisch. Warum? Darum. Einfach so. Es kam vor, daß sie am hellichten Tage erschienen und Ljusja frech und durchdringend ansahen. Man wußte nicht mehr, wer hier die Hausbesitzerin war – sie oder die Ratten.

Das Ganze endete mit zwei Mausefallen, die Ljusja an einem geeigneten Platz aufstellte. Das Pärchen war auf solche Hinterlistigkeiten nicht gefaßt, und beide gingen in die Falle. Das Männchen traf es auf die Nase. Es war wohl an dem Schock gestorben, den der Schmerz ausgelöst hatte. Und das Weibchen erwischte es an den Beinen, und es kroch noch lange zusammen mit der Mausefalle von dem Ort des Schreckens fort, bevor es starb. Ljusja sah es morgens mitten in der

Küche, ein apokalyptischer Schrecken ereilte sie, und sie warf die Mausefalle mitsamt dem Opfer in den Frost hinaus.

Ljusja bemühte sich, nicht daran zu denken. Bloß nicht auf die Müllcontainer sehen. Draußen lief jetzt ein herrenloser Kater herum, ein alter Bekannter von Ljusja. Er war ungezähmt, hatte vor nichts Angst, nicht einmal vor den Hunden. So führten sich sonst nur junge Kerle auf, die aus Afghanistan zurückgekehrt waren.

Ljusja fütterte den Kater immer, aber er war ihr nicht dankbar. Er nahm das Futter an, als sei sie ihm das schuldig.

»Grüß dich«, sagte Ljusja zum Kater und ging weiter.

Im Laden war es öde. Auf dem Ladentisch in der Fleischabteilung lag Hackfleisch, in Päckchen abgepackt. Das Papier trocknete und klebte am Inhalt fest, zusammen wurden Papier und Fleisch dunkel und hart – es wäre als Backstein durchgegangen. Die Verkäuferin Lida stand mit leidenschaftslosem Gesicht da, als wolle sie eine Grenze zwischen sich und dem Verkaufstisch ziehen. Sie als Person trug keine Verantwortung für die Staatswirtschaft.

»Grüß dich«, sagte Ljusja.

Lida nickte, ohne eine Miene zu verziehen.

»Da hinten arbeitet doch ein Fleischer bei euch«, erinnerte Ljusja sie, »dieser Ljoscha.«

In dem Laden hatte eine Zeitlang ein lieber, höflicher und ständig betrunkener junger Mann gearbeitet. Er hatte Ljusja immer bevorzugt behandelt und ihr die besten Stücke gegeben. Für Frikadellen.

»Er ist nicht da«, sagte Lida.

»Wieso?«

»Wir haben kein Fleisch. Haben wir nicht bestellt.«

»Wieso?«

»Zu teuer. Wir sind ein armes Viertel. Lauter Rentner.«

Ljusja war auch arm. Nina nannte sie im Spaß eine arme Millionärin. Ljusja hatte kein Geld, aber eine Datscha mit einem Hektar Land. Jetzt kostete in der Datschensiedlung eine Parzelle Land tausend Dollar. Also war ihr Land hunderttausend Dollar wert. Wenn man das in Rubel umrechnete – hundert Millionen. Also war sie eine Millionärin.

»Und sonst gibt es nichts?« fragte die Millionärin Ljusja kläglich.

Lida sah sich nach allen Seiten um, wie eine Spionin, die sich vergewissert, daß hinter ihr niemand steht, und ging hinter eine eiserne Tür. Dann kam sie zurück, hielt ein eiskaltes Hähnchen an den Beinen, dessen Kopf traurig hin und her wackelte.

»Tausend Rubel«, verkündete Lida.

Ljusja kramte ihren Geldbeutel hervor und zählte das Geld ab. Ihre Finger bewegten sich langsam, wie unwillig. Ljusja hätte ihre Datscha gegen Dollar vermieten können und nicht in dieses Geschäft gehen, sondern im Supermarkt einkaufen können, wo es weiße Kalbsbratwürste, zartes, leicht gesalzenes Forellenfilet gab. Dafür konnte Ljusja allerdings auch sicher sein: Bei ihr zu Hause wischte sich keiner die Schuhe mit dem Vorhang ab. Und im Hotel machen das die Gäste.

Bei ihr auf der Datscha würden sie es auch tun. Was ging sie ein fremdes Heim an... Ljusja liebte ihre Datscha wie einen lebenden Menschen. Sie liebte auch Fernando dafür, daß er ihr Haus verschönert hatte: Er hatte die Veranda repariert und das Dach mit Aluminiumplatten gedeckt. Und er hatte es so sorgfältig gemacht wie für sich selbst.

Die Putzfrau Sima, mit ihrem Hörgerät im Ohr, kam vorbeigelaufen. Sie trug einen Schrubber, auf dem ein nasser Lappen hing.

»Grüß dich«, sagte Ljusja zu ihr.

»Ach, du meine Liebe... Du Schöne, mein Püppchen...«, freute sich Sima, Ljusja mit Worten und Blicken liebkosend. Ljusja gab ihr nämlich jedesmal ein Trinkgeld. Nicht viel, aber immerhin...

Sima war fast taub, sie trank, war heruntergekommen, und man konnte nicht sagen, wie alt sie war: vierzig oder sechzig. Vor diesem Hintergrund wurde Ljusja bewußt, daß es ihr gut ging. Sicher, ihr Mann war gestorben. Sie war Witwe. Aber, wie man so sagt, »sie hatte sich gut gehalten«. Sie hatte allen Komfort: eine Wohnung im Stadtzentrum, ein Auto in der Garage, ganz zu schweigen von der Datscha. Kinder hatte Ljusja keine. Probleme mit der Schilddrüse hatten das verhindert. Aber sie bedauerte es auch nicht. Wie kann man etwas vermissen, das man nicht kennt? Dafür hatte sie Freunde. Und sogar Liebe. Fernando holte ihr natürlich nicht die Sterne vom Himmel. Er war auch nicht wie ihr Mann – der Physiker und ein Theoretiker gewesen war. Aber schließlich war Ljusja ja auch nicht mehr dieselbe. Wie ihre Haushälterin Manja sagte: Man mußte die Meßlatte tiefer legen.

Im Gemüsegeschäft kaufte Ljusja vier Möhren, fünf Zwiebeln, zwei Apfelsinen und eine Flasche trockenen Wein.

Sie ging nach Hause und sah schon in Gedanken den gedeckten Tisch vor sich: Salat aus geriebenen Möhren, das gebackene Hähnchen mit knuspriger Haut, im Ring aus goldbraunen Zwiebeln. Zum Dessert Apfelsinen und ein Glas Wein. Für sich selbst hätte sie sich nie soviel Mühe gegeben. Für sich allein zu kochen war langweilig. Und für einen anderen zu kochen war viel Arbeit. Man konnte es sich aussuchen...

Fernando kam eine halbe Stunde früher, was sich nicht gehört. Ljusja war noch in Schürze und Hausschuhen, sie konnte sich nicht mehr die Lippen und Wangen schminken und sah nicht gerade glänzend aus. Sie mußte schnell ins Bad rennen und sich dort eilig Rouge auf die Wangen tupfen. Es fiel ungleichmäßig aus.

Fernando zog inzwischen die Schuhe aus und ging auf Socken in die Küche. Seine Socken rochen nach Käse, seine Kleider nach Schweiß und sein Gesicht nach Tabak. Aber Ljusja gefiel das. Fernando roch nach Leben. Jede Äußerung des Lebens und jegliche Lebensenergie zogen sie magisch an. Ljusja selbst lud sich mit der fremden Energie auf, und dann fingen ihre Augen an zu glänzen.

Fernando trocknete sich die Hände ab, sagte: »Na, dann Mahlzeit!« und fing gierig an zu essen. Er hatte wohl heute nicht gefrühstückt.

Ljusja saß ihm gegenüber. Es gefiel ihr, zuzusehen, wie er kaute, wie sich seine Lippen bewegten. Die Mimik beim Essen bleibt von Kindesbeinen bis ins Erwachsenenalter gleich, sie vertieft sich nur. Und jetzt, wenn sie den vierzigjährigen Fernando ansah, konnte sie ihn sich gut als Kind vorstellen: dick, mit lockigem Haar und schlecht erzogen.

Und so war er auch geblieben: dick, mit lockigem Haar und schlecht erzogen. Zu Besuch konnte man ihn nicht mitnehmen. Er würde sich betrinken und Lieder grölen. Und überhaupt war er, wie es in den mexikanischen Filmen hieß, »nicht aus unseren Kreisen«. Ljusja begriff das. Aber sie begriff auch, daß das Leben vielgestaltig war. Es besteht nicht nur aus intellektueller Arbeit. Es gibt eine Menge andere Berufe, andere Charaktere und andere Arten, zu leben und sich auszudrücken. Und alle sind interessant. Man muß ein Snob sein, um nur eine zu schätzen und die anderen abzuwerten.

»Schmeckt's?« fragte Ljusja.

»Wenn die Mitte satt ist, geht es den Enden gut...« Fernando lachte dröhnend und zwinkerte anzüglich.

Er aß mit den Händen, sein Mund und seine Hände glänzten vor Fett.

Ljusja stand auf, um ihm eine Papierserviette zu geben. Aber die Servietten waren nicht an ihrem Platz. Wahrscheinlich waren sie aufgebraucht. Vielleicht hatte sie sie aber auch nur an einen anderen Platz geräumt. Ljusja stand da und dachte nach.

»Setz dich«, lud Fernando sie zärtlich ein. »Wir müssen miteinander reden.«

»Dann red doch...«

»Nein, mein Lämmchen, setz dich erst hin...«

Ljusja setzte sich.

»Also, weißt du, laß uns heiraten...« Fernando sah Ljusja durchdringend an. Dieser Blick kam ihr bekannt vor, aber sie wußte nicht woher.

»Und wozu?« fragte Ljusja ehrlich erstaunt und errötete.

»Wie ›wozu‹?« wunderte sich Fernando. »Ich habe dich verführt, zum Zusammensein gedrängt. Und als anständiger Mensch muß ich dich heiraten.«

»Das mußt du gar nicht. Ich bin doch kein Mädchen mehr. Du hast mir nicht die Unschuld genommen. Ich hatte viele Männer.«

Ljusja hatte wirklich viele Männer gehabt: vor ihrem Mann, während der Ehe mit ihrem Mann und auch danach. Aber einen Heiratsantrag hatte sie nur zweimal im Leben bekommen: von ihrem Mann und von Fernando.

»Du bist kein Mädchen mehr«, sagte Fernando. »Aber eine alleinstehende Frau. Wenn du krank wirst, hast du niemanden, der dir ein Glas Wasser bringt. Und ich bin schon vierzig. Muß mal in feste Hände kommen. Sonst schwimme ich wie ein Stück Scheiße auf der Wasseroberfläche.«

»Aber ich bin älter als du...«

»Älter oder jünger, wo ist da der Unterschied? Wir wollen doch keine Kinder miteinander. Ich habe schon einen Sohn. Du adoptierst meinen Sohn, dann ist er auch deiner.«

»Und wozu soll das gut sein?« fragte Ljusja verständnislos.

»Dann hast du eine komplette Familie: einen Ehemann und einen Sohn. Du wirst dich um uns kümmern und wir uns um dich.«

Wie gut, wie einfach und unkompliziert er dachte. In Ljusjas Augen traten Tränen. In letzter Zeit war sie überhaupt eine Heulsuse geworden.

»Und wieso gerade ich?« fragte Ljusja. Es kam ihr so vor, als hätte Fernando die große Auswahl. Jedenfalls in seinen Kreisen.

»Weil du mein Lämmchen bist. Ich liebe dich.«

Ljusja seufzte herzergreifend. Zu Besuch konnte sie ihn freilich nicht mitnehmen. Und zeigen würde sie ihn auch niemandem. Sie hatte sowieso niemanden, dem sie Fernando hätte zeigen können. Wen brauchte sie denn außer ihm?

»Ich weiß nicht recht«, gestand Ljusja.

»Du genierst dich wegen mir. Meine Visage ist dir nicht fein genug«, erriet Fernando. »Hab wohl zu wenig Bücher gelesen...«

Er las tatsächlich keine Bücher. Er setzte Ziegelstein auf Ziegelstein und schlug Nägel in die Wände.

»Also, entscheide dich. Andernfalls verlasse ich dich. Ich bin schließlich auch nicht auf der Müllhalde geboren worden.«

»Fernando...«, sagte Ljusja erschrocken.

»Ich heiße Fedja. Fedor Matjewitsch. Klar?«

Er ging weg und umarmte sie nicht zum Abschied. Er war wohl beleidigt.

Ljusja schaltete den Fernsehapparat ein, setzte sich in den Sessel. Von dem Glas Wein und den letzten Eindrücken schwirrte ihr der Kopf.

Im Fernsehen lief eine Möbelreklame. Diese Möbel verflochten sich in ihrem Bewußtsein mit irgendwelchen Korridoren. Ljusja schlief vor dem Fernsehapparat ein, sie hörte die brabbelnde Stimme des Ansagers, die Stimme Fernandos, sein helles Gelächter. Fernando würde bestimmt gut singen.

Ljusja erwachte von dem Geräusch fließenden Wassers und erriet, daß ihre Freundin Nina gekommen war, die Tür mit ihrem eigenen Schlüssel geöffnet hatte und in der Küche Geschirr spülte. Sie erriet die Laune ihrer Freundin am Geklapper, das sie mit den Tellern machte. Nina teilte ihre Vorliebe für Fernando nicht. Aber was verstand sie schon von der Liebe... Bis vierzig hatte sie als alte Jungfer dagesessen, hatte als Schuldirektorin gearbeitet. Dann, als ihr mit einem Schlag klar wurde, daß ihre Uhr ablief, verabredete sie sich mit einem Studenten, der in ihrer Schule ein Praktikum absolvierte. Er sollte zu ihr nach Hause kommen und ihr ein Kind machen. Der Student erschrak, befürchtete, die Praktikumsbescheinigung nicht zu erhalten, und tat, was von ihm verlangt wurde. Nach neun Monaten kam ein kleines Mädchen zur Welt, Oljetschka. Sie wuchs prächtig heran, hatte weißblonde Haare und war Ljusja wie aus dem Gesicht geschnitten. Nur seltsam, daß sie von einer anderen Mutter war. Ljusja beschloß, Oljetschka ihre Datscha zu vermachen. Mit der Zeit, wenn Ljusja sich in die andere Welt begeben hätte, würde Oljetschka an ihrer Stelle leben und lieben, würde ihren Lebensraum ausfüllen. Sie würde sich herausputzen, die Männer wechseln, ihnen den Kopf verdrehen, sich verausgaben, würde selbst in heilige Sklaverei fallen...

Was verstand Nina denn davon? Genau genommen – nichts. Für sie gab es nur die Arbeit und nochmals die Arbeit. Sie ließ sich nicht mal die Haare machen. Wie eine Frau vom Land steckte sie sie im Nacken zu einem Knoten zusammen.

Ljusja ging in die Küche. Nina mit ihrem Knoten im Nacken wusch verbissen die Teller ab.

»Fernando hat mir einen Heiratsantrag gemacht.« Ljusja konnte nicht an sich halten.

Nina schwieg einen Moment. Sie stellte einen Teller zum Trocknen ab.

»Ich weiß nicht, was ich machen soll«, fügte Ljusja hinzu, um die Freundin ins Gespräch zu ziehen.

»Und was hält dich zurück?« fragte Nina trocken.

»Er wird meinen Paß sehen«, gestand Ljusja. »Und dann wird er erfahren, wie alt ich bin.«

»Und für wie alt hält er dich?«

»Na, so an die sechzig...«

»So alt wie ich bin...«, kommentierte Nina giftig.

Nina war sechzig, und Ljusja war dreiundsiebzig. Zwischen ihnen lag ein großer Altersunterschied, der der Freundschaft aber keinerlei Abbruch tat. Aber, ehrlich gesagt, Ljusja hielt sich selbst für viel jugendlicher und attraktiver als Nina.

»Eine schöne Frau ist auch mit siebzig schön. Und eine Vogelscheuche ist auch mit achtzehn eine Vogelscheuche.«

Nina schwieg einen Moment. Sie erriet, wer die schöne Frau war und wer die Vogelscheuche. Aber sie hatte ihre eigene Meinung, die von Ljusjas abwich.

Es gibt den Ausdruck »die Schönheit eines lieben Gesichts«. Nina liebte Ljusja und sah sie mit dem inneren Auge eines Menschen, der ihr nahestand. Für sie war es ohne Bedeutung, wie Ljusja aussah und wie alt sie war. Aber jetzt sah Nina sie mit distanziertem, mitleidlosem Blick an, mit dem Blick Fernandos, und sie sah alle Zerstörungen, die die Zeit angerichtet hatte. Die nicht zu regulierende Schilddrüse drückte Ljusjas Augen aus den Augenhöhlen heraus, die Haare, farblos geworden durch Haarfärbemittel, standen vom Kopf ab wie Flaum. Eine alte Frau wie ein Löwenzahn, wie man so sagt. Eine vertrocknende Kröte. Küßte Fernando etwa all das? Was muß man haben, besser gesagt, was muß man nicht haben, um mit vierzig auf so eine zuzugehen.

»Er sagt, daß er mich liebt...« nahm Ljusja den Gedankengang der Freundin auf.

»Er liebt nicht dich, sondern deine Datscha. Und das Stück Land von einem Hektar Fläche.«

»Er ist nicht so. Er ist ein anständiger Mann.«

»Ich weiß, wie er ist. Er ist zu dir gekommen, um dich weichzukochen.«

»Unsinn. Er ist gekommen, um meine Veranda zu reparieren.«

»Na klar, soll er vielleicht sagen: ›Guten Tag, ich bin ein Erbschleicher‹...«

»Wie meinst du das?« fragte Ljusja verständnislos.

»Erbschleicher – das ist jetzt das neue Geschäft. Manche haben einen Zigarettenkiosk, und andere umschleichen reiche alte Frauen.«

»Was heißt umschleichen?«

»Heiraten. Und dann warten sie, bis sie sterben. Um sich nach ihrem Tod alles unter den Nagel zu reißen.«

Nina drehte den Wasserhahn zu. Es wurde völlig still.

»Was geht es mich an, was nach meinem Tod passiert?« fragte Ljusja ruhig. »Dafür geht es mir jetzt gut. Ich bin glücklich. Und es ist mir völlig egal, wie man das nennt.«

»Dann sag nicht, daß er dich liebt. Sieh der Wahrheit ins Gesicht.«

»Wozu?«

»Er liebt dich nicht, er umschleicht dich.«

»Und du umschleichst mich doch auch. Oder etwa nicht?«

Nina trocknete sich die Hände am Handtuch ab. Sie zog sich eilig an. Und ging weg.

»Sie weint«, fühlte Ljusja. Sie waren vierzig Jahre befreundet gewesen, und Ljusja hatte gelernt, sich ihr auch über die Entfernung hinweg nah zu fühlen.

»Sie ist nur neidisch«, sagte sie zu sich selbst. »Er liebt mich und nicht sie. Ich bin immer geliebt worden, und sie nur einmal, auf Bestellung. Von zwei bis drei, in der Mittagspause. Dumme Kuh.«

Ljusja ging zum Spiegel und betrachtete sich. Der Spiegel war dreiteilig. Vor dem Krieg war er in der Datscha, er stand neben dem Fenster, von wo aus man ein Flüßchen mit einer kleinen Insel in der Mitte sah.

Ljusja schwamm auf dem Flüßchen auf einer blauroten Luftmatratze. Die hatte ihr Vater aus dem Ausland mitgebracht. In Rußland gab es damals so etwas noch nicht. Niemand hatte so was. Nur Ljusja. Sie lag auf der Luftmatratze wie eine Wassernixe. Sie war gerade dreizehn und hatte lange weißblonde Haare. Und daneben paddelte der zehnjährige Romka im Wasser, rotznasig und mit kahlgeschorenem Kopf. In Ljusja war die ganze Datschensiedlung verliebt, alle Kinder und alle Papas, so daß sie Romkas Liebe überhaupt nicht brauchte, ja, sie empfand sie sogar als beleidigend. Romka versuchte, auf die Luftmatratze zu klettern, aber Ljusja trat ihn und traf seine Nasenspitze. Romka tauchte unter, fand auf dem Flußgrund einen Nagel und durchbohrte die Luftmatratze mit dem großen rostigen Nagel. Die Luftmatratze pfiff und ging langsam unter.

Ljusja schlug um sich, packte Romka und tauchte ihn unter. Romka entwand sich ihr, schwamm zum Ufer und fing an zu rennen. Ljusja sprang auch ans Ufer und warf ihm einen Stein hinterher, keinen großen, nur etwa hühnereigroß. Der Stein traf ihn am Kopf. Romka heulte auf, und sofort wuchs an der getroffenen Stelle eine Beule. Ljusja bekam einen Schrecken. Sie fischte ihre ramponierte Matratze aus dem Wasser und ging nach Hause.

Nach einer halben Stunde erschien Romkas Mutter auf der Datscha, eine Bierverkäuferin, die berühmt war für ihre Flüche. Aber jetzt schrie sie nicht und fluchte auch nicht, sondern fragte nur: »Ljusja, was war los?«

Hinter ihrem Rücken lugte Romka samt seiner Beule wie ein Beweisstück hervor.

»Er hat mir Löcher in die Luftmatratze gebohrt.« Ljusja zeigte auf die leblose, in die Ecke geworfene Luftmatratze.

»Du hättest zu mir kommen müssen und es mir sagen. Ich hätte ihn schon selbst zur Rede gestellt. Jetzt schau, was du angestellt hast. Du hättest ihn ja umbringen können...«

Romka sah schadenfroh hinter dem Rücken seiner Mutter hervor.

»Daß mir das zum ersten und zum letzten Mal vorgekommen ist«, warnte Romkas Mutter und ging hinaus, Romka hinter sich herzerrend.

Die Tür fiel hinter ihr zu. Wenn Romkas Mutter geschrien und geflucht hätte, wäre es leichter gewesen. Aber sie hatte Ljusja mit großer Würde zur Rechenschaft gezogen, was ihre Rechtschaffenheit und Ljusjas Gemeinheit unterstrich. Ljusja fühlte, wie Tränen in ihren Augen brannten. Sie stand neben dem dreiteiligen Spiegel und schaute ins Nichts. Plötzlich fiel ihr Blick völlig zufällig auf den Spiegel, und Ljusja stand wie erstarrt von dem, was sie sah: ihre mit Tränen gefüllten dunkelblauen Augen, das zarte Oval ihres Gesichtes, den langen Hals, seidige Haare, die an den Enden noch naß waren, und die Borte um ihren Kragen. »Wie schön ich bin«, dachte Ljusja bezaubert. Es war das erste Bewußtwerden ihrer selbst. Vielleicht hatte sie sich gerade in diesem Sommer entpuppt, war wie eine Blüte aus ihrer Knospe hervorgebrochen, bereit, noch ungestümer aufzublühen. Ljusja vergaß die Luftmatratze und die Unannehmlichkeiten. Sie stand da, wie vom Schlag getroffen von ihrer Entdeckung: Wie schön ich bin...

Die heutige Ljusja sah nach sechzig Jahren in genau denselben Spiegel. Die Zeit hatte natürlich ihre Spuren hinterlassen, hatte ihre Augen etwas hervorgedrückt, die Haare ausgetrocknet. Aber die frühere war immer noch in der heutigen Ljusja zu erkennen. Sie schimmerte hindurch wie durch trübes Glas. Dasselbe kleine Mädchen. Nur daß sie sehr viel geweint hatte und erschöpft war von all den Verlusten.

»Und wo ist die Luftmatratze?« dachte Ljusja plötzlich. Sie hatte sie nie weggeworfen. Hatte lange damit den Tisch auf der Veranda abgedeckt. Das sah wie ein blaurotes Tischtuch aus. Dann hatte der Hund sein Lager auf der Luftmatratze bekommen. Dann hatte sie aus ihr kleine runde Flecken geschnitten und damit ihre Fahrradschläuche repariert. Und jetzt mußte sie irgendwo in der Scheune zwischen anderem Gerümpel liegen. Man konnte sie schon für nichts mehr gebrauchen, aber zum Wegwerfen war sie zu schade.

Aber es hatte sie doch gegeben, sie hatte existiert... So grell, so blaurot und so einmalig...

Viktorija Tokarjewa, geboren 1937 in Leningrad, wurde mit ihrer ersten Kurzgeschichte *Ein Tag ohne Lügen* 1964 über Nacht berühmt. In deutscher Sprache sind von ihr fünf Erzählbände erschienen, zuletzt *Sag ich's oder sag ich's nicht?*.

Andrzej Szczypiorski

Die blaurote Luftmatratze

Bernd Mölck-Tassel

Tags zuvor war er lange am Ufer des Bug mit seiner neuen Luftmatratze geschwommen. Eine schöne Matratze, etwas sehr Modernes, der Junge hatte dieses Feriengeschenk erhalten, um schwimmen zu lernen. Der Grund war lächerlich, denn schwimmen konnte er seit langem, doch hatte niemand im Hause eine Ahnung von seinen Fähigkeiten. Überhaupt wußte man im Hause wenig von ihm. Er führte ein abgesondertes Leben in seiner eigenen Welt, den Zugang zu ihr bewachte er äußerst sorgfältig. Im übrigen hatte niemand aus der Familie Lust, dort hineinzuschauen. Die Angelegenheiten des Jungen waren seine eigenen, so wie es auch bei den Angelegenheiten der anderen Hausbewohner war. Er hatte sich schon vor zwei Jahren mit seinen Schulkameraden an die Weichsel begeben, meistens an Sommernachmittagen, gleich nach den Schularbeiten, und dort eifrig trainiert, immer vorsichtig, wachsam, aufmerksam, vielleicht nicht so sehr, weil ihn die Angst vor dem Wasser umtrieb und er zu ertrinken fürchtete, sondern wegen seiner Verbundenheit mit dem häuslichen Herd, wegen seiner Liebe zu Vater und Mutter, ein wenig sogar zu Tante Klara, er wollte ihnen allen keinen Kummer durch seinen Tod bereiten, er sah in solchen besinnlichen Augenblicken seine verweinte Mutter, seinen Vater mit blassem und tragischem Gesicht, wie das in Liebesfilmen zu sein pflegte, wenn die Frau den Mann verläßt und er die Qualen des verachteten Herzens erleidet.

Er konnte bereits vorzüglich schwimmen an jenem Tage, als er für die nahenden Ferien diese schöne blaurote Luftmatratze geschenkt bekam, zusammen mit der Behauptung seiner Mutter, die vom Schwimmen keine Ahnung hatte, er werde nun unweigerlich im Fluß schwimmen lernen, er, ihr bester, schönster und schwierigster Sohn unter der Sonne.

Und so ertönte am Abend zuvor, ganz dicht am Ufer, während der Junge sich sonnte, auf der Matratze ausgestreckt, wie seine Mutter das auf dem Sofa im Salon zu tun pflegte, wenn sie mit ihren Freundinnen telefonierte, genau dann, als er die Augen geschlossen hatte und überlegte, daß morgen der wichtigste Tag der Woche sein würde, denn der Donnerstag war stets sein wichtigster Wochentag, und sich den Plan für den nächsten Tag zurechtlegte, einen Tag, gefaßt in den Rahmen goldener Hitze, dichter Sommerstille, grüner Bäume, des Dufts von Honig und Pferdemist auf dem Wege unweit des Hauses, den Plan des Tages, in dessen Zentrum ein stämmiger Reiter auf schaumbedecktem Pferde dahingaloppierte, mit breitkrempigem Hut, flink und schlank, das Gesicht vom Präriewind gepeitscht, die Hände schmal und kräftig, die Augen eines Falken, die Seele edel und mannhaft, gerade in dem Moment, da der Reiter die Zügel straff anzog, weil ihm schien, als hätte sein Ohr das Geheul eines Kojoten im nahen Gras aufgefangen, in diesem besonderen Moment ertönte ein seltsames Pfeifen und Gurgeln, dann wurde die Matratze plötzlich weich, und der Junge spürte, wie das Wasser ihn überflutete.

Schlecht, dachte er, in der Matratze ist wohl ein Loch. Und in der Tat, die Matratze hatte, träge auf das Ufer zutreibend, die Sträucher gestreift, und ein spitz abgebrochener Zweig hatte die Hülle durchstoßen, so daß die Luft zischend entwich.

Der Junge stieg ins Wasser, das ihm nur bis zum halben Oberschenkel reichte, und zog die Matratze langsam auf den Sand am Flußufer. In einem der blauen Streifen erblickte er ein Loch, fast so groß, daß er seine Faust hineinstecken konnte. Die Matratze roch nach erhitztem, nassem Gummi, denn es war eine Gummimatratze, über die man eine Baumwollhülle mit blauen und roten Streifen gezogen hatte.

Schade, dachte der Junge, der die Matratze schätzte, denn sie war recht ungewöhnlich, recht kostspielig, andere Jungen hatten so etwas nicht und betrachteten sie mit einem gewissen Neid, mit Neugier und vorgetäuschter Verachtung, weil sie keine Jungen aus Warschau waren, wo sehr dumme Leute wohnten, die zum Schwimmen auf dem Fluß Bug Gummivorrichtungen benötigten, während sie, die Dorfjungen, braungebrannt und gelenkig, laut und bereit, sich zu prügeln, wie die Fische schwammen, selbst dort, wo die Strömung des Flusses schnell und gefährlich war – stets ohne törichte Erfindungen.

Schade, dachte der Junge und nahm die Matratze mit zur Villa im Garten mit den Rosensträuchern und Bienenstöcken. In dieser Villa verbrachte er die Ferien.

Dort eingetroffen, sagte er seiner Tante, die ihn betreute: »Stell dir vor, die Gummimatratze hat der Teufel geholt.« Und damit war die Sache beendet.

Der Abend sank herab. Sie aßen Gartenerdbeeren mit Sahne, sie aßen Obstkuchen, sie aßen etwas Honig. Und dann gingen sie schlafen.

Er erwachte früher als üblich. Sofort ging er zum Fenster und betrachtete den Himmel. Der war klar, wolkenlos, sehr hoch und erfüllte ihn – wie gewöhnlich – mit einer gewissen Traurigkeit, denn für ihn war der Himmel nicht ein Teil seiner Welt, in der er sich bewegte, sondern ein unerforschbarer, geheimnisvoller Kontinent, er aber wollte die geheimnisvollen Kontinente kennenlernen und den Himmel eines Tages erreichen, er wollte dorthin gelangen, wo tagsüber die Sonne schien und nachts der Mond und die Sterne.

Der Junge befand sich fern seiner eigenen alltäglichen Welt der Warschauer Straßen, der roten Trambahnen und Autobusse, der Autos und Pferdedroschken, fern von dem Lärm, der ihn unablässig be-

gleitete, und dieser Warschauer Lärm war gut, denn der Junge mochte die Stille nicht, er war an sie nicht gewöhnt und fühlte sich deshalb auf dem Lande fremd, er freute sich nicht an den Waldgerüchen, er mied das Bad im Fluß und das Ausruhen am steinigen, leeren Strand, und wenn er schon dem Zureden folgte und an den Strand ging, um dort träge Stunden zu verbringen, auf einem runden Stein zu sitzen und dem Plätschern des Wassers zu lauschen, das das Ufer umspülte, oder auf der Matratze zu liegen, dann blickte er beinahe ständig zur nahen Brücke, über die langsam bäuerliche Wagen fuhren, bespannt mit kräftigen, dem Anschein nach sehr ruhigen, gleichgültigen Pferden, die aber in Wirklichkeit störrisch waren und zornig und ängstlich scheuten, sooft in ihrer Nähe ein Auto vorbeifuhr oder ein altmodischer, mit jüdischen Passagieren vollgestopfter Autobus.

Denn unweit des Dorfes, das schon lange seinen dörflichen Charakter verloren hatte und mehr einem Kurort glich, einem Erholungsort für sonnen- und wasserhungrige Städter, befand sich ein kleines Städtchen, fast restlos jüdisch, laut und häßlich, mit der Häßlichkeit der Armut und Primitivität, die wie eine Schanze Warschau mit seinen eleganten Straßen und Läden voll kostbarer Gegenstände und einer belesenen, kultivierten Gesellschaft umgab, in die der Junge von früh auf hineingewachsen war.

An diesem Tage – es war ein Donnerstag – erwartete ihn ein Spaziergang in das jüdische Städtchen.

Er hatte eine wichtige Aufgabe zu erfüllen.

Schon vor acht Uhr machte er sich in der goldenen Sonnenglut auf den Weg. Es genügte, auf der Brücke den Fluß zu überqueren, um die schmale Gasse zu erreichen, die leicht ansteigend zum Marktplatz des Städtchens mit seinen einstöckigen Holzhäusern führte. Kleine Häuser, alt und rachitisch, doch manche wirkten sogar sauber, hier und da hingen Gardinen in den Fenstern, Blumentöpfe schmückten die Fensterbretter, im Parterre waren arme jüdische Lädchen, in denen man Seife, Pflaumenmus und andere Delikatessen kaufen konnte.

Auf dem Marktplatz gab es einen kleinen Laden mit Schreibutensilien, dorthin begab sich der Junge, nachdem er die Brücke und die enge, etwas ansteigende Gasse hinter sich gelassen hatte, die Marschall-Pilsudski-Allee genannt wurde.

Ein dunkler Laden trotz des hellen, sonnigen Tages. An den Wänden hingen bunte Streifen aus Glanzpapier, ferner Hampelmänner, Zelluloidpuppen und stark verstaubte Scherenschnitte. In den Wandregalen lagen Schulhefte, Kladden und Packen Papier für technische Zeichnungen, was nicht vernünftig wirkte und nicht für den kaufmännischen Sinn des Besitzers zeugte, denn wer in dieser kleinen jüdischen Stadt hatte jemals eine technische Zeichnung angefertigt, zumal die meisten Bewohner analphabetische jüdische Handwerker waren, während diejenigen, die lesen und schreiben konnten, die Technik mit einer gewissen Verachtung behandelten oder mit frommem Mißtrauen und hundertmal mehr der Lyrik vertrauten. Wer in diesem Städtchen wollte also Papier für technische Zeichnungen kaufen? Das war das süße Geheimnis des bärtigen, hochgewachsenen Juden, der vom frühen Morgen bis zum späten Abend hinter dem Ladentisch stand. Irgend jemand aber mußte dieses Papier kaufen, der Kaufmann war ja kein Träumer.

Vor einiger Zeit hatte der Junge den Ladenbesitzer danach gefragt. »Entschuldigen Sie«, hatte er höflich gesagt, »wer kauft bei Ihnen dieses Papier?« Und hatte eine seltsame Antwort erhalten, deren Sinn er nicht ergründen konnte. »Es kann sich immer ein Edison finden«, sagte der hochgewachsene Jude. »Und wenn nicht Edison, dann zum Beispiel Chaim Rozencwajg.«

Einige Zeit später erfuhr der Junge, wer Edison war. Wer Chaim Rozencwajg war, erfuhr er nie.

Dieses Mal jedoch fragte er weder nach dem technischen Papier noch nach Edison, sondern sagte schon auf der Schwelle: »Guten Tag, ich möchte das neueste Heft mit den Abenteuern von Buffalo Bill.«

»Gibt es nicht«, sagte der hochgewachsene Jude.

»Warum nicht«, wandte der Junge ein. »Es ist doch Donnerstag.«

»Donnerstag oder nicht, es ist nicht da«, sagte der Krämer.

Wie versteinert stand der Junge auf der Schwelle des Ladens. Der hochgewachsene Jude sagte: »Buffalo Bill ist überhaupt nicht gut. Bei mir gibt es statt dessen Lord Lister, auch Harry Einbrecher ist da. Und zudem kostet Harry bei mir nur acht Groschen.«

Der Junge schnaufte, vielleicht weil er Verachtung empfand, vielleicht weil er enttäuscht war und dem Weinen nahe.

»Ich möchte Buffalo Bill«, sagte er. »Am Donnerstag lese ich immer das neue Buffalo-Bill-Heft für 15 Groschen.«

Am liebsten hätte er geweint, war aber von Natur aus hinreichend kühl und besonnen, um vor dem Krämer die Wahrheit zu verbergen, daß er in Warschau für ein solches Heft jeden Donnerstag zwanzig Groschen bezahlen mußte. In dieser Hinsicht glichen sich beide, der Junge und der jüdische Kaufmann. Beide schätzten sie gute Geschäfte. Doch der Krämer hatte mehr Erfahrung und sagte deshalb:

»So ist das nicht, junger Mann. Bill kostet zwanzig Groschen, und deshalb führe ich Bill nicht. Er ist zu teuer für die Taschen meiner Kunden. Nimm dir Harry Einbrecher oder am besten Lord Lister, der ist hundertmal spannender als Bill, was sage ich da, nicht hundertmal, sondern tausendmal spannender. Was tut denn dieser Bill überhaupt, er läuft hinter Kühen und Indianern her, er schießt und schießt, er reitet auf seinem dummen Gaul, das liest sich überhaupt nicht gut, Lord Lister aber ist listig wie ein Fuchs, stark wie ein Tiger, mutig wie ein Löwe, schön wie Herr Cybulski und vielleicht sogar wie Douglas Fairbanks oder Shirley selbst. Einmal hat er den Reichen zweitausend Dollar weggenommen und an die Armen verteilt, jeder Arme erhielt von Lord Lister fünf Dollar, und außerdem ist er billiger als Bill, er kostet nur zwölf Groschen. So viel kostet er bei mir, denn auf dem Bahnhof verkaufen sie ihn für 15.«

Indem er das sagte, verriet der Krämer einen Teil seiner Seele; erstens gab er zu, daß er Buffalo Bill las, folglich gab es Buffalo Bill irgendwo im Städtchen, er war unzugänglich und ungreifbar und nur den Eingeweihten gnädig, was den Jungen in Zorn versetzte und noch ratloser machte; und zweitens gab der Krämer zu, daß er ein bißchen mit den Kommunisten liebäugelte, ja liebäugelte, denn wäre er zum Beispiel ein Anhänger der Bund-Partei gewesen, die sozialdemokratische Parolen verkündete, dann hätte er nicht Kaftan und Scheitelkäppchen tragen können, weil die Leute von der Bund-Partei sehr fortschrittlich waren, den orthodoxen Sitten abgeneigt, sie achteten den Glauben ihrer Väter nicht, holten sich keinen Rat beim Rabbiner, lasen die heiligen Bücher nicht, redeten laut von sozialer Gerechtigkeit und verlangten elektrischen Strom für jeden Laden und jede, auch die armseligste Wohnung. Wenn der Krämer also meinte, man müsse das Geld den Reichen nehmen

und den Armen geben, gleichzeitig aber ein Scheitelkäppchen trug, dann hieß das, ein wenig mit den Kommunisten zu liebäugeln, nicht so weit, daß er zu den Kommunisten gehörte und auf dem Marktplatz an der Kundgebung gegen den polnischen Staat teilnahm, nicht so weit, daß er seinen Glauben verleugnete und die weisen Rabbiner verachtete, aber weit genug, um die Leute vom Bund für Lakaien des Kapitalismus zu halten und Buffalo Bill für einen Idioten mit Büffeln und Indianern, während Polen eines gründlichen Umbaus bedurfte.

»Ich mag Lord Lister nicht«, log der Junge, weil er ihn im Grunde mochte, aber weit hinter Buffalo Bill setzte, der Mut, Seelenstärke, Hochherzigkeit, Maß und Zurückhaltung bei der Behandlung der Feinde verkörperte, aber auch viele Fähigkeiten, von denen Lord Lister keine Ahnung hatte. Lister hätte nie im Leben auf der Prärie ein Feuer entzünden, einen Mustang zähmen, einen Büffel einholen, hundert Meilen im Sattel galoppieren, das Lasso werfen, im hohen Gras kriechen, auch nicht das Wetter am Geheul der Kojoten erkennen können, nicht auf der bloßen Erde schlafen, alle Indianerdialekte sprechen, den Weg mit Hilfe von Pferde- und Menschenspuren finden, im Rauch der Feuer und in den Sternen lesen können, von all dem hatte Lord Lister keine blasse Ahnung, er verkehrte in den Salons, rauchte Zigarren, sagte immerzu dasselbe wie zum Beispiel: »Mir gefällt Ihr Brillantcollier, Gräfin, es paßt ideal zu Ihrer Schönheit.« Und die Gräfin lächelte, ohne zu wissen, daß Lord Lister über das Fenstersims zu ihrem Schlafzimmer schleichen würde, um das Collier zu klauen, sie glaubte, Lord Lister liebe sie und wünsche, die Blüte ihres Leibes zu pflücken, er aber war kalt wie ein Fels, ihn interessierte nur der Schmuck, ganz einfach ein Dieb, da gibt es nichts zu verbergen, ein Betrüger und Dieb, während Buffalo Bill, falls er sich im Schlafzimmer der Gräfin befände, keinen Blick auf ihre Brillanten werfen würde, weil ihn an den Frauen nur die karminroten Lippen reizten und die tiefen, dunkel umflorten Augen. Bill war ein Mann und Lord Lister geschlechtslos, was ihn im Grunde disqualifizierte. Allerdings gewiß nicht in den Augen des hochgewachsenen Juden. Lord Lister hatte für ihn einen gewissen Wert, immerhin trug er in seiner Smokingtasche Hundert-Dollar-Bündel, manchmal sogar Brillantringe, die Perlenketten warf er verächtlich in seinen Koffer, und zum Frühstück aß er, in seinem venezianischen Salon ausgestreckt, fast täglich Krabben und Kaviar und Trank Kakao. Bill dagegen aß geräuchertes Büffelfleisch und trank dazu Quellwasser. Im Grunde war Bill ein dummer Goi, Lord Lister aber konnte, das wurde noch nicht festgestellt, wirkte aber ganz wahrscheinlich, in solch einer jüdischen Kleinstadt geboren sein, die ihm nach einiger Zeit zu eng erschien, folglich zog er in ferne Länder, und weil er begabt, schlau, kühn und durchdrungen war von der wahrhaft romantischen Vision einer Welt, die besser eingerichtet war als seine eigene, wurde er schließlich zu Lord Lister.

»Nehmen Sie versuchsweise den Lord Lister, junger Mann«, sprach der Krämer. »Ich gebe ihn zwei Groschen billiger ab, selbst wenn ich dabei drauflege. Das ist Lesen, und Lesen, das ist Kultur, und Kultur kann nie reines Geschäft sein.«

Er wollte damit sagen, die Kultur bedeute mehr, doch der Junge hatte nur den einen Wunsch, das nächste Heft mit Bills Abenteuern zu lesen, und selbst die höchsten Ideale konnten seinen diesbezüglichen Beschluß nicht ändern.

Er verließ den Laden und begab sich zur Bushaltestelle, wo es einen Kiosk mit Zeitungen und Zeitschriften gab, der sehr reichhaltig bestückt war, denn die Leute, die in das Städtchen kamen, kauften allerlei Gedrucktes, sie waren gierig auf Nachrichten aus der Welt, sie lasen gern, schließlich hatten sie dazu lesen und schreiben gelernt, voller Mühe und nicht ohne schwere Entsagungen, um später Zeitungen lesen und anderen Menschen erzählen zu können, was sie gelesen hatten.

In dem Kiosk am Autobusbahnhof saß ein älterer, grauhaariger und runzliger Mann. Als Invalide trug er eine ausgeblichene Militäruniform, er hatte im Kampf um die Unabhängigkeit des Vaterlandes ein Bein verloren und darum die Konzession für den Zeitschriftenverkauf an einem günstigen Punkt erhalten.

»Ich möchte bitte das neueste Heft von Buffalo Bill«, sagte der Junge.

»Buffalo Bill habe ich nicht«, sagte der tapfere Greis. »Ich hatte nur zwei Exemplare und habe sie schon verkauft. Aber ich will dir etwas sagen, Junge, du bist groß genug. Wie alt bist du?«

»Zehn Jahre«, sagte der Junge, doch sagte er nicht die Wahrheit, weil er neun Jahre und fünf Monate alt war.

»Du bist ein fast erwachsener junger Mann«, sprach der Veteran. »Du solltest solchen Unsinn wie Buffalo Bill nicht lesen. Ich habe hier ein Büchlein über den Krieg gegen die Bolschewiken, die wir aus der Gegend von Warschau verscheucht haben. Es kostet nur 25 Groschen und hat sogar Bilder. Auf einem Bild ist der Kommandant Pilsudski. Er sitzt auf seinem Pferd und führt unsere polnischen Soldaten an. Kauf dir bei mir dieses Büchlein, du erfährst daraus allerlei über den Krieg, das ist wichtig, denn es kann wieder Krieg geben, und du wirst kämpfen, wie ich gekämpft habe, und mußt wissen, wie man das macht.«

»Nein«, sagte der Junge. »Ich kaufe am Donnerstag immer Bill.«

»Das ist schlecht«, sagte der Verkäufer mit einer gewissen Unzufriedenheit, denn er hatte eine pädagogische Ader und ärgerte sich über Jungen, die nicht daran dachten, daß es das Schönste auf der Welt ist, in der Schlacht sein Bein zu verlieren, sondern irgendwo in den Wolken schwebten und sich mit Buffalo Bills Abenteuern beschäftigten. »Ich habe es dir schon gesagt, ich habe beide Exemplare verkauft. Denk nicht an Texas, denk an unser Polen.«

»Gut«, sagte der Junge, »aber das eine schließt das andere nicht aus. Wo kann man denn hier noch nach einem Heft mit Bill fragen?«

»Du bist ein bißchen eigensinnig«, sagte der tapfere Verkäufer. »Geh zum Juden auf den Marktplatz.«

»Der hat keinen Bill«, sagte der Junge.

»Was kann so ein Jude überhaupt haben«, sagte der Verkäufer.

Der Junge stand vor der Bushaltestelle. Und stand auch vor einem Dilemma. Im Städtchen gab es keinen weiteren Zeitungskiosk. Von Warschau trennten den Jungen hundert Kilometer. Geld für den Autobus hatte er nicht. Schlimmer noch, er hatte kein Recht, das Dorf zu verlassen, wo er mit Tante, Schwestern und Hund die Ferien verbrachte.

Er wußte aber auch, daß er nicht resignieren durfte. Er wußte, daß er sich der Herausforderung des Schicksals stellen mußte.

*

Der Herr war groß und sehr elegant, er erinnerte sogar ein wenig an Lord Lister, weil er ein dunkelblaues Jackett mit goldenen Knöpfen trug und graue Tweedhosen; genauso kleidete Lister sich alltags, natürlich am Vormittag; abends, wenn er arbei-

tete, trug er einen Smoking, und manchmal sogar, aber viel seltener, einen Frack.

Die Frau war hellblond, mit großen blauen Augen, sie trug ein erdbeerfarbenes Jackett und einen langen, dunkelblauen Rock. Sie hatte zarte und gepflegte Hände, an den Fingern kostbare Ringe und am rechten Handgelenk ein schweres Armband. Die Lippen der Frau waren kräftig erdbeerfarben geschminkt.

Bei diesem Paar handelte es sich nicht um Lord Lister und sein nächstes Opfer. Die Frau kam dem Jungen wichtiger und entschlossener vor, während der Herr ein gewisses Zögern an den Tag legte, seine leise Stimme klang beim Reden mit der Frau entschuldigend.

Als der Junge, am Straßenrand stehend, dem nahenden Auto schüchtern zuwinkte, tat sich sofort der besondere Stand der Dinge kund. Am Steuer des Autos saß die Frau und der Mann auf dem Sitz neben ihr. Ein kleines, graues Kabriolett mit offenem Dach, ein Simca. Der Junge und seine Schulkameraden nannten solche Autos »Flöhe«, weil sie sich, klein und flink, auf den Straßen sehr schnell bewegten, während zum Beispiel die riesengroßen, ein wenig kantigen Fords, Chryslers und Packards, ja sogar die Polski Fiats langsamer waren, weniger wendig und zu vornehm für die Ansprüche zehnjähriger Jungen.

Als er den Arm hob, hoffte er gar nicht, daß ein Auto anhalten und ihn ins ferne Warschau mitnehmen würde. Und so geschah es zunächst. In dem kleinen, schnell herankommenden Auto erkannte der Junge das ärgerliche Gesicht des Mannes. Er sagte etwas zu der Frau und gestikulierte lebhaft.

Doch plötzlich bremste das Auto, hielt und rollte langsam rückwärts. Die Frau am Steuer lächelte freundlich und sagte: »Wohin denn, junger Mann?«

»Ach bitte«, rief der Junge, »ich muß möglichst schnell nach Warschau. Ich bin hier in den Ferien, und heute kam plötzlich die Nachricht, meine Mutter ist krank. Der Autobus nach Warschau ist aber schon fort, darum bin ich auf die Straße gegangen, weil ich mir gedacht habe...«

»Steig ein«, unterbrach der Mann ihn ärgerlich. »Wir haben auch wenig Zeit.«

Er öffnete die Autotür und stieg aus. Das Kabriolett war klein, zweitürig, auf zwei Personen berechnet, hinten befand sich nur eine schmale und etwas harte Bank, über die man eine schottisch karierte Decke gelegt hatte. Dort transportierte man üblicherweise das Handgepäck, doch die beiden hatten keines.

Als der Junge sich hinten zurechtgesetzt und der Mann seinen Platz neben der Dame eingenommen hatte, fuhr das Auto rasch Richtung Warschau davon.

»Wo wohnen wir?« fragte die Frau.

»In der Krakauer Vorstadt« antwortete der Junge.

Er benutzt, diese Form, weil sie elegant und gleichzeitig ungenau war. Er hatte gelogen und die Wahrheit gesagt, denn er wohnte wirklich in der Nähe der Krakauer Vorstadt. Doch wollte er seine Adresse nicht mitteilen. Er besaß ein bißchen Erfahrung und wußte, daß einfache Tricks manchmal den gewünschten Erfolg zeitigen. Ein zu komplizierter Trick hat viele Schwachstellen. Man kann sich in den Verwicklungen leicht verlieren.

Der intelligente und schlaue Junge überlegte genau und schnell. Diese Menschen gehörten zu der Sphäre, in der er gebore und erzogen war. Er wußte schon eine Menge über sie. Allein sein Aussehen und seine Kleidung hatten bewirkt, daß sie sich entschlossen, ihn nach Warschau mitzunehmen. Es war durchaus möglich, daß snicht seine Eltern gemeinsame Bekannte hatten. Oder Bekannte von Bekannten. Solche Abenteuer erzählte man sich manchmal im Salon. »Stellt euch vor, meine Lieben, als wir vorige Woche Richtung Warschau fuhren, nahmen wir einen resoluten kleinen Jungen mit...« Und so weiter und so weiter.

Er hatte gelogen, seine Mutter sei krank. Er hatte ein wenig gelogen mit der Krakauer Vorstadt. Jetzt mußte man die Spuren verwischen. Buffalo Bill konnte das meisterhaft. Der Junge war zwar kein solcher Meister, doch gehörte er zu den intelligenten Schülern.

»Wie heißen wir denn?« fragte die Dame.

»Rysio«, antwortete er und log wieder. Er wußte, daß sie nicht nach dem Zunamen fragen würde. Das paßte nicht zu ihr, sie war eine wohlerzogene Person, sie gehörte zur guten Gesellschaft, und in der Gesellschaft fragten Erwachsene Kinder nicht nach ihrem Zunamen.

»Ein hübscher Name«, sagte die Dame.

Er schwieg höflich. Nach einer Weile sagte der Herr: »Ich glaube nicht, daß es der beste Einfall war, Madzia.«

»Avec cet enfant?« fragte die Dame.

Der Junge verstand. Er wurde wachsam wie Buffalo Bill in der Prärie nach Sonnenuntergang, wie Lord Lister auf dem Dach des Palais Rothschild. Doch der Herr entgegnete: »Non, chérie«, und fuhr gleich auf polnisch in etwas gedämpftem Ton fort. »Dieses Berlin, mein Gott. Ich kann es nicht begreifen, ich kann es nicht begreifen. Ich hatte einen Traum.«

»Einen Traum?« wiederholte sie. Der Junge verspürte in ihrer Stimme einen Unterton von Verachtung.

»Deine Abreise nach Berlin. Du hast den Kontrakt unterschrieben. Du bist zu mir gekommen, du hast auf dem Sofa gesessen, du weißt doch... Du hast das Dokument aus der Handtasche geholt. Wortlos. Als ich es gelesen hatte, sagtest du, ein Jahr bedeute doch wirklich wenig. Heute früh habe ich unterschrieben, sagtest du, weil ich deinen Widerspruch fürchtete. Jetzt liegt das bereits hinter mir, so hast du gesagt.«

»Interessant«, sagte die Dame. »Amüsant.«

»Mein Gott«, sagte der Herr.

»Und was weiter?« fragte sie. Der Junge bemerkte, daß ihre rechte Hand mit einer gewissen Ungeduld auf das Lenkrad schlug. Im Sonnenlicht glänzten die Brillanten ihres Ringes.

Der Herr sagte flüsternd etwas, doch der Junge hatte ein feines Ohr; sicher hätte er die Schritte eines sich im Präriegras anschleichenden Apachen nicht gehört, weil er nicht Bill war, vielleicht wäre seiner Aufmerksamkeit das Knirschen der Schuhe des Detektivs entgangen, der Schritt für Schritt dem zum Safe schleichenden Lister folgte, doch sein Ohr war fein genug, um in der Stille den Atem des Lehrers aufzufangen, der, während sie die Klassenarbeit schrieben, ein paar Schritte hinter seinem Rücken stand, also hörte er auch, was der Mann der Frau am Steuer zuflüsterte. Der Automotor arbeitete laut, der Wind rauschte über den Köpfen der Insassen, doch der Junge wußte bereits, daß dieser Mann im Schlaf, nachdem er den Kontrakt gelesen und begriffen hatte, daß die Frau für ein Jahr ins Ausland fuhr, den Kopf in den Backofen des Gasherdes gesteckt und auf den Tod gewartet hatte.

Etwas Ähnliches hatte sich nämlich mit dem Dienstmädchen im zweiten Stock des Mietshauses ereignet, in dem der Junge mit seinen Eltern lebte. Verzweifelt, weil ihr Liebhaber sie verlassen hatte, vergiftete sie sich mit Gas. Man fand sie kniend in der Küche, den Kopf tief in die Höhle des Gasofens gesteckt. Doch wurde sie gerettet. Sie zog dann ans andere Ende der Stadt, um nicht das Objekt eifriger Kommentare der anderen Dienst- und Stubenmädchen, ja sogar der Verkäufer in den umliegenden Läden zu sein.

Der Junge kam zu dem Schluß, er sei Zeuge eines sehr dramatischen Gesprächs. Er stellte sich den Herren in Tweedhosen und dunkelblauem Jackett mit goldenen Knöpfen vor, wie er seinen eleganten Kopf in den Küchenherd schob, weil seine Liebe enttäuscht worden war. Er stellte sich diese sanfte und freundliche Dame vor, wie sie im Coupé des internationalen Expreß die Zeitungsnotiz liest, in Tränen ausbricht und, von Gewissensbissen hin und her gerissen, auf der nächsten Bahnstation aussteigt, in verzweifelter Leidenschaft den Kontrakt zerreißt, die Ursache der Tragödie, und nach Warschau zurückkehrt, nicht mehr mit der Bahn, sondern mit dem Luftschiff, um den Geliebten zu retten. Es ist jedoch zu spät, der Herr liegt im Sarg, er sieht darin sehr elegant und erhaben aus, das Gesicht der Dame ist naß von Tränen, sie schluchzt ständig laut, da naht sich ihr der Junge, nimmt ihren Arm, sie verlassen beide den verfluchten Ort, wo immer noch das Gas verfliegt, weil niemand die Hähne in der Küche geschlossen hat, und dem Wohnhaus eine vernichtende Explosion droht, die alle Anwesenden unter sich begraben könnte. Der Junge rettet also die Dame, und sie dankt ihm mit einem langen, heißen Kuß direkt auf den Mund.

Noch nie hatte ihn eine Frau auf den Mund geküßt, er aber hatte dazu seit langem Lust. Jetzt musterte er die Dame am Steuer. Auf ihrem Nacken schimmerten helle, duftende Haare. Er verspürte ein angenehmes Schaudern, schloß die Augen und sah die nackten Brüste und den Bauch der eleganten Dame im erdbeerfarbenen Jackett. Er dachte, dieser Herr könne im Schlaf nicht nur seinen dummen Kopf in die Ofenröhre stecken. Der Junge hatte zu etwas ganz anderem Lust. Er wollte seine Hand unter dieses erdbeerfarbene Jackett schieben. Zum ersten Mal an diesem Tage vergaß er Buffalo Bill.

Doch nicht für lange, weil er ein Realist war und wußte, daß es keinen Sinn hatte, sich törichten Träumen zu überlassen. Sie würde mir eins auf die Pfoten geben, dachte er. Und sicher meine Mutter aufsuchen, um sich bei ihr zu beschweren.

Buffalo Bill war wieder bei ihm. Gemeinsam galoppierten sie über die Prärie.

Dann träumte er etwas, und der Wind umwehte sein Gesicht. Er träumte von jemandem, den er liebte. Vielleicht war das sein kleines, geflecktes Hündchen, das auf dem Lande bei Tante und Schwestern geblieben war. Aber vielleicht war es auch die Frau, die eines Tages kommen sollte.

*

Der König stand an seinem Platz, hoch oben auf der Säule. In der rechten Hand hielt er das Schwert, wirkte aber gar nicht bedrohlich, denn er war alt, gebeugt und stützte sich auf das Kreuz, als ob er ohne dieses Kreuz nicht auf seinen Beinen stehen könnte.

Der Junge mochte den König nicht. Ebensowenig die Säule. Sie bildete für viele Menschen das Symbol Warschaus. Für ihn aber nicht. Symbole verstand er nicht. Er hatte sie nicht nötig. Die Welt braucht kein Symbol ihres Daseins, und diese Stadt war seine ganze Welt. Eine andere kannte er nicht.

Als er aus dem »Floh« stieg, stand der König an seinem Platz, und die Sonne spiegelte sich golden auf den Altstadtdächern. Die Dame sagte: »Ich hoffe, deine Mutter wird bald gesund.« Der Herr sagte nichts.

Der Junge stand auf dem Bürgersteig, verbeugte sich höflich und sagte: »Danke sehr. Ich laufe nun nach Hause.«

»Auf Wiedersehen«, rief die Dame.

Sie fuhren sofort weiter. Sie nach Berlin, zu ihrem geheimnisvollen Kontrakt, er in die Küche, wo er alsbald mit dem Kopf in der Backröhre sterben sollte.

Es war fünf Uhr nachmittags, und diese Tatsache begünstigte die Pläne des Jungen. Seine Mutter, eine affektierte und leichtsinnige Person, beschäftigte sich nicht mit den Kindern und legte das Gewicht der Erziehung auf die Schultern von Gouvernanten, Bonnen und alten Tanten, die sich in diesem großen Hause ständig herumtrieben.

In der ganzen Angelegenheit erschien dem Jungen seine Mutter nicht als bedrohlicher Gegenspieler. Gefühlsseligkeit verband sich immer mit Leichtgläubigkeit. Als wirklicher Gegner konnte sich sein Vater erweisen, falls er das ganze Geschehnis überhaupt zu bemerken geruhte. Doch zu dieser Zeit war der Vater gewöhnlich noch nicht zu Hause. Er kehrte erst am späten Abend heim und lauschte dann mit einer gewissen Erschöpfung dem Gezwitscher seiner Frau.

Sollte auch noch Tante Klara geruhen, nicht anwesend zu sein, mußte der ganze Plan unweigerlich gelingen. Aber Tante Klara ging selten spazieren.

Der Junge fürchtete ihre Augen. Es waren ruhige, blasse, aufmerksame Augen. Tante Klara trug lange, dunkle Kleider, kämmte ihr Haar glatt, benutzte weder Puder noch Rouge, vielleicht nicht einmal Seife, denn sie war sehr fromm, vor allem aber trug sie in sich den geheimnisvollen Kammerton der Gefühle, der alles Falsche in der Stimme eines Kindes entdeckte. Doch Tante Klara war in letzter Zeit ein wenig schwerhörig geworden und ihr Kammerton nicht mehr so sensibel wie früher.

Der Junge ging auf das Haus zu. Jetzt schlug sein Herz sehr heftig in der Brust, weil er sich dem Zeitungskiosk näherte, wo er jeden Donnerstag das Heft mit Buffalo Bills Abenteuern kaufte. Der Tag war warm, hell und heiter, doch in dem Kiosk brannte bereits die Petroleumlampe. In ihrem trüben, mit dem Sonnenlicht vermischten Glanz bemerkte der Junge das bekannte Gesicht des Verkäufers. Er blieb am Kiosk stehen, etwas vorgebeugt, und die Grimasse des Schmerzes verzerrte seine Züge.

»Was ist denn los?« fragte der Verkäufer.

»Ich habe schreckliche Bauchschmerzen«, sagte der Junge. »Ich komme gerade vom Lande, weil mir der Bauch so schrecklich weh tut. Haben Sie Buffalo Bill?«

»Sicher habe ich den«, antwortete der Mann im Kiosk und legte das neueste Heft vor ihn hin. Auf dem Umschlag warf Bill das Lasso.

»Wie tut denn der Bauch weh?« fragte der Verkäufer. »Von oben oder von unten?«

Der Junge fühlte sich überrascht, denn in seinem Drehbuch gabe es diese Frage nicht. Darum antwortete er, ohne einen Moment zu zögern, es tue in der Mitte weh. »Wissen Sie«, sagte er, »es schmerzt so merkwürdig, mal von oben und mal von unten.«

»Na, na«, sagte der Verkäufer, der ein erfahrener und sehr gesprächiger Mann war. »Dann ist es vielleicht der Blinddarm. Mein Schwager ist am Blinddarm gestorben. Aber ihm hat's von oben weh getan. Von unten überhaupt nicht. Dann kommt das wohl von den Erdbeeren.«

»Von den Erdbeeren?« wiederholte der Junge, denn plötzlich entstand in seinem Kopf ein dramatischer Plan.

»Ja«, sagte der Verkäufer. »Damit kenne ich mich aus. Ich hatte selbst einmal solche Bauchschmerzen. Ich hatte viele Gartenerdbeeren gegessen, und dann kamen die Schmerzen. Ich war damals in Schweiß gebadet. Ist er das auch?«

Der Verkäufer kannte den Jungen seit langem und wandte sich immer in der dritten Person an ihn, weil er diese Form für die unverbindlichste und zugleich vornehmste hielt. Den Jungen amüsierte das, doch blieb er ernst, weil das Spiel um einen hohen Einsatz ging.

»Ja«, sagte er. »Ich schwitze.«

Der Verkäufer nickte. »Das ist nicht gut«, sagte er. »Gartenerdbeeren. Walderdbeeren kann man essen, soviel reingeht. Aber Gartenerdbeeren nicht. Die sind gefährlich. Er soll nach Hause gehen. Die Mama wird wissen, was zu tun ist.«

»Ja«, sagte der Junge, bezahlte für das Heft und ging weiter. Sein Herz schlug heftig. In der Hand hielt er Buffalo Bill. Ich habe gewonnen, dachte er. Doch stand er erst am Anfang des Weges.

*

Als er die Treppe hinaufging, klopfte sein Herz stark. Seine Hand glitt über das honigfarbene Geländer, das glatt und fein war wie alles in diesem hübschen Jugendstilhaus. Auf den Marmorstufen lag ein Läufer, der Junge mied ihn gewöhnlich und ging lieber dicht am Geländer hinauf und hinunter, wo der Läufer nicht hinreichte, dort vernahm er den seinem Ohr angenehmen Klang der eigenen Schritte, puck, puck, klapp, klapp, dann wußte er, daß er sich schnell und munter bewegte, jetzt aber, mit Bill in der Hand, fühlte er sich befangen, sein Herz klopfte, allerlei verworrene Pläne schossen ihm durch den Kopf, er akzeptierte sie und verwarf sie sogleich wieder, die Situation war nämlich unklar, er konnte sich keinen von vornherein gefaßten Plan erlauben, zu viel hing ab vom Verlauf der geheimnisvollen Dinge in der Wohnung, wen er dort antreffen, wer ihm die Tür öffnen würde, welche Worte anfangs fallen würden, das alles war sehr wichtig und schwer vorauszusehen, er kam deshalb immer mehr zu der Überzeugung, er müsse sich auf die Improvisation verlassen und das Schicksal herausfordern, mit jeder Stufe kam er seiner Bestimmung näher, weil er sich nun die große Lüge erlauben, im Leben Neuland entdecken, auf neue Kontinente zuschwimmen sollte, wo es wilde Tiere gab und unbekannte Völker, neue Sterne und Sonnen, Abenteuer, die er bisher nicht erlebt hatte.

Ach, er hatte schon mehrfach gelogen, aber in völlig banalen Dingen, jetzt jedoch unternahm er die Kraftprobe mit sich selbst, und deshalb fürchtete er sich am meisten, er wußte nicht, ob es ihm gelingen würde, Angst vor strengen Strafen hatte er nicht, das fiel ihm nicht ein, er wußte von Schulkameraden, daß der Vater sie mit dem Riemen verdrosch, daß die Mutter ihnen befahl, drei Viertelstunden in der Ecke zu stehen, es gab sogar einen, der sich damit brüstete, ihm sei befohlen worden, auf Erbsen zu knien, doch für den Jungen waren das eigenartige Geschehnisse, er selbst war noch nie auf diese Weise gestraft worden, sein Vater benutzte den Riemen nur für die eigenen Hosen, ihm wäre wohl gar nicht der Gedanke gekommen, Kinder physisch zu strafen, zudem war er mit anderen Dingen beschäftigt, dem Haus widmete er wenig Zeit und Aufmerksamkeit, die Mutter hingegen, flatterhaft und zerstreut, schrie zwar manchmal, aber ohne rechte Überzeugungskraft, außerdem verflog ihr Zorn so schnell, wie er gekommen war, vielleicht empfand sie hinterher wegen dieser Zornausbrüche Gewissensbisse, denn nach jeder Meinungsverschiedenheit mit dem Jungen überschüttete sie ihn mit Küssen, sie bemühte sich sogar, ihn zu bestechen, gab ihm Geld oder seltsame Geschenke, war besonders freundlich und fast aufdringlich, was den Jungen ein bißchen rührte und seiner Mutter gegenüber ein bißchen herrisch und anspruchsvoll machte.

Die Mutter verstand seine Welt überhaupt nicht, sie war ihr mit sieben Siegeln verschlossen, doch im Grunde pflegte auch ihre eigene Welt geheimnisvoll und überraschend zu sein, denn sie gehörte zu den Frauen von Welt, Finanzfragen interessierten sie herzlich wenig, sie kannte noch nicht einmal die Preise in ihrem heimischen Warschau, die Einkäufe erledigte sie leichtsinnig, später bezahlte sie dann die ihr zugesandten Rechnungen, ohne sie zu kontrollieren.

Vor seiner Mutter also hatte er überhaupt keine Angst. Auch nicht vor seinem Vater. Vielleicht kam ihm nur Tante Klara gefährlich vor, denn ihr wachsamer Blick konnte alles Falsche aufdecken – und später wurde ihm alles Falsche bei jeder Gelegenheit vorgeworfen, in strengem und dem Anschein nach gleichgültigem Ton, was die Vorwürfe um so schmerzhafter machte.

Im Grunde jedoch fürchtete der Junge am meisten sich selbst. Er wußte aber nicht, warum, sondern ahnte vielleicht nur, was später kommen würde, in der unerfüllten Zukunft, er ahnte seine Fähigkeit zu Lüge und Heuchelei, die notwendig würde, um die Situation zu meistern, aber auch die spätere, allmächtige Begierde, das Schicksal unablässig herauszufordern, sein eigenes Leben zum Geheimnis für ihn selbst zu machen, seine eigenen Rätsel zu mehren, weil er in dem Erlebnis mit Bill einen neuen Geschmack entdeckt hatte, etwas Geheimnisvolles und Abenteuerliches, eine Provokation der Welt und vielleicht auch den Anfang seines eigenen Krieges mit der Welt.

Danach dachte er mit etwas Kummer, ja Verzweiflung, an allem ist nur die blaurote Luftmatratze schuld, denn wäre in ihr nicht das große Loch entstanden, läge er vielleicht jetzt im Licht der langsam gen Westen sinkenden Sonne im Schilf am Ufer des Bug, zwar ohne das neueste Heft mit Buffalo Bill, ja ohne Lord Lister, aber auch ohne all diese Ängste, Wünsche, Sehnsüchte, die sich plötzlich ganz anders darstellten als bisher, die überhaupt nicht mehr die Indianer auf der Prärie betrafen, den Herrn Rothschild in seinem Palais, die Tochter des Friedensrichters mit den karminroten Lippen oder die Gräfin, die entsetzt war über den Lärm der Schritte vor der Tür zu ihrem Schlafzimmer. Wäre diese verfluchte Matratze nicht dem spitzen Zweig im Uferdickicht zum Opfer gefallen, hätte sich das Leben ganz anders entwickelt, nämlich im wohlbekannten Rhythmus der kleinen Halbwahrheiten und kleinen Lügen, wie sie einem zehnjährigen Jungen zustehen. Doch die Matratze bewirkte, daß man viele Kilometer Lüge und Vortäuschung hinter sich bringen mußte, um zum Schluß vor der Tür einer völlig neuen, bisher nur geahnten Wirklichkeit zu stehen, die wir sonst nur in bösen Träumen streifen.

Diese Schwelle sollte der Junge jetzt überschreiten. Und er fürchtete sich nicht vor seinem Haus, er fürchtete sich nicht vor dem, was ihm begegnen konnte, sondern fürchtete sich selbst in dieser neuen, völlig unbekannten Verkörperung des großen Spielers und Betrügers, der das Schicksal herausfordert, das Leben auf eine Karte setzt, der keine ferne und märchenhafte Prärie mit Indianern und Kojoten hat, auch nicht in den dummen Salons der Reichen, die darauf warten, daß schließlich ein Lister sie bestiehlt, nicht einmal in dieser Küche aus dem Traum, wo der elegante Herr seinen Kopf in die Backröhre gesteckt hat, um sich das Leben zu nehmen infolge des Auslandskontraktes der schönen Frau im erdbeerfarbenen Jackett. Er setzte sein Leben auf eine Karte in der strengen Wirklichkeit der Wirklichkeit, wo die Wirklichkeit Wirklichkeit ist und nur Wirklichkeit, wo die Wirklichkeit ihre Formen und Gerüche hat, ihre Farben und wirklichen Laute, weil die Augen der Mutter wirklich sind und die Stimme des Vaters wirklich ist und Klaras Blick wirklich ist und der Kronleuchter wirklich ist und der Blick aus dem Fenster auch, denn die Welt ist greifbar und Gott ist greifbar und der Teufel ist greifbar, und greifbar sind die eigenen Hände, und die eigenen Gedanken verursachen Schmerzen, weil sie das eigene Leben betreffen.

Die Matratze, dachte er. So eine dumme Matratze aus Gummi, dachte er. Ein Loch ist in ihr entstanden, und ich bin in das Loch gefallen. Und komme nicht mehr heraus.

Er liebte Buffalo Bill nicht mehr. Die Prärie, dachte er. Es gibt keine Prärie. Es gibt Stufen, und mich auf den Stufen. Der Läufer. Das Geländer. Meine Hand auf dem Geländer. Die Welt. Ich und die Welt.

Vor diesem Gedanken erschrak er. So sehr, daß er einen Moment lang umkehren wollte in das Städtchen am Bug. Die Matratze kann man irgendwie reparieren, dachte er. Diese Fahrt gab es nicht. Wenn es mir gelingt, bin ich in drei Stunden wieder zurück.

Er wußte aber, daß es unmöglich war, den Lauf des Flusses umzukehren. Er war in der Strömung. Er schwamm zu fernen Ozeanen. Irgendwann einmal mußte er diese Reise beginnen.

Er stand vor der Tür und drückte, ohne zu zögern, auf die Klingel. Er hörte ihren Klang und fast gleichzeitig flinke Schritte. Die Tür öffnete sich, auf der Schwelle stand Marynia. Das war das Zimmermädchen, jung, mit hübschem Gesicht und noch hübscheren, hellen Haaren, groß, kräftig, ein wenig frech der Mutter und Klara gegenüber, verschüchtert in Gegenwart des Vaters, auf recht vertrautem Fuß mit dem Jungen, sie duzten sich, was die Mutter ärgerte, weil sie in puncto Hierarchie empfindlich war, ganz anders als der Vater, der den Dienstboten mit Herzlichkeit begegnete, und wenn er überhaupt jemandem Wärme entgegenbrachte, dann eben der Köchin, dem Zimmermädchen, dem Chauffeur.

»Jesus«, rief Marynia, »was machst du denn hier?«

Der Junge zögerte. Er besaß wenig Erfahrung und hatte die einfache Situation nicht vorausgesehen, daß Marynia ihm die Wohnungstür öffnen würde. Die Geschichte mit den Bauchschmerzen war vortrefflich, aber nicht für Marynia, denn Marynia und den Jungen verband eine recht komplizierte, aber sehr geheimnisvolle Angelegenheit. Ein Geheimnis, von dem Marynia keine Ahnung hatte. Sie wußte nicht, daß sie den Jungen in seinen Träumen besuchte. Sie wußte nicht, daß der Junge sie in seinen Träumen auszog und mit der Hand ihre Brüste und Schenkel und ihren Bauch berührte. Sie wußte nicht, daß der Junge ihr heimlich zuschaute, wenn sie sich in ihrem winzigen Zimmer neben der Küche auszog. Sie wußte nicht, daß der Junge von ihr träumte, zwar nicht ständig, aber von Zeit zu Zeit, in Momenten, die frei waren von anderen, erregenderen Interessen.

»Wo ist die Frau Tante?« rief Marynia.

»Ich bin allein«, sagte der Junge.

Von den Bauchschmerzen konnte er ihr nichts sagen, weil sich alles in ihm gegen ein solches Bekenntnis auflehnte. Komplikationen dieser Art konnten sich nach Ansicht des Jungen nicht mit seinen Träumen von Marynia verbinden. Das Bekenntnis, er habe Gartenerdbeeren gegessen und leide nun unter heftigen Bauchschmerzen, hätte ein für allemal die Tore zu seinen Träumen zugeschlagen. Er konnte doch nicht Marynia ausziehen, die im Traum zu ihm sagt: Dir kollert es im Bauch, weil du ungewaschene Erdbeeren gegessen hast.

Darum sagte der Junge mit einer gewissen Kälte, im Ton eines launischen jungen Herrn, was ihn selbst sogleich beschämte.

»Das ist nicht deine Sache, Marynia.«

»Oje, der kommt sich aber wichtig vor!« rief Marynia betroffen und ging davon in den Korridor. Er folgte ihr. Die Glastür zum Wohnzimmer leuchtete hell im Sonnenlicht. Im Wohnzimmer war niemand. Die Fenster standen weit offen zum blauen Sommerhimmel. Kleine Staubteilchen tanzten in den Sonnenstrahlen über dem Teppich. Die Kristallprismen am Kronleuchter bewegten sich ein wenig im leichten Durchzug. Das grelle Licht spiegelte sich in den Scheiben der schönen Kredenz, hinter denen Porzellantassen und -kannen standen, silberne Zuckerdosen, Tabletts, Schalen und dahinter Kristallgläser. An der dunkelroten Wand hing zwischen den geöffneten Fenstern ein Porträt der Mutter, einer schönen dunklen Frau im Abendkleid, mit einem Fuchs auf der linken Schulter. Die braunen Augen der Mutter musterten das Zimmer, in den Augen spielten Fünkchen der Verlockung. Auf der anderen Seite, an der Wohnzimmerwand gegenüber, hing ein Porträt des Vaters, eines hochgewachsenen, hellhaarigen Mannes mit freundlichem Gesicht und ruhigem Blick der blauen Augen.

Schnelle Schritte ertönten, und die Mutter betrat das Wohnzimmer. Sie trug ein helles Sommerkleid und hielt eine Zigarette in der Hand, ihre Augen wirkten zerstreut und unruhig, vielleicht stand etwas Angst in ihnen.

»Mein Gott«, rief sie. »Was ist los, mein Liebling?«

»Mama«, sagte der Junge und verzog sein Gesicht zu einer Grimasse des Schmerzes, »ich habe plötzlich Bauchschmerzen bekommen.«

»Bauchschmerzen?« wiederholte die Mutter verwundert, als ob solche Beschwerden in ihrem Leben überhaupt nicht passieren könnten. »Wieso denn das so plötzlich? Das kann der Blinddarm sein, mein kleiner. Und was sagt die Tante dazu?«

»Die weiß nichts davon«, antwortete der Junge und stützte sich mühsam auf das Fensterbrett, weil die Bauchschmerzen seine von der Fahrt angegriffenen Kräfte erschöpft hatten. »Ich bin morgens ins Städtchen gegangen und habe dort die Schmerzen bekommen. Erst wollte ich zur Tante zurückkehren, dann dachte ich aber, daß...«

Hier unterbrach er sich, weil er zu dem Schluß kam, er dürfe nicht übertreiben. Der Konflikt verschob sich jetzt über den weichen Teppich, durch die Sonnenstrahlen, auf dem Pfad der feinen, in der Luft wirbelnden Staubteilchen, im Lärm der Stadt, der durch das offene Fenster hereindrang, in Richtung auf die Mutter, jetzt lag die Initiative in ihrer Hand, und ihre Initiativen zielten immer auf die Katastrophe, denn sie hatte in sich eine unerschöpfliche Neigung zum Melodramatischen.

»Du mußt dich sofort hinlegen«, rief sie, weil ihr schien, als wäre das Bett bei allen körperlichen Komplikationen das unerläßliche medizinische Gerät. Sie selbst liebte das Bett und verbrachte darin viele Stunden des Tages, wobei sie Liebesromane las und Schokolädchen aß. Die bunten Süßigkeitenschachteln verschiedener Firmen konnte man in allen Zimmern vorfinden, denn die Mutter knabberte, auch während der Gespräche mit ihren Freundinnen, die sie im Salon, im Schlafzimmer, im Eßzimmer führte, wobei sie die endlose Schnur des Telefons hinter sich herzog, ständig Pralinen, Bonbons oder Schokolädchen.

»Gut«, sagte der Junge, »und wo ist Tante Klara?«

»Zum Glück nicht im Hause«, antwortete die Mutter. »Ich ruhe ohne Klara.«

Sie mochten sich nicht. Der Junge wußte um diese Antipathie. Sie waren so verschiedene Frauen, daß sie einander nur wahnsinnig lieben oder nicht ertragen konnten. Sie hatten die zweite Lösung gewählt.

»Und Papa?« fragte der Junge.

»Papa ist nicht da, wie gewöhnlich«, entgegnete sie.

Sie hatte recht, er war nicht da, wie gewöhnlich. Er würde spät abends zurückkehren, müde und abgearbeitet wie ein Holzfäller, denn er arbeitete wie ein Holzfäller, nicht nur, um das große Haus auf hohem Niveau zu halten, die launenhafte, leichtfertige Frau, die zahlreiche und anspruchsvolle Familie, sondern wohl auch, um etwas für ihn Wertvolles zu haben, um den Sinn des Lebens dort zu finden, wo sich dieser Sinn tatsächlich befand, in unaufhörlicher Arbeit und in den Gedanken über allgemeinere Dinge von öffentlicher Bedeutung. Er würde abends heimkehren und von seiner Frau hören, daß ihr kleiner Sohn im Bett liege, weil er, von Bauchschmerzen geplagt, aus den Ferien zurückgekehrt war, dieser resolute Junge war allein zurechtgekommen, er hatte unterwegs nette Leute gefunden, die ihn nach Warschau mitnahmen, er hatte sich nach Hause geschleppt, jetzt ruht er aus, er hat Tropfen gegen die Schmerzen bekommen, ferner strenge Diät, ein Kind muß liegen, wenn es bis morgen nicht besser ist, muß man Dr. Zylberman rufen, er ist der beste Arzt, wenn es um den Bauch geht er hat doch den Vater wunderbar von seinen Leberbeschwerden geheilt.

Der Vater wird diesen Bericht ein wenig zerstreut anhören, weil er mit seinen Gedanken weit fort ist von daheim. Er wird sagen, Zylberman sei gut, wenn die Mutter es wünsche, solle sie Zylberman rufen. Damit will der Vater den Fall beenden, doch die Mutter erzwingt bei ihm einen Besuch im Zimmer des Jungen, deshalb seufzt der Vater, geht durch die ganze weitläufige Wohnung, öffnet die Tür zum Kinderzimmer, steckt den Kopf hinein und sagt in warmem Ton: »Wie geht's dir, Bürschchen, ich habe gehört, du hast Bauchschmerzen, reg dich nicht auf, bis morgen beruhigt sich das.« Dann wird er fortgehen zu seinen Gedanken, in seine Welt, und den Jungen dem Kummer überlassen und vielleicht sogar der Verzweiflung, denn der Junge wird denken, die Welt seines Betrugs dürfe nicht auch noch den Vater umfassen, der Vater habe es nicht verdient, betrogen zu werden, letzten Endes wäre ja nichts passiert, wenn er dem Vater gesagt hätte, er habe das neue Buffalo-Bill-Heft kaufen wollen, nur deshalb sei er nach Warschau gekommen, er habe keinerlei Schmerzen, der Vater solle sich keine Sorgen machen, doch wird das nicht möglich sein, denn der Vater lebt woanders, in der Welt des Vaters gibt es weder einen Bill noch einen Lord Lister, weder die Schule noch die Träume von Marynia, die Welt des Vaters ist fern und fremd, ohne Lüge wird der Junge in diese Welt nie eintreten.

*

Er las die Geschichte von Buffalo Bill zu Ende. Sie langweilte ihn. Im Zimmer sank die Dämmerung der Sommernacht herab.

Der Junge weinte.

Ich habe gesiegt, dachte er.

Und weinte weiter.

Andrzej Szczypiorski wurde 1924 in Warschau geboren. Er gehörte 1944 zu den Widerstandskämpfern im Warschauer Aufstand und war bis April 1945 im KZ Sachsenhausen interniert. 1968 distanzierte er sich von den kommunistischen Machthabern in Polen. Sein wichtigstes Werk *Eine Messe für die Stadt Arras* entstand damals. Anlaß für dieses Buch war die antisemitische Kampagne in Polen, die 20.000 Juden zur Auswanderung trieb. Als Mitorganisator des legendären und unabhängigen Kongresses der polnischen Kultur wurde er 1981 für fünf Monate im Lager Jaworza interniert. Sein literarischer Durchbruch im Westen gelang Szczypiorski 1988 mit dem Buch *Die schöne Frau Seidenman*.

Joyce Carol Oates

Die blaurote Luftmatratze

M.S. Bastian

Ihr Schweine, ihr Abgesandten der Hölle, die ihr im Grunde eures Herzens Ehebrecher seid und Hurenböcke! Ihr Vergewaltiger und Schänder unschuldiger Wesen, ihr geilen Lustmolche! Wie viele von euch, die Gottes Zorn verdient haben, hätte ich als Starr Bright wohl getötet, wenn ich mich nicht viel zu früh hätte unterkriegen lassen? Ich kann es nicht sagen, denn das zu wissen, hat Gott uns in seiner Weisheit verwehrt.

Bei der Fahrt durch die Wüste, durch Ebenen voll flimmernden Lichts, in der Ferne dunstig die malvenfarbigen Erhebungen der Sierra Nevada, stach die Sonne senkrecht herunter, scharf wie ein Rasiermesser. Der Himmel hatte ein hartes Keramikblau, das wie gemalt aussah und ohne Tiefe war. Starr Bright erwachte aus dem Dämmerschlaf, in den sie vor ein paar Stunden versunken war, und wußte einen Moment lang nicht, wo sie sich befand und wer neben ihr saß. Ein fremd und doch vertraut anmutendes Nacheinander von Motels, Restaurants, Tankstellen und riesigen Anschlagtafeln mit Reklame für Kasinos in Reno und Las Vegas – sie näherten sich der Stadtgrenze von Sparks in einem schicken, stahlgrauen Infiniti mit roter Lederinnenverkleidung, einem Mietwagen, den Billy Ray Cobb steuerte. Starr Bright nahm ihre weiß gefaßte, ganz dunkel getönte Sonnenbrille ab, um besser sehen zu können, doch das grelle Licht blendete sie. Sie war nicht der Typ für die Sonnenglut der Mittags- und Nachmittagsstunden; sie kam erst in Stimmung, wenn die Dämmerung hereinbrach und die Neonbeleuchtung aufblitzte. *Warum bin ich hier? Gerade jetzt? Und mit wem?*

Sie wußte nicht, daß sie von Gott ein Zeichen erhalten sollte.

Neben ihr, stolz und selbstbewußt hinter dem Lenkrad des Infiniti, Mr. Cobb aus Elton in Kalifornien, Handelsvertreter von Beruf – so hatte er sich am Abend zuvor bekannt gemacht. Mr. Cobb war ein stiernackiger Mann von 46 Jahren, der leicht ins Schwitzen geriet; er hatte Froschaugen mit schweren Lidern, und seine feuchten Lippen zeigten ein gieriges Lächeln. Er trug sportliche Freizeitkleidung, denn er machte ja jetzt Urlaub: ein stahlblaues Hemd aus gekreppter Baumwolle mit dem Monogramm B.R.C. auf der Brusttasche, karierte Hosen aus Polyester, die an den Oberschenkeln zerknittert waren, und einen Navajo-Ledergürtel mit einer protzigen Messingschnalle. An seiner rechten Hand steckte ein Ring mit einem schwarzen Onyx, an seiner linken ein goldener Ehering; beide waren in Fettwülste eingebettet. Starr Bright sah aus dem Augenwinkel, daß Mr. Cobb sie anschaute, und setzte rasch die Sonnenbrille wieder auf. Sie war stark zurechtgemacht, ihr Gesicht war eine makellose Maske aus Make-up; sie wußte, daß sie gut aussah, doch unter dieser verdammten weißglühenden Wüstensonne, da würde sie zwar nicht so alt aussehen, wie sie wirklich war (ihr tatsächliches Alter war Starr Bright nie anzumerken), sie könnte jedoch auf 31 oder 32 geschätzt werden, aber nicht auf 28, für die sie sich gegenüber dem leichtgläubigen Mr. Cobb aus Elton in Kalifornien ausgegeben hatte.

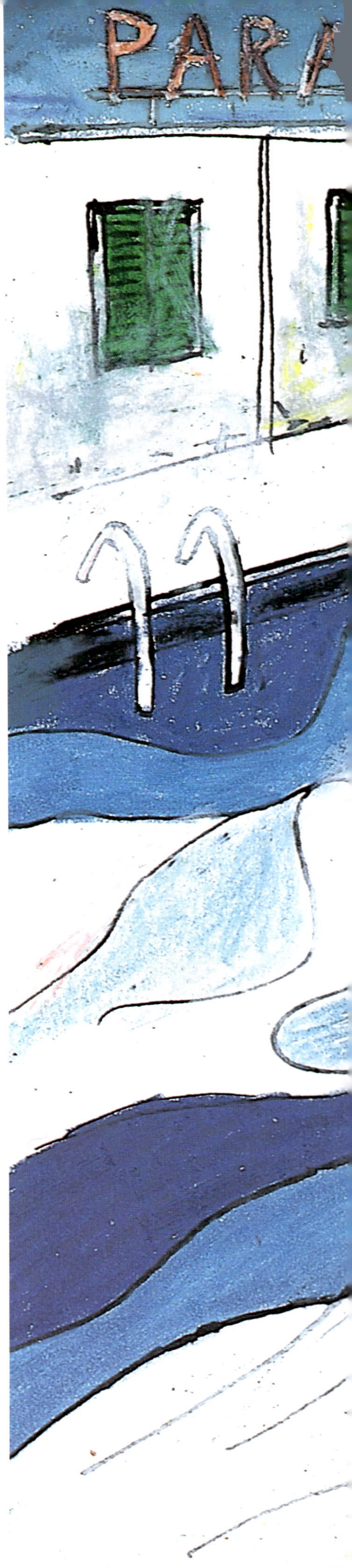

ISE MOTEL

HILFE
MOTEL
HILFE
HILFE
HILFE
HILFE
HIL

Sie nannte sich Starr Bright und trat als »exotische Tänzerin« im »King's Club« am Lake Tahoe auf. Sie war eine ungebundene Frau, die in dieser Zeit ohne Werte genug zu verdienen versuchte, um gut leben zu können. Bevor sie an den Lake Tahoe kam, hatte sie sich in San Diego aufgehalten und in Miami. Und davor in Houston.

Die Erinnerung an das, was weiter zurücklag, war verschwommen. Wie ein Traum, der nach dem Erwachen rasch verblaßt, auch wenn er noch so wild und aufwühlend gewesen ist.

Es war noch nicht 18 Uhr und hell wie zur Mittagszeit, aber Billy Ray Cobb war schon ganz erpicht darauf, in ein Motel einzuchecken. Schnaufend, die Wangen gerötet, befummelte er Starr Bright. Die rote Lederverkleidung des Infiniti roch neu; die Klimaanlage hörte sich an, als wäre noch jemand bei ihnen, der summte. Starr Bright war geschmeichelt darüber, daß ihr neuer Freund sie sexuell anziehend fand, oder mußte zumindest so tun. »Ich bin ganz verrückt nach dir, Baby«, sagte Mr. Cobb; seine Stimme hatte einen gereizten Ton, als argwöhnte er, daß Starr Bright ihm nicht glauben würde. »Genauso verrückt wie gestern nacht, du wirst schon sehen.«

Also fuhren sie nicht bis nach Reno, das er Starr Bright zuvor als Ziel genannt hatte. Wäre vielleicht alles anders verlaufen, wenn sie durchgefahren wären bis nach Reno?

Scheinbar ganz spontan bog Billy Ray Cobb zu dem an der Route 80 gelegenen »Paradise Motel« ab, einem der zahllosen »preisgünstigen« Motels, die sich am Ortsende an der Ausfallstraße hinzogen. Starr Bright kniff ihre schmerzenden Augen zusammen, doch sie wußte nicht recht, ob sie schon einmal hier gewesen war. Ein einstöckiges Motel, lachsfarben, mit neobarockem Stuck, schon etwas heruntergekommen, das »Preiswerte Zimmer und Suiten für Hochzeitspaare« anbot sowie »Von 16 bis 20 Uhr Rabatt auf Getränke!«. Starr Bright roch schon den Insektizidgestank des schäbigen Zimmers, doch sie ließ sich nicht anmerken, daß sie bitter enttäuscht war; der Typ von Frau war sie nicht.

Starr Bright hatte aschblondes Haar, ein markantes, auffallendes Gesicht und die langen Beine einer Tänzerin; sie war es gewohnt, daß Männer sie musterten, und sie verstand es, ihre aufrührerischen Gedanken für sich zu behalten.

Während Mr. Cobb in das »Paradise Motel« eincheckte, ging Starr Bright ruhelos am Rand des Schwimmbeckens hin und her; es befand sich in einem Innenhof, der von dünnen, schlaffen Palmen gesäumt wurde, die aussahen, als wären sie aus Papiermaché. Der nierenförmige Pool, in dem einige nahezu nackte Gäste umherschwammen, roch stark nach Chlor. Und überall war dieser Insektizidgestank. Starr Bright schaute rasch, ob sie jemanden wiedererkannte oder jemand sie, denn sie hatte im Laufe der Jahre so viele Männerbekanntschaften und war deshalb immer auf der Hut.

An diesem Abend gab es am Pool des »Paradise Motel« an der Route 80 in Sparks, Nevada, allem Anschein nach keinen, den Starr Bright kennen mußte oder dem sie bekannt vorkommen mußte. *Gott sei Dank.*

Etwa ein Dutzend Gäste hielt sich im Innenhof auf; mehrere von ihnen, bis auf eine Ausnahme lauter dralle junge Frauen, hatten sich keck in die Sonne gelegt – sie waren offenbar zu Besuch im Südwesten. Ölglänzende Körper in knappen Badeanzügen, die Augen verträumt geschlossen, die Finger- und Zehennägel lackiert wie Starr Brights eigene. Auf den schmiedeeisernen Tischchen standen pastellfarbene Drinks mit schmelzenden Eiswürfeln, leere Bier- und Mineralwasserflaschen. Die Rock-Konserven aus den aufgehängten Lautsprechern ließen die Luft erzittern, den Puls schneller schlagen. Starr Bright hätte am liebsten getanzt zu diesem erotischen Beat, diesem hämmernden Rhythmus. *Schaut her! Hier bin ich! Warum schaut denn niemand her? – Hier ist Starr Bright!* Sie trug einen kurzen, engen, seidigen schwarzen Rock, der ihre Oberschenkel zur Hälfte bedeckte, und ein rückenfreies Oberteil aus Goldlamé, das ihre Brüste straff umspannte; ihre langen, blassen, glattrasierten Beine waren nackt, ihre Füße steckten in Korksandaletten mit Keilabsätzen. An ihrem linken Fußgelenk hing ein dünnes Goldkettchen, an dem ein winziges goldenes Herz baumelte. Ohrgehänge fielen in glitzernden Kaskaden fast bis auf ihre Schultern, und an ihren Armen klimperte jeweils ein halbes Dutzend regenbogenfarbiger Armreife. Ihre karmesinroten Lippen glänzten feucht, als wäre sie ganz erregt und außer Atem. Und dazu die schicke dunkle Sonnenbrille, die an ihren Augen die blauen Flecken, oder die Spuren davon, verdeckte. *Wieso schaut ihr mich nicht an? So gut wie ich sieht keine von euch aus.*

Ihren ersten Erfolg hatte Starr Bright mit 13 Jahren, als sie in Buffalo, New York, bei einem Talentwettbewerb für Jugendliche den ersten Preis gewann. *Fragt mich nicht, wie lange das her ist.*

»Wenn sie dich nicht mehr anschauen, wenn ihr Blick durch dich hindurchgeht«, hatte eine der älteren Tänzerinnen im Club am Lake Tahoe zu ihr gesagt, »dann gehörst du zum alten Eisen. Also sei dankbar für das Geglotze. Diese Schweine bringen Zaster.«

Doch am Pool schien niemand von Starr Bright Notiz zu nehmen. Auch das war gewissermaßen ein Zeichen Gottes, obwohl Starr Bright davon nichts ahnte; genausowenig war ihr bekannt, daß Billy Ray Cobb sie im »Paradise Motel« als »Mr. und Mrs. Elton Flynn« aus Los Angeles eingetragen hatte – das entnahm sie später Tageszeitungen und Fernsehprogrammen aus Nevada.

Die Aufmerksamkeit richtete sich vielmehr auf das lärmende Treiben im Schwimmbecken. Eine üppige junge Frau in einem winzigen gelben Bikini, die von einem braungebrannten, muskulösen jungen Mann gekitzelt wurde, strampelte kreischend auf einer Luftmatratze umher. Das Geschrei und das Gelächter der beiden erfüllten die Luft. Starr Bright schaute zu, ein bißchen neidisch, aber auch mißbilligend. Was für Exhibitionisten! Der junge Mann und die junge Frau waren so gut wie nackt und schrecklich vulgär; es sah fast so aus, als würden die beiden im Pool miteinander verkehren. Um sie herum wogte das Wasser. Andere Leute starrten ungeniert hin, grinsten; die beiden taten zwar so, als hätten sie alles um sich herum vergessen, doch sie genossen es offensichtlich, daß sie Zuschauer hatten. *Schaut her, wie glücklich wir sind, welchen Spaß unsere Körper aneinander haben! Bestimmt seid ihr alle neidisch auf uns!* Die junge Frau ruderte mit den Armen, daß ihre Brüste fast aus dem Bikinioberteil hüpften, und trat mit ihren kräftigen Beinen; der junge Mann schob sich dreist dazwischen und wollte sie scherzhaft in den Hals beißen. Da rutschte die blaurote Luftmatratze unter ihnen weg, sie sanken unter wildem Gekreisch ins Wasser. Starr Bright schürzte die Lippen und wandte den Blick ab.

In diesem Moment stieß Billy Ray Cobb zu ihr. Er schien etwas beunruhigt zu sein; seine Stirn war gerunzelt, er machte einen Schmollmund, die Augäpfel unter den schweren Lidern waren mit roten Äderchen durchzogen, und er schnaufte ein bißchen. Er packte Starr Bright am Handgelenk und sagte zwei Sätze, doch später konnte sie sich nicht mehr erinnern, in welcher Abfolge er sie gesprochen hatte. Der eine Satz lautete: »Hab' mich schon gewundert, wo du steckst, Baby!« Der andere: »Hier ist ja schon ganz schön was los, wie?«

*

Nicht in ihrem zerkratzten Gucci-Handköfferchen aus ochsenblutfarbenem Leder, sondern in ihrer mitternachtsblauen, paillettenbesetzten Handtasche mit der Geldbörse, den Make-up-Utensilien, den Designerkondomen und den Amphetamin- und Valiumtabletten verwahrte Starr Bright ihren Schutz: ein in Deutschland hergestelltes Messer mit einem Perlmuttgriff, das eine dünne, 13 Zentimeter lange Klinge aus rostfreiem Stahl hatte. Es lag, in Seidenpapier gewickelt, am Boden der Handtasche; die rasiermesserscharfe Klinge war nie erprobt worden. Das Messer diente ihr als Schutz, nicht als Waffe, und eine verbotene Waffe war es schon gar nicht. Ihres Wissens waren solche Messer in den verschiedenen Bundesstaaten, in denen sie in den letzten paar Jahren ihren Wohnsitz gehabt hatte, erlaubt. Sie hatte diesen Schutz haben wollen, nachdem sie in einer Cocktail-Lounge des »Hyatt Regency Hotel« in Houston von zwei Zivilfahndern der Sittenpolizei grundlos festgenommen und dann fünf Stunden lang festgehalten worden war; während dieser Zeit hatten die Beamten sie gezwungen, an ihnen sexuelle Handlungen besonders widerlicher Art vorzunehmen. *Nie wieder wird Starr Bright sich demütigen lassen, und wenn sie je wieder Schweinen zu Diensten sein muß, dann nur zu meinen eigenen Bedingungen.*

*

Starr Bright träumte in jener Nacht einen ganz seltsamen, quälenden, angsterfüllten Traum – von der blauroten Luftmatratze im Pool des Motels.

Sie hatte die Luftmatratze nur kurz zu Gesicht bekommen, wußte lediglich, daß sie aus Plastik war, daß sie rot und blau gestreift war und etwa 1,80 Meter lang, also eher für Erwachsene als für Kinder, ein Lebensretter, wenn man in tiefes Wasser geriet und zu ertrinken drohte. Starr Bright konnte nicht gut schwimmen, Wasser jagte ihr Angst ein, diese trügerische Tragkraft, auf die man sich nicht verlassen konnte. In ihrem Traum badete sie nackt; sie klammerte sich an die Luftmatratze, schnappte nach Luft, und ihr Herz hämmerte wie wild, weil ein stämmiger Mann sie herunterzuziehen versuchte, hinein ins Wasser, damit sie ertrank. Manchmal war es Billy Ray Cobb, manchmal ein Fremder. Oder waren es zwei Männer gleichzeitig, oder noch mehr? Sie lachten über ihre Angst, die lächerliche, verachtenswerte Angst einer Frau; mit Fingern, die so hart und unbarmherzig wie Stahl waren, zerrten sie an ihren Fußknöcheln, ihren nackten Beinen und Armen, packten sie sie am Genick. Starr Bright lag nackt und wehrlos im Wasser, das dunkel und bewegt war und nicht den hellen Türkiston des Pools im Motel hatte. Wenn sie die Luftmatratze zu fassen kriegte und es schaffte, sich hinaufzuziehen, wäre sie gerettet – doch ihre Arm- und Schultermuskeln waren matt und schlaff, ihre spärlichen Kräfte verließen sie rasch, und ihr Mund füllte sich mit giftigem Zeug, das sie auf keinen Fall hinunterschlucken durfte. Und die Männer lachten höhnisch und taten ihr weh mit ihren harten Fingern. *Hilfe! Bitte helft mir. O Gott!*

Starr Bright schlug wild um sich, sie ruderte mit den Armen, strampelte mit den Beinen, kämpfte um ihr Leben... und dann erwachte sie plötzlich in einem Bett, das sie nicht kannte, in feuchtem, zerwühltem Bettzeug, in einem Raum, in dem die Klimaanlage brummte, wo es aber neben dem Insektizidgestank nach Whiskey, Zigarettenqualm und Schweiß roch. Sie war nicht allein, sondern lag nackt neben einem Fremden, einem dicklichen Mann, der in der Mitte des Bettes alle viere von sich streckte und rasselnd schnarchte, den Kopf im Nacken, den Mund weit offen.

Mr. Cobb war das. Der plötzlich grob und ungeduldig geworden war. Seine rotgeäderten Schweinsäuglein hatten sich zusammengezogen, sein Blick war nach innen gegangen. Oh! Oh! Uh! hatte er gegrunzt, als er wild entschlossen, dann verzweifelt auf ihr herumgeritten war. Das hatte sich 22 Minuten lang hingezogen. In der Nacht zuvor hatte sie bei ihren Episoden ebenfalls auf die Uhr geschaut: acht, zwölf und 16 Minuten. Ein Teil von Starr Brights Gehirn war distanziert geblieben, ja ganz nüchtern, trotz der vielen Linien Koks, die sie zusammen mit ihrem froschäugigen Freund eingestrichen hatte, an dessen Vornamen sie sich im Moment nicht mehr erinnern konnte. Sie hatten am frühen Abend ins »Paradise Motel« eingecheckt, hatten miteinander geschlafen und waren gleich darauf ausgegangen. Sie hatten sich nicht einmal die Zeit genommen, sich zu duschen und zu säubern, obwohl Starr Bright das

verlangt hatte. Sie hatte auch ihre fettigen Haare waschen, sich zwischen den wundgescheuerten Schenkeln gründlich reinigen wollen, das Wasser so heiß, wie sie es gerade noch ertragen konnte, doch Mr. Cobb hatte darauf bestanden, sofort wegzugehen und eine Flasche Jack Daniel's zu kaufen und ein paar Gramm Kokain. Und so senkte sich die Nacht auf Starr Bright herunter wie ein Gewölbe, in dem man zu ersticken droht. Los, Baby! Laß dich gehen, Baby! Obwohl Mr. Cobb für sie immer noch ein Fremder war, schien Starr Bright zu wissen, daß es nötig sein könnte, sich zu betäuben; sie hatte nur so getan, als schnupfe sie die Linie Koks, welche er ihr auf einem verspiegelten Löffelchen zittrig an die Nasenlöcher hielt; insgeheim hatte sie auf der übelriechenden Toilette rasch drei Tabletten Valium geschluckt, das Maximum, das sie sich in solchen Situationen zugestand, oder wenn Alkohol mit im Spiel war. So war sie schön abgestumpft gewesen gegen Mr. Cobbs Bumserei, gegen sein Grunzen und Schnaufen, gegen seine hart zupackenden Hände, seine rotgeränderten Froschaugen, seine immer dreisteren Forderungen.

Wie lange sie so dalag, wo sie eigentlich war, wußte sie nicht, und sie konnte auch nicht begreifen, was sie hier zu suchen hatte – Starr Bright, eine »exotische Tänzerin« der Spitzenklasse, die von den anderen Mädchen bewundert wurde, weil sie den Glamour einer Eisprinzessin besaß und offensichtlich intelligent war. Und als sie wieder in den Schlaf sank, schweißgebadet, zitternd, wobei sie möglichst weit weg blieb von dem schnarchenden Mann in der Mitte des Bettes, befand sich Starr Bright auf einmal im Schwimmbad einer fernen Stadt. Sie war acht oder neun Jahre alt und war von einer älteren Cousine, die dort wohnte, in den Atwater Park mitgenommen worden. Sie, die kleine Shirley Lott aus Shaheen, machte einen eintägigen Besuch, war schüchtern und nervös wie immer, wenn sie nach Yewville kam, das sie für eine große Stadt voller Geheimnisse und Abenteuer hielt. Irgend etwas war jedoch schiefgegangen; die Cousine paßte jetzt nicht, wie Shirleys Mutter verlangt hatte, auf das kleine Mädchen auf, sondern befand sich außer Hörweite bei ihren Freundinnen. Und Shirley in ihrem rosa Badeanzug und ihrer weißen Gummibadekappe, deren Riemen am Kinn ein bißchen zu straff saß, merkte auf einmal, daß sie im Schwimmbecken von lauter Kindern umgeben war, die sie nicht kante. Mehrere ältere, größere Jungen starrten sie an, magere Burschen mit klatschnassem Haar und einem forschen Blick; sie wollten wissen, wie sie hieß, von wo sie kam. Shirley sagte es ihnen, und sie lächelten sie an, als wäre sie ihnen sympathisch, und dann luden sie sie ein, in ihrem Gummireifen eine Fahrt durch das Schwimmbecken zu machen. Shirley zögerte anfangs, schaute sich nach ihrer Cousine Tildy um, konnte sie jedoch nicht entdecken. Die Jungen machten einen freundlichen Eindruck, grinsten sie an, und da schenkte sie ihnen Vertrauen. Sie fühlte sich auch geschmeichelt – Shirley Lott war ein hübsches kleines Mädchen, viel hübscher als ihre jüngere Schwester Gwendolyn, und sie war der Liebling ihres Daddys, das konnte sie an seinem Blick erkennen; sie hatte Cousins, die in ihrem Alter waren oder älter, und sie gehörten alle zur First Methodist Church von Shaheen, an der Ephraim Lott Pfarrer war, und so faßte Shirley Zutrauen zu diesen Jungen aus Yewville, obwohl sie sie nicht kannte und obwohl sie von ihrer Mutter gewarnt worden war, sich nicht mit fremden Kindern einzulassen, es sei denn, Tildy kannte sie. Shirley hatte diese Warnung oftmals zu hören bekommen, doch das Atwater-Schwimmbad war für sie so aufregend, daß sie nicht mehr daran dachte. Komm mit! Brauchst keine Angst zu haben! sagten die Jungen, und Shirley ließ sich von ihnen in den Reifen heben, der ganz glitschig war und auf dem Wasser umherhüpfte. Sie kreischte vor kindlicher Aufgeregtheit, paddelte mit den Armen und strampelte mit den Beinen, und die Jungen machten sich sogleich daran, sie zum anderen Ende des Beckens zu schleppen, wo das Wasser 1,80 Meter tief war. Shirley bekam es allmählich mit der Angst zu tun, aber die neben ihr herschwimmenden Jungen sagten, alles sei in Ordnung, ihr werde nichts passieren, in dem Reifen sei sie in Sicherheit. Aber dann machten sich einige Rabauken unter Wasser an sie heran, packten sie an den Füßen, kniffen sie in die Oberschenkel, stocherten mit den Fingern zwischen ihren Beinen herum, und sie schlug in panischer Angst um sich, rief schluchzend: Nein! Nein! Laßt mich los!, schluckte Wasser und fing an zu husten. Aber die Jungen wollten das kleine Mädchen, das ihnen ausgeliefert war, nicht freilassen; sie zerrten den Reifen, in dem sie gefangen saß, unter Triumphgeschrei durch das Schwimmbecken, hinein ins tiefe Wasser, wo nur ältere Kinder und Teenager schwimmen durften. Bis endlich jemand einschritt. Ein älteres Mädchen, das die Jungen kannte, rief ihnen zu, sie sollten aufhören mit dem Unfug. Und die Jungen schoben Shirley aus dem Reifen hinaus, hinein ins Wasser, und sie ging unter und wäre ertrunken, wenn das Mädchen sie nicht gepackt und aus dem Becken hinausgeschafft hätte. Shirley lag schluchzend auf der nassen Betonumrandung, hustete Wasser aus, litt wie ein verwundetes Tier. Die Jungen hatten sich kreischend vor Lachen mit ihrem Reifen aus dem Schwimmbecken davongemacht; als Tildy den Kreis von Neugierigen sah, der sich um Shirley gebildet hatte, nahm sie endlich Notiz von ihrer Cousine und rannte hin zu ihr, und der Alptraum fand ein Ende. *Doch die Alpträume der Kindheit enden nie, sie gehen vielmehr unter der Oberfläche der Erinnerung weiter, solange die Erinnerung noch da ist.*

Schluchzend und hustend erwachte Starr Bright aus ihrem Traum. Es war 4.46 Uhr. In dieser Nacht würde sie keinen Schlaf mehr finden.

*

Durch eine kaputte Jalousie kam das rhythmische Blinken rosafarbener Neonleuchtschrift: »Paradise Motel« – »Paradise Motel«. Starr Bright schlüpfte verstohlen aus dem Bett, diesem feuchten, zerknüllten Durcheinander; ihr nackter Körper war mit klebrigem Schweiß bedeckt, doch im kalten Luftzug der Klimaanlage fröstelte sie. Cobb zu wecken, wagte sie nicht. Sie mußte fort von ihm; er war gefährlich, hatte ihr weh getan, hatte ihr an den Brüsten und an den Innenseiten der Schenkel Prellungen zugefügt, als er, Oh! Oh! Uh! stöhnend, auf ihr herumgeritten war, so als würde er sie am liebsten umbringen. Dabei waren seine Augäpfel hervorgetreten, und sein gerötetes Gesicht war angeschwollen wie ein Ballon, der gleich platzen wird. Betrunken und high vom Kokain war er zum Tier geworden. Er hatte sie auch angelogen, als er ihr versprach, er werde sie ungestört baden und die Haare waschen lassen. Er hatte sie angelogen wie alle anderen auch; er kannte kein Mitleid.

Ich muß mein Leben ändern. Hilf mir, Gott. Ich weiß nicht weiter. Sie war eine Sünderin, aber Gott hatte ihr einen wunderbaren Traum geschenkt, einen Traum von der verlorenen Kindheit. Sie hatte schon seit über zehn Jahren keinen solchen Traum mehr gehabt. Er war ein Zeichen dafür, wie sehr Gott sie liebte.

Starr Bright kleidete sich unbeholfen im Dunkeln an; sie schlüpfte in das schwarze, spitzenbesetzte Satinhöschen, das Cobb ihr vom Leibe gerissen hatte, zwängte sich in den engen Rock und in das Oberteil aus Goldlamé. Wo waren ihre Schuhe? Und der Handkoffer? Und die paillettenbesetzte Handtasche?

Eines Tages würde man sie fragen, warum sie nicht einfach davongelaufen war, fort von Billy Ray Cobb und dem »Paradise Motel«. Das hätte Starr Bright ja durchaus tun können; zu Fuß hätte sie irgendwo in Sparks, Nevada, Zuflucht suchen können an diesem frühen Morgen, an dem sie vor Angst kaum noch wußte, welcher Tag es war, welcher Monat, welches Jahr. Seit sie vor zwanzig Jahren von zu Hause weggegangen war, aus Shaheen im Bundesstaat New York, hatte sie ja schon mehr als einmal so hastig und verzweifelt zu Fuß die Flucht ergriffen. Und es wäre nicht das erste Mal gewesen, daß sie sich voller Selbsthaß sagen mußte: *Ich weiß nicht weiter.*

Statt dessen machte sich Starr Bright daran, die Kleidungsstücke abzutasten, die Cobb auf einen Stuhl geworfen hatte. Den Navajo-Ledergürtel mit der Messingschnalle, das Hemd mit dem Monogramm, die Polyesterhosen. In dem flackernden rosafarbenen Lichtschein, der vom Fenster herkam, konnte sie gerade noch genug erkennen, um rasch die Hosentasche durchzustöbern und seine Geldbörse und die Autoschlüssel herauszuholen. Ihre Hand zitterte, doch sie bewegte sich geschickt. Und auf einem Tisch gleich in der Nähe stand die fast leere Flasche Jack Daniel's. Die hatte sie auf einmal in der Hand; sie trank spontan daraus und bereute es gleich, denn sie fing an zu husten. Und Billy Ray Cobb hörte auf zu schnarchen; er erwachte und murmelte: »He! Was'n da los? Wer ist das?«

*

Dann kam eine Zeitspanne, die wie in einem Traum in die Länge gezogen war; Starr Bright erinnerte sich später nicht mehr genau daran, es blieb bei einer blitzschnellen Abfolge von Bildern.

»Ich bin's«, sagte sie zu dem erbosten, argwöhnischen Mann. Doch er war schon richtig wach, wenn auch groggy; er schob die Beine aus dem Bett und herrschte sie an: »Wieso bist du auf? Mitten in der Nacht?« Sie versuchte, die Geldbörse und die Autoschlüssel am Körper zu verstecken, wandte sich von Cobb ab und sagte, sie müsse aufs Klo. Cobb war jetzt auf den Beinen, stand schwankend, aber angriffslustig da. Er war höchstens drei Zentimeter größer als die 1,72 Meter große Starr Bright, aber 45 Kilo schwerer. »So?« sagte er und ging auf sie zu. »Das Bad ist dort drüben, Süße. Oder wolltest du auf den Fußboden pissen?« Starr Bright erwiderte stotternd, sie wolle auch heiß duschen und die Haare waschen; sie könne nicht schlafen, wenn sie so schmutzig sei und rieche. Und Cobb sagte: »Heißes Wasser mitten in der Nacht? Was wird hier gespielt?« Sie wollte gerade zur Tür rennen, doch er hatte die Geldbörse und die Schlüssel in ihrer Hand entdeckt und packte sie und fing an, sie zu schlagen. »Was haben wir denn da, du Schlampe? Hab' ich dich erwischt, wie?« Er schüttelte sie, ohrfeigte sie, und dann nahm er sie in den Schwitzkasten und schleppte sie zum Bad hinüber. »Duschen willst du? Die schmutzigen Haare waschen? Wie wär's denn mit der Kloschüssel? Hast wohl geglaubt, du könntest mich verarschen? Dein Spielchen treiben mit mir? Mit Billy Ray Cobb?«

Starr Bright fiel auf die Knie. Fluchend ließ Cobb sie aus dem Schwitzkasten, und dann schlug er auf sie ein, ganz außer sich vor Entrüstung. »Gestern nacht hast du mir diesen Mist erzählt, und ich bin drauf reingefallen: Was bin ich doch für ein Blödmann! Ich hätte wissen müssen, daß ihr Nutten alle gleich seid! Umbringen müßte man euch! Mir meine Geldbörse klauen! Hast nicht bis zum Morgen warten können, bis du bezahlt wirst?« Grunzend hob er seine Geldbörse vom Boden auf, zog eine Handvoll Scheine heraus und warf sie in die Luft. Dann stieß er Starr Bright zu Boden, ließ sie auf allen vieren gehen, befahl ihr, loszukriechen, die Scheine einzusammeln, sie mit ihrer Möse aufzulesen. Und als Starr Bright das nicht tat, setzte er sich mit seinem schweren, schwitzenden, nackten Körper rittlings auf sie. »Das gefällt dir, wie? Ich weiß, daß du das magst! Starr Bright – was für ein Name! Fauler Zauber! Du aufgedonnerte Schlampe! Ihr Nutten seid doch alle miteinander aufgedonnerte Schlampen! Man sollte euch umbringen, ihr macht anständigen Frauen das Leben schwer.« Er nahm den Gürtel mit der Messingschnalle, fing an, ihr Hinterteil zu bearbeiten und rief lachend: »Hopsasa, Pferdchen! Hopsasa, Pferdchen! Du Miststück, das gefällt dir, wie? Na klar!« Und als Starr Bright zusammenbrach, auf dem Boden lag, rammte Cobb seinen Penis, der wie ein Eisenstange war, immer wieder in sie hinein, bis er schließlich johlend und lachend losschrie, auf ihr zusammensackte und schwer atmend eine Weile regungslos dalag. Als er sich erhob, blieb Starr Bright erschöpft liegen.

»Und jetzt verschwinde! Aber schnell! Bevor ich Ernst mache und etwas Unwiderrufliches tue.« Er trat nach ihr, zog sie an den Haaren. »Treib bloß keine Spielchen mehr mit mir, du Schlampe. Das Zimmer hab' ich gemietet, also hau ab!«

Cobb packte Starr Bright im Genick und zwang sie, auf allen vieren über die herumliegenden Geldscheine hinweg zur Tür hinzukriechen. Er triumphierte; Genugtuung lag auf seinem Gesicht, und sein Körper strahlte eine animalische Hitze aus. Er sagte, sie könne froh sein, daß er ihr nicht den Kiefer gebrochen habe; das habe er bei Nutten schon mehr als einmal getan, bei diesen Drecksweibern, die es nicht verdienten, zusammen mit anständigen Frauen die gleiche Luft zu atmen. Und als Starr Bright nach ihrer paillettenbesetzten Handtasche griff, die auf dem Boden lag, sagte er: »Ja! Nimm deinen Müll nur mit! Der verpestet die ganze Bude!« Er marschierte zur Tür, schob den Riegel zurück und öffnete sie, während Starr Bright mühsam aufstand, die Nase blutend, die Kleidung zerrissen.

Cobb sah ihre Korksandaletten auf dem Boden liegen, nahm sie und warf sie zur Tür hinaus. »Stinkender Müll! Jetzt verschwinde!« Und als Starr Bright sich nicht schnell genug bewegte, packte er sie wieder im Genick, um sie auf den Gang hinauszuschleudern zu ihren Schuhen, doch in diesem Moment war Starr Bright auf einmal nicht mehr benommen und täppisch, sondern holte, *als hätte Gott mir die Kraft gegeben, meine Hand geführt*, das Messer aus ihrer Tasche, packte es und fuhr mit der rasiermesserscharfen Klinge über Cobbs Kehle. Er stieß einen Entsetzensschrei aus, und das Blut rann sogleich in Strömen; wie um die Blutung zu stillen, griff er sich an die Kehle. Starr Bright sprang zur Seite, und er sank auf die Knie und keuchte: »Was...? Mein Gott... Hilfe...«

Starr Bright schaute zu, als Billy Ray starb. »Geschieht dir recht! Und allen anderen auch!«

*

Im Licht des frühen Morgens, kurz vor Sonnenaufgang, herrschte eine gespenstische Stille. Es war die Ruhe, die von der Wüste ausging, vom weiten Himmel im Westen. Drunten im Innenhof des »Paradise Motel« lag der nierenförmige Pool verlassen da, und er schien kleiner zu sein als am Abend zuvor. Im tiefen Wasser schwamm die blaurote Luftmatratze aus Plastik, schon etwas abgewetzt. Ein Spielzeug für Erwachsene, das etwas Trauriges an sich hatte.

Es war kurz vor sechs Uhr. Ohne Hast verließ Starr Bright das Zimmer 22 des Motels und ging leise über den verlassenen Innenhof zum Parkplatz auf der Rückseite des Gebäudes. Dort öffnete sie die Fahrertür des stahlgrauen Mietwagens, legte ihr verschrammtes Gucci-Handköfferchen auf den Beifahrersitz und obendrauf ihre mitternachtsblaue, paillettenbesetzte Handtasche. Ein Betrachter hätte eine große, gelassene, recht attraktive blonde Frau sehen können, die weiße Leinenhosen, eine blaßblaue Seidenbluse und flache Schuhe anhatte. Ihr aschblondes Haar, das noch feucht war vom Duschen, hatte sie glatt zurückgekämmt. Ihre Augen waren hinter einer Sonnenbrille versteckt, deren Gläser fast schwarz waren. Ihrer makellosen Maske aus Make-up war keine Beunruhigung anzumerken, nicht einmal eine besondere Besorgtheit. *Als wäre ich früher einmal hier gewesen. Im Zeichen Gottes. Und hätte alles durch seine unendliche Gnade noch vor mir.*

Im Osten, jenseits der neobarocken Fassade des benachbarten »Holiday Inn«, stieg die Morgensonne aus der perlmuttfarben schillernden Düsternis einer Wolkenbank. Ein feuriges Auge, dem nichts entging. Unter seinem prüfenden Blick fuhr Starr Bright das Auto aus dem Parkplatz des »Paradise Motel« und bog nach links ab auf die fast verlassen daliegende Route 80, so als wäre dies schon immer geplant gewesen, vom Schicksal für sie bestimmt, so klar und genau wie auf einer Straßenkarte. Sie würde nach Süden fahren und dann auf der Route 95 nach Osten, nach Las Vegas, und dort würde sie den Infiniti beim »Caesar's Palace« in einem Meer von Autos stehenlassen. Jenes feurige Auge wollte sie, solange sie nur konnte, vor sich haben.

Joyce Carol Oates, geboren 1938 in Lockport/New York, wurde in der zweiten Hälfte der sechziger Jahre mit der Romantrilogie *Ein Garten irdischer Freuden*, *Teure Gesellschaft* und *Jene* berühmt. Ihre umfangreichen und vielschichtigen Familienepen *Bellefleur* (1980) und *Die Schwestern von Bloodsmoor* (1986) sind sarkastische Abrechnungen mit der amerikanischen Gesellschaft. Neben den mehr als zwanzig Romanen hat sie dreihundert Kurzgeschichten geschrieben. Joyce Carol Oates hat wie ihr Ehemann Raymond Joseph Smith eine Anglistikprofessur an der Princeton University in New Jersey.

Siegfried Lenz

Die blaurote Luftmatratze

Lorenzo Mattotti

Schaut auf diese Bucht, sagte Gerold, dort unten ist es. Ohne den Motor abzustellen, hielt er an einer Passierstelle der engen Straße und machte eine präsentierende Geste, geradeso als wollte er uns den schimmernden Strand schenken und die träge auslaufenden Wellen. Dann suchte er meinen Blick, forschend, ausdauernd, und fragte leise: Versöhnt, Hannah?, und da ich ihm nicht antwortete, wandte er sich an seinen Assistenten und an Nicole, die hinter uns saßen, und wartete auf ein Wort der Begeisterung. Da die beiden aber nur stumm dahockten, stumm und anscheinend betäubt vor Hitze, glaubte er sich selbst belobigen zu müssen: Seht ihr, sagte er, am Ende haben wir's gefunden und werden für alle Irrfahrten entschädigt, und er nickte zu dem kolorierten Schild hinüber. Das Schild bestätigte, daß dort unten, von bröckelnden grauen Felsen eingeschlossen, der »Club Delphine« zu finden war, eine Ansammlung von winzigen, strohgedeckten Bungalows, die nur einen knappen Schatten auf den Strand warfen.

Langsam fuhren wir die holprige Straße hinab; ich drehte das Fenster herunter und spürte sogleich den sanften Meerwind, spürte ihn als Wohltat auf meinem brennenden Gesicht. Ein schneller Blick in den Rückspiegel zeigte mir, daß Lammers immer noch Nicoles Hand hielt; auf ihren Gesichtern lag weder Freude noch Erleichterung, alles, was sie preisgaben, war eine träge Besorgnis – vermutlich bedauerten sie wie ich, sich auf Gerolds Plan zu einem gemeinsamen Kurzurlaub eingelassen zu haben.

Vor einem weißlackierten Schlagbaum hielten wir, es war niemand zu sehen. Gerold stieg aus und tat, wozu eine Aufschrift in drei Sprachen aufforderte: Er schlug eine Schiffsglocke, die an einem metallenen Galgen baumelte, er schlug gleich mehrmals, als wollte er nicht allein unsere Ankunft signalisieren, sondern auch zu erkennen geben, daß wir frohgestimmte Leute waren, bereit, alles mitzumachen. Während ich dem feinen, ziehenden Schmerz nachlauschte, den der harte Glockenton in meinem Kopf auslöste, stellte Gerold sich vor ein wappenartiges Willkommensschild, das zwei Delphine im Sprung zeigte. Er winkte uns aus dem Wagen, er schlug vor, uns gegenseitig vor dem Schild zu fotografieren, doch bevor Lammers noch den Apparat eingestellt hatte, erschien Emily.

Emily war barfuß. Sie hatte sich eine Hibiskusblüte ins schwarze Haar gesteckt; ihr fettloser, trainierter Körper war tief gebräunt. Sie war lediglich mit einem lächerlichen Baströckchen bekleidet, das bei ihren Schritten leise raschelte, ihre kleinen harten Brüste waren unter einem Stoff verborgen, der gewiß auch als Krawatte getragen wurde. Lächelnd hieß sie uns willkommen und stellte sich als Animateurin des »Club Delphine« vor, von der Clubleitung beauftragt, für Unterhaltung, Bewegung und Frohsinn zu sorgen. Dann stellte Gerold uns vor: mein Assistent Herr Dr. Lammers und seine Frau Nicole, meine Frau Hannah, Gerold Preising. Er hielt es für nötig zu erwähnen, daß wir ausnahmslos voller Vorfreude seien. Emily nickte und ging uns voraus zum Büro, das in dem zentral gelegenen Bungalow eingerichtet war, ein runder, überraschend kühler Raum, in dem eine Hängematte aufgespannt war. Als ich eintrat, ließ sich ein blonder Bursche aus der Hängematte kippen, fing sich geschickt ab und legte das Buch, in dem er gelesen hatte, auf einen roten Transistor. Ich bin Maurice, sagte er und begrüßte uns mit Handschlag. Er trug eine lange weiße Leinenhose, sein Oberkörper war nackt. Er setzte sich an einen schmalen Tisch, auf dem einige Ordner standen. Sie also sind der Professor, sagte er, wir haben Sie und Ihre Freunde bereits erwartet. Während er einen Ordner aufschlug und unsere Platzbestellung heraussuchte, klärte Emily uns freundlich darüber auf, daß hier niemand mit seinem Titel oder Nachnamen angesprochen werde, hier, im Club, sei einer des andern Gefährte, man duze sich wie selbstverständlich und rede sich nur mit Vornamen an; dies gehöre zur Tradition des Clubs, dies schaffe Nähe und steigere den Gemeinschaftssinn. Unwillkürlich mußte ich Lammers und Nicole anblicken, sie schienen nicht nur verblüfft, sondern auch betreten, anscheinend spürten sie bereits die gleichen Hemmungen, die mir zuzusetzen begannen. Ich war überzeugt, daß es mir nie gelingen würde, zu Nicole oder zu ihrem Mann du zu sagen.

Nachdem wir die Formalitäten hinter uns gebracht hatten, wies Emily uns in die Örtlichkeiten ein, zeigte uns den Speiseraum, die Süßwasserduschen, führte uns zu den windgeschützten Spielanlagen und brachte uns schließlich zu unseren Bungalows – wir bekamen Nr.8, Lammers Nr.9. Ehe sie uns verließ, bereitete sie uns darauf vor, daß das Abendessen gemeinsam eingenommen wurde und daß sich bei dieser Gelegenheit Neuankömmlinge in einer kurzen Rede selbst vorstellten. Gerold tat, als freue er sich darauf. Eine unerträgliche Munterkeit erfüllte ihn, immer wieder breitete er die Arme gegen die Bucht aus, legte versonnen den Kopf schräg und seufzte albern und konnte sich nicht genug darin tun, diesen, wie er meinte, verwunschenen Platz zu loben. Als wir uns von Lammers und Nicole trennten, vermied er es, sie gleich mit ihren Vornamen anzusprechen, er sagte lediglich: So, Kinder, dann bis später.

Ich setzte mich in einen Feldstuhl und überließ es Gerold, das Gepäck hereinzuschleppen. Mein Gesicht brannte, meine Füße brannten; ich spürte den Schweiß im Haaransatz und im Nacken und empfand

ein leises Dröhnen im Kopf. Es schien mir unbegreiflich, daß ich mich zu dieser Fahrt hatte überreden lassen, zu diesem Kurzurlaub in einem Club, der Gerold angeblich von einem Kollegen empfohlen worden war. Meine Befürchtung, daß wir uns deplaziert vorkommen müßten, wurde bereits durch die Begegnung mit Emily und diesem Maurice bestätigt: Durch ihre Höflichkeit allein gaben sie uns zu verstehen, daß sie uns nicht zu ihresgleichen zählten. Gerold entging nicht meine Verdrossenheit, meine Gereiztheit; jedesmal, wenn er ein Gepäckstück absetzte, nickte er mir aufmunternd zu, tätschelte meine Schulter und riet mir, die Gewohnheiten zu vergessen und hier einfach nur das Spiel mitzuspielen. Es ist doch alles nur befristet, sagte er, laß dich mal fallen, gib deine Vorbehalte auf, und du wirst überrascht sein, wieviel Spaß das macht.

Mit einer Eilfertigkeit, über die ich mich nur wundern konnte, wechselte er seine Kleidung, er hängte Hose und Windjacke auf einen Bügel, stand für einen Augenblick nackt vor mir und bat mich, ihm das grüne Polohemd herauszusuchen und die Shorts und die Sandalen. Ein Gefühl des Erbarmens mit seinem mageren, blassen Körper überkam mich, gleichzeitig aber mußte ich daran denken, daß dies der große Nordist war, der Runenforscher, der einen der bedeutendsten Kommentare zum *Codex runicus* geschrieben hatte: Gerold Preising, der vielzitierte Inhaber des Lehrstuhls für Nordistik. Ich konnte nicht anders, ich mußte ihn fragen: Warum, Gerold, warum hast du uns hierhergebracht?, worauf er in sachlichem Tonfall sagte: Ich habe Lammers und Nicole eingeladen, es ist eine Art Belohnung für seine Hilfsdienste, denn ohne ihn wäre die Arbeit über Zauberrunen – *Zum Schutz der Schiffe* – noch nicht erschienen. Von seinem Assistentengehalt könnte er sich den »Club Delphine« nicht leisten. Bist du sicher, fragte ich, bist du ganz sicher, daß dies der einzige Grund ist? Welch einen Grund sollte es denn sonst noch geben, sagte er unwillig und bückte sich zu einem verschnürten Packen hinab und löste die Lederriemen. Was ist denn das? Eine Luftmatratze, sagte er; ich habe erfahren, daß man hier in Hängematten schläft, und darum habe ich nicht zuletzt für dich die Matratze gekauft, für alle Fälle; daß sie blaurot ist, wird dich wohl nicht stören. Sie hat übrigens vier Kammern und kann mit dem Mund aufgeblasen werden. Mußten es ausgerechnet diese Farben sein? fragte ich, und er darauf: Es war die letzte, die sie im Kaufhof hatten; Lammers hat eine in den schwedischen Farben. Man hat uns versichert, daß sie im Wasser einen erwachsenen Menschen tragen.

Zum ersten Mal zeigte Gerold sich mir in Bermudashorts, er schien sich selbst zu gefallen, er merkte nicht, wie verboten er aussah; in seiner Entschlossenheit, sich hier zünftig zu geben, öffnete er die Knöpfe seines Polohemds, die er gerade geschlossen hatte. Anscheinend erriet er, warum ich den Kopf schüttelte, denn er sagte: Was hast du; so alt sind wir nun auch wieder nicht. Und ungeduldig forderte er mich auf, den eigelben Strandanzug anzuziehen, den er für mich ausgesucht hatte. Komm, Hannah, mach schon, steig endlich herab; ich sage dir etwas voraus, was du nicht für möglich hältst: die unschuldigen Freuden der Anpassung.

Auf einmal wurde eine Trommel geschlagen, die Trommel rief, sie warb und forderte, und als wir aus dem Bungalow traten, sahen wir Emily auf dem schimmernden Sandplatz; breit lächelnd hockte sie hinter zwei Bongotrommeln und winkte den Burschen und Mädchen zu, die sich lässig um sie versammelten. Gerold tastete nach meiner Hand und zog mich mit sich. Die Ruhezeit war vorüber, Emilys Unterhaltungsprogramm fing an.

Es begann mit einem Rhythmuswettbewerb für Paare; der männliche Partner hatte die Trommel zu schlagen nach einem beliebigen Rhythmus, und die Mädchen hatten die Aufgabe, dem Rhythmus tänzerisch Ausdruck zu verleihen, barfuß, im weichen, warmen Sand. Wie rasch sich die Partner wählten; es verblüffte mich nicht, und ich war nur erleichtert, daß keiner der jungen Burschen auf den Gedanken kam, mich zu wählen. Ich traute meinen Augen nicht, doch die erste Tänzerin – sie war sommersprossig, aschblond – trug einen silbernen Skarabäus über dem Bauchnabel, den sie anscheinend so gut befestigt hatte, daß er beim Tanz nicht abfiel. Wir standen im Kreis und waren aufgefordert, nach jeder Darbietung Noten abzugeben, von Eins bis Sechs – daß Gerold, der sich wiegte, der so tat, als könne er dem Rhythmus nicht widerstehen, regelmäßig zu hohe Noten gab, überraschte mich nicht. Je länger dieser Rhythmuswettbewerb dauerte, je phantastischer die Tänze wurden und je unterhaltsamer die Stürze in den lockeren Sand sich ausnahmen, desto vergnügter wurde die Stimmung. Emily strahlte mit entblößtem Gebiß.

Dann aber erschienen mit erstaunlicher Verspätung Lammers und Nicole; er trug eine karierte Gymnastikhose und ein schlichtes Turnhemd, sie sehr knappe sandfarbene Shorts und eine rote Bluse, deren Ende sie vor dem Bauch propellerartig geknotet hatte. Nicht nur ich starrte sie an; alle wandten sich ihnen zu, vergaßen die Tänzerin, überhörten den Klang der Trommel – verblüfft über Nicoles Erscheinung. Nie zuvor war sie mir so schön erschienen; es kam mir so vor, als hätte sie sich bei all unseren verflossenen Begegnungen mit adretter Biederkeit getarnt. Welch eine Verwandlung! Sie hatte ihr Haar, das sie sonst im Nacken gesammelt trug, gelöst und ließ es auf die Schultern hängen, auf ihrem Gesicht, das ich zwar als ebenmäßig, doch auch als unbeteiligt und schläfrig in Erinnerung hatte, lag ein Ausdruck von heiterer Gelassenheit.

Plötzlich ergriff Gerold meinen Arm und sagte: Los, Hannah, jetzt schlage ich die Trommel für dich, komm schon. Ich widersetzte mich, ich sagte: Mach dich nicht lächerlich; doch er wollte unbedingt seinen Auftritt haben und ließ mich einfach stehen, steuerte auf Nicole zu und wählte sie als Partnerin. Nicole war verwirrt, sie zögerte in erkennbarer Verlegenheit, dann aber nickte ihr Lammers auffordernd zu, und sie trat in den Kreis und nahm den Rhythmus auf, den Gerold ihr stümperhaft vorgab. Was sie zum besten gab, riß keinen Zuschauer hin, es war eine Art lyrischer Meditation, die sie tanzte, versonnen, mitunter sparsam lasziv; was allenfalls beeindruckte, waren ihre langen, vor Sonnenöl glänzenden Beine – zu mehr forderte die Trommel sie nicht heraus. Und dann kam der Augenblick, in dem sie und Gerold sich anblickten, ich erkannte die verstohlene Freude in ihren Blicken und war plötzlich sicher, daß wir nicht allein deswegen im »Club Delphine« waren, weil Gerold seinen Assistenten für wissenschaftliche Hilfsdienste belohnen wollte. Die Noten, die sie für ihren Tanz bekamen, waren mäßig, von Höflichkeit oder Mitleid inspiriert. Ich hörte, wie Gerold sich bei Nicole bedankte und sie dabei bei ihrem Vornamen nannte, sie vermied es, ihn anzusprechen.

Gegen meinen Willen lud Gerold die beiden in unseren Bungalow ein, ihnen lag daran, ihre ersten Eindrücke und Erlebnisse auszutauschen – bei norwegischem Linien-Aquavit, den Lammers von seiner Reise nach Thorsbjarg mitgebracht und bis hierher geschleppt hatte. Wie leicht es Gerold fiel, die Regeln des Clubs anzuwenden und seinen Assistenten zu duzen, er sagte so selbstverständlich Ulf zu ihm, als hätte er es seit jeher getan, doch wann immer er den Namen Ulf aussprach, hörte es sich so an, als müßte er aufstoßen. Nach dem zweiten Aquavit riskierte es auch Ulf, Gerold zu duzen, er tat es rasch und zur Seite wegsprechend; zu mir Hannah zu sagen wagte er offenbar noch nicht. Nicole saß nur da in gewohnter Schweigsamkeit; man konnte annehmen, die vertrauliche Anrede bedeutete ihr nichts oder sie sei dazu nicht fähig. Diesen Eindruck machte sie auch beim gemeinsamen Abendessen im großen Bungalow.

Als wir zu viert den Speiseraum betraten, fühlte ich mich unter Wasser versetzt: Ein grünliches, unterseeisches Licht herrschte, dekorative Netze hingen von der Decke herab, in denen Glaskugeln blinkten; getrocknete Seesterne und Muscheln und Langusten waren in das Netzwerk eingeknüpft und schwebten über unseren Köpfen. Emily wies uns unseren Tisch an, auf dem bereits zwei Karaffen Wein standen, außerdem eine Schale mit warmem Weißbrot. Ich kam von einigen sehr jungen Clubmitgliedern nicht los, die zum Abendessen Muschelkette auf nackter Haut trugen, einige hatten sich Möwenfedern ins Haar gesteckt und ein stupsnäsiges Mädchen hatte sich ein Netzhemd angelegt, in das stilisierte, träg treibende Feuerquallen eingewirkt waren. Der Clubtradition entsprechend wurde Gerold gebeten, sich vorzustellen; schon als er sich erhob, wußte ich, daß ich einen Grund haben würde zu leiden. In seiner Rede, die er für launig hielt, spielte er darauf an, daß sein Name Gerold etwa so alt sei wie die Dinge, mit denen er sich beruflich beschäftige; ursprünglich, meinte er, habe man diese Dinge – hölzerne Stäbchen – zu Weissagung und Zauber gebraucht, wozu man seinen Namen nun freilich nicht verwenden könne. Dennoch, erklärte er, will beides gedeutet werden; Deutung bringt uns auf die Lebensspur. Und da man ihm zulächelte und er einmal am Zuge war, stellte er dann auch gleich uns vor, nannten unsere Vornamen, erwähnte, daß wir mehr oder weniger vom gleichen Metier abhängig seien, und setzte sich unter dürftigem Beifall. Er sah uns nacheinander an. Er wollte wissen, was wir von seiner knappen Rede hielten. Nun, Hannah? Ich sagte: Anscheinend kannst du den Runenforscher nicht verleugnen. Also, sagte Ulf, das war typisch Gerold. Nicole mußte offensichtlich nachdenken, und nach einer Weile flüsterte sie: Mir hat es gefallen. Sie sprach auf den Tisch hinab, bemüht, Gerolds Blick auszuweichen.

Zum Essen gab es gegrillte Sardinen, danach Perlhuhn mit Gemüse und als Dessert verschiedene Käsesorten; das Essen und der Wein versöhnten mich notdürftig mit dem Ort, und nachdem mir Gerold einmal zwinkernd zugetrunken hatte, sprach ich Ulf mit seinem Vornamen an. Er schaute mich dankbar an und sagte: Ob du's glaubst oder nicht, Hannah, aber du hast dich bereits in diesen wenigen Stunden erholt. Das stellte auch Emily fest, die sich für kurze Zeit an unseren Tisch setzte; sie stieß mit uns an und lobte Gerold für seine spontane Bereitschaft, am Rhythmuswettbewerb teilzunehmen, und sie lobte auch Nicole für die gezeigte Darbietung. Sie sagte: Wer sich hier ausschließt, ist zu bedauern, der kommt nie auf seine Kosten. Selbstzufrieden bereitete sie uns darauf vor, daß sie sich für die Dunkelheit noch ein besonderes Programm hatte einfallen lassen, eine von ihr so genannte Fackelpolonaise unten am Strand, die bisher nur mit Beifall aufgenommen worden war. Sie lud uns ein, daran teilzunehmen, herzlich, wie sie ausdrücklich betonte. Bevor ich noch auf unsere Müdigkeit hingewiesen hatte, gab Gerold schon zu verstehen, wie sehr er sich auf die Fackelpolonaise freute. An Nicole gewandt, sagte er: So etwas lassen wir uns doch nicht entgehen, oder? Nicole blickte mich unsicher an und sagte leise: Ist es schlimm, aber ich habe noch nie davon gehört.

Es herrschte eine zaghafte Dunkelheit, als wir uns, nur mit Badezeug bekleidet, unten am Strand einfanden. Die Luft war warm. Emily und Maurice verteilten handliche Magnesiumfackeln. Chopins Polonaise erklang vom Band, vergnügt formierten wir uns zur Schlange, eine Hand auf dem Rücken des Vordermanns; Emily führte den schwankenden Zug unter sprühendem Licht an. Ein Stück ging es nur den Strand hinab, dann leitete Emily uns ins Wasser, knöcheltief, schließlich brusttief. Je weiter wir ins Meer hineingingen, desto schwerer wurde Lammers' Hand auf meiner Schulter. Der Auftrieb nahm uns den sicheren Stand, ließ uns nur tänzeln über Grund; nicht alle konnten das Gleichgewicht halten, sie taumelten, tauchten ein im brusttiefen Wasser, schreckhaft, jauchzend, aber auch dabei bemüht, die Fackel hochzuhalten.

Auch mir ging es so: Plötzlich schwebte ich auf und fiel zur Seite und riß die Fackel mit, die zischend im Wasser erlosch, und noch bevor ich Grund fand, fühlte ich, wie zwei Arme mich umklammerten und hochzogen. Lammers umklammerte meine Hüften, vermutlich hatte er seine Fackel versenkt, um mich zu retten. Nachdem es ihm gelungen war, mich aufzurichten, hielt er mich immer noch fest, drückte mich an sich und sagte mit einem nicht sonderlich intelligenten Gesichtsausdruck: Entschuldigen Sie, Frau Professor, ich wollte Sie nur retten. Ist schon gut, sagte ich, und ließ ihm meine Fingerspitzen; so führte er mich zum Strand zurück.

Am Strand saß Nicole und hielt sich den Fuß; sie behauptete, auf einen Seeigel getreten zu sein. Neben ihr kniete Gerold, ratlos, ohne zu wissen, welche Art von Erster Hilfe er ihr leisten könnte. Er befühlte ihren Fuß, er starrte ihn an, vielleicht erwog er, die Wunde auszusaugen. Als Nicole den Wunsch äußerte, zu ihrem Bungalow zurückzukehren, bot sich Gerold sogleich an, sie zu stützen, doch sie zögerte, sie blickte auf Lammers, und der reichte ihr die Hand und zog sie hoch. Für uns war diese Fackelpolonaise zu Ende. Gemeinsam strebten wir unseren Bungalows zu, wir verabschiedeten uns nach deutscher Art mit Handschlag zur Nacht, und diesmal nannten wir alle einander bei unseren Vornamen – nur Nicole brachte es nicht fertig, zu Gerold Gerold zu sagen. Unter der Bogenlampe erkannte ich, daß ein Zug von Bedauern über ihr Gesicht glitt, als sie ihm ihre Hand gab und lediglich sagte: Eine angenehme Nacht.

Wir lagen bereits in unseren Hängematten – vom Strand her kamen immer noch Rufe, hörten wir Freudenschreie und vorgegebene Hilferufe –, und ich konnte nicht einschlafen, ich mußte an Nicole denken, an ihre unerwartete Erscheinung, ihre plötzliche Schönheit. Ich fragte Gerold: Warst du nicht auch überrascht? Wovon, fragte er brummig. Von Nicole, sagte ich, hast du nicht bemerkt, welchen Eindruck sie gemacht hat, selbst die Mädchen starrten sie ungläubig an; falls Emily auf die Idee käme, hier zu allem Überfluß auch noch einen Schönheitswettbewerb zu veranstalten, würde Nicole bestimmt zur Königin gewählt werden. Gerold schwieg eine Weile, dann sagte er: Mir ist das nicht aufgegangen; sie ist nett; sie macht alles mit, und es scheint ihr Spaß zu machen.

Am nächsten Morgen jedoch – nein, es war schon später Vormittag, als Nicole aus ihrem Bungalow kam – konnte sie sich an den Wettkämpfen nicht beteiligen, ihr Fuß schmerzte noch. Sie schaute nur beim Reiterkampf und bei diesem einfallslosen Sackhüpfen in Papiersäcken zu. Ich konnte nicht erkennen, ob sie sich darüber freute, daß das Mädchen, das Lammers auf seinen Schultern trug, die Rivalinnen von ihren Untermännern stieß oder zerrte; auch als Gerold beim Sackhüpfen stürzte – er war hoffnungslos abgeschlagen, brauchte sich nicht anzustrengen und stürzte dennoch –, verzog sie keine Miene. Nur als Maurice zu ihr trat, sich auf alle viere niederließ und Nicole aufforderte, sich auf seinen Rücken zu setzen, lächelte sie und nahm sein Angebot für einen Augenblick an.

Zum entscheidenden, originären, noch nie ausgeführten Wettkampf rief Emily die Clubmitglieder für den Nachmittag zusammen. Es war allein ihre Idee, der spontane Einfall einer souveränen Animateurin. Zufällig war sie vorbeigekommen, als Gerold dabei war, sein vierkammrige Luftmatratze aufzublasen, sie sah ihm zu, grübelnd, erwägend: Schon war ihre professionelle Imagination tätig und erfand zu Kurzweil und Vergnügen einen neuen Wettbewerb. Sieben Mitglieder des Clubs hatten vierkammrige Luftmatratzen mitgebracht; Emily konnte sie rasch davon überzeugen, daß sie in einer noch unbekannten Disziplin starten müßten, in der es galt, alle vier Kammern so schnell wie möglich mit Atemluft zu füllen; als Siegprämie wurde eine Zweiliterflasche Champagner ausgesetzt. Selbstverständlich konnte ich Gerold nicht davon zurückhalten, sich an diesem lächerlichen Blasebalg-Unternehmen zu beteiligen.

Es geschah am Strand. Als erster schleppte Gerold seine blaurote Luftmatratze an, dann kamen die anderen Teilnehmer, unter ihnen ein zartes Mädchen mit einer zirpenden Stimme. Die sogenannten Wettkämpfer gingen auf die Knie, nahmen das Mundstück zwischen die Lippen und starrten auf Emily, die, gleichzeitig mit dem Zeichen zum Beginn, ihr Bandgerät einschaltete. Zum *Boléro* von Ravel fing das große Pusten und Blasen an. Es wunderte mich, auf welch unterschiedliche Weise die einzelnen Teilnehmer ihr Gerät aufzublasen suchten; einige, darunter die Grillenstimme, versuchten es mit eiligen kurzen Stößen, hastig saugten sie die Luft ein und preßten sie unter rhythmischem Schnaufen in die Mundstücke; andere füllten mit mächtigen, langsamen Atemzügen ihre Lungen, schlossen die Augen und gaben das ganze Volumen restlos an die Kammer ab. Backen blähten sich auf, Stirnadern schwollen. Ein Mann ließ sich verleiten, im Rhythmus des *Boléro* zu blasen, gab es jedoch bald wieder auf. Daß Gerold sich so gut hielt und gemeinsam mit drei, vier anderen die erste Kammer aufgeblasen hatte, erstaunte mich; bei seiner Schmalbrüstigkeit hätte man eher vermuten können, daß er von Anfang an abfallen müßte. Mit zügigen, gleichmäßigen Pumpbewegungen machte er wett, was ihm an natürlichem Volumen fehlte. Er streifte die Sandalen ab. Sein grünes Polohemd rutschte aus den Bermudashorts, gab einen Streifen seines blassen Körpers frei. Im Unterschied zu anderen Wettkämpfern hielt er die Augen nicht geschlossen, sondern beobachtete seine Kontrahenten, ruhig und wachsam – wie ein Läufer, der sich, seiner Überlegenheit gewiß, nach seinen Rivalen umschaut. Die Zuschauer, die sich freimütig zu ihren Favoriten bekannten, wurden lebhafter, wurden lauter, sie riefen Namen, spornten an, flüsterten den Wettkämpfern belebende Losungen ins Ohr. Einen verwirrenden Eindruck machte Lammers: Er kniete nicht, sondern er hockte auf dem Sand und schien weniger zu blasen, als am Mundstück zu nuckeln; dennoch gewann seine gelbblaue Matratze an Prallheit. Er blickte nicht ein einziges Mal auf seine Mitstreiter, er blickte auf die Knie von Nicole, die vor ihm stand.

Ein feister Bursche – Goldkette am Hals, Goldkettchen am Handgelenk – gab als erster Mann auf, kurz nach dem Mädchen, das sich mit erhitztem Gesicht aufrichtete, die Augen verdrehte und einen hoch angesetzten Schrei ausstieß, bevor es sich auf den Rücken fallen ließ. Da hatten Gerold und Lammers bereits die zweite Kammer aufgepumpt; je länger sie bliesen, desto stierender wurde ihr Blick, die Atemzüge wurden bei allen kürzer, kraftloser, schon legten sie kurze Pausen ein, in denen sie ihre Lippen beleckten und den Schweiß vom Gesicht wischten. Eine seltsame Reaktion löste der Wettkampf bei einem verbissenen Athleten aus; der sprang plötzlich auf, preßte die Hände an die Ohren und stürzte ins Wasser – wie er später erzählte, konnte er das Gewummer in seinem Kopf nicht mehr ertragen. Für jeden, der ein Auge für Technik und Ausdauer hatte, zeichnete es sich ab, daß der Sieg zwischen Gerold und Lammers ermittelt werden würde; sie nahmen bereits das vierte Mundstück zwischen die Lippen, während die andern noch die dritte Kammer schwellen ließen.

Ich sah Gerold im Profil, und plötzlich wußte ich, woran er mich erinnerte: Es war der Buchstabe M im jüngeren nordischen Runenalphabet, der vertikale Strich, die beiden weggestreckten Arme. Er verschnaufte nur ein paar Sekunden und setzte gleich wieder, heftig nickend, seine Blasarbeit fort, wobei er einmal besorgt zu Lammers hinüberlinste. Plötzlich fiel er aufs Gesicht. Seine Hand löste sich vom Mundstück. Die Füße scharrten schwach im Sand und lagen dann still. Emily und Maurice waren schon neben ihm und beugten sich über sein verzerrtes Gesicht. Auch ich beugte mich über ihn, strich ihm über die Stirn und rief ihn leise an, doch er reagierte nicht. Wir müssen ihn ins Krankenzimmer bringen, entschied Maurice, und mehr für sich sagte er: Hoffentlich ist keine Kopfader geplatzt. Er lief fort, um die Bahre zu holen.

Auf einmal war ein Schatten neben mir, ich spürte eine heftige Bewegung und wußte, ohne hinzusehen, daß es Nicole war, die sich auf die Knie fallen ließ. Mit einem Schluchzer beugte sie sich tief über Gerold, nahm sein Gesicht in beide Hände und küßte ihn auf Stirn und Wangen, wobei sie, angsterfüllt, einige Worte murmelte, Kummerworte, Beschwörungsworte. Ich verstand die Worte nicht, doch daß sie immer wieder seinen Namen nannte, das hörte ich heraus. Ihre Verzweiflung war aufrichtig, anscheinend wollte oder konnte sie sich nicht von Gerold lösen. Die Zuschauer waren betreten, sie blickten mich an, sie erwarteten etwas von mir, und während ich noch überlegte, was mir zu tun blieb, trat Lammers heran. Bestürzt sah er einen Augenblick auf Gerold hinab, dann hob er Nicole auf, sachte, fürsorglich, legte einen Arm um ihre Hüfte und ließ es zu, daß sie ihren Kopf an seine Schulter legte. Als er sie wegführen wollte, zauderte sie zunächst, doch nachdem er ihr etwas zugeflüstert hatte, willigte sie ein und ging wie benommen mit ihm.

Ich ging hinter der Bahre, auf der Maurice und ein bärtiges Clubmitglied Gerold ins Krankenzimmer trugen, das, im Verwaltungsbungalow gelegen, anscheinend noch nie benützt worden war. Sie betteten Gerold auf eine Pritsche. Leise beratschlagten sie, welchen Arzt sie telefonisch herbeirufen sollten. Um sich zu versichern und einig zu werden, gingen sie ins Büro und ließen Gerold und mich allein. Gerold atmete regelmäßig; ich legte ihm eine Hand auf die Stirn und massierte leicht seine Schläfen, so, wie ich's manchmal getan hatte, wenn er von seinen Nordlandreisen erschöpft und mit Kopfschmerzen heimgekehrt war. Und nach einer Weile bewegte er mümmelnd die Lippen und sagte mit geschlossenen Augen: Danke, Hannah, es geht schon wieder, es wird wohl ein Schwächeanfall gewesen sein. Ich gab die Nachricht gleich an Maurice und seinen Helfer weiter, und als ich ins Krankenzimmer zurückkam, saß Gerold bereits auf der Pritsche. Ich überredete ihn dazu, sich wieder auszustrecken, blieb bei ihm sitzen und half ihm später, ein Erfrischungsgetränk zu sich zu nehmen.

Zu reden hielten wir beide nicht für nötig, zumindest so lange nicht, wie wir allein in dem Krankenzimmer waren. Als Maurice und ich ihn zu unserem Bungalow führten, zitterte er noch ein wenig, doch er erwiderte bereits mit lascher Hand die Grüße zweier Kontrahenten, die er beim Aufblaswettbewerb weit hinter sich gelassen hatte. Vor dem Bungalow, den Lammers und Nicole bezogen hatten, blieb er stehen; er lächelte bekümmert und schien nicht überrascht, als Maurice ihm mitteilte, daß die Freunde, wie er sagte, abgereist waren; ein Taxi hatte sie abgeholt. Gut, gut, sagte Gerold nur, gut, gut; und dann wandte er sich an mich und murmelte: Er hat kein gutes Spiel gespielt, Hannah, ich werde mich von meinem Assistenten trennen.

Vor unserem Bungalow lag die blaurote Luftmatratze, die irgend jemand hierhergeschleppt hatte; drei Kammern waren vollends, die vierte nur zur Hälfte aufgeblasen. In der Stille der Siesta, als fast alle Clubmitglieder in ihren Hängematten ruhten, setzte ich mich in den Sand, zog die Matratze heran, stach das Messer in den seitlichen Wulst und wunderte mich, wie leicht und entschieden die Klinge hineinfuhr. Ich zog die Klinge wieder heraus und lauschte auf das gleichbleibende, dann immer schwächer werdende Zischgeräusch, mit dem Gerolds in den Kammern gefangener Atem entwich. Zuletzt, als alle Luft raus war, als die Haut der Matratze nur flach und schrumpelig vor mir lag, vergrub ich das Messer tief im Sand.

Siegfried Lenz, 1926 in Lyck (heute Elk) in Ostpreußen geboren, gehört seit den masurischen Geschichten *So zärtlich war Suleyken* von 1955 zu den meistgelesenen Autoren Deutschlands. Bestseller wurden auch die Bände *Deutschstunde* (1968), *Einstein überquert die Elbe bei Hamburg* (1975) und *Heimatmuseum* (1978). Für seine Romane, Erzählungen, Essays und Hörspiele hat er zahlreiche Literaturpreise erhalten. Den Verdienstorden der Bundesrepublik lehnte er jedoch 1979 zusammen mit Heinrich Böll und Günter Grass ab. Siegfried Lenz lebt mit seiner Frau Liselotte in Hamburg.

John Irving

Die blaurote Luftmatratze

Andrea Caprez

Nach dem unerwarteten Tod ihres Gatten verbrachte Mrs. Cole – besser bekannt als die Romanautorin Ruth Cole – einen Großteil ihrer Zeit mit dem »Systematisieren« ihrer Erinnerungen, wie sie es nannte. Wie bei einer Autorin kompliziert angelegter Romane nicht anders zu erwarten, hatte Ruth Cole für eine – wie man das häufig salopp bezeichnet – ungeordnete Flut von Erinnerungen keine Verwendung. Sie schrieb überlegt und verlangte von ihren Erinnerungen, daß sie sich anständig benahmen – leicht zu handhaben waren, sauber und ordentlich eben – und sich an eine strenge Reihenfolge (nicht chronologisch, sondern ihrer Bedeutung entsprechend) hielten.

Für Mrs. Cole stand der Tod ihres Gatten im Vordergrund der Handlung – er war das bestimmende Ereignis in ihrer Lebensgeschichte –, und davon ausgehend konnte sie Rückschau halten auf die Begebenheiten ihres gemeinsamen Lebens, die nur darauf zu warten schienen, daß Ruth ihnen Gestalt und Bestimmung verlieh. Alles, was sich in Ruth Coles Leben zugetragen hatte, bevor sie ihren Mann kennenlernte, sollte unberücksichtigt bleiben oder zumindest einen beschränkten Raum einnehmen.

Aber dann erfolgte die erste Begegnung der Romanautorin mit jener Widerspenstigkeit der Erinnerung, die der Tod eines geliebten Menschen nach sich zieht; und auch die Art und Weise, wie die Vergangenheit ihre unliebsame Anwesenheit kundtat, ließ sich nicht von Mrs. Cole steuern – mit anderen Worten: Andere Leute erinnerten sie ständig an vergangene Episoden und Ereignisse, für die sie noch keinen Platz gefunden hatte und die sie noch nicht sinnvoll einordnen konnte.

Sie war jetzt seit einem Jahr Witwe, und trotzdem ließ sie sich noch ebenso leicht von den Fluten der Erinnerung mitreißen wie an jenem Morgen, an dem sie aufgewacht war und entdeckt hatte, daß ihr Mann tot neben ihr lag. Sie war eine Romanautorin; sie hatte nicht die Absicht, ihre Memoiren zu schreiben – Autobiographien interessierten sie nicht, ihre eigene schon gar nicht. Aber sie wollte ihre Erinnerungen an die Vergangenheit im Zaum halten, wie das von jeder Witwe verlangt wird.

Daran hinderte sie unter anderem das ehemalige Hippie-Mädchen Hannah Grant, das eine höchst unliebsame Einmischung aus Mrs. Coles Vergangenheit darstellte. Hannah fühlte sich vom Mißgeschick anderer Menschen angezogen; es schien sie geradezu aufzurichten. (Für Witwen hatte sie eine besondere Vorliebe.) Umgekehrt verschafften Hannahs kleine Mißgeschicke Ruth Cole nur unzureichende Befriedigung. Hannah war der lebende Beweis für Mrs. Coles Überzeugung, daß man sich nicht auf die ausgleichende Gerechtigkeit verlassen konnte; nicht einmal Plutarchs Diskurs *Über die späte Bestrafung durch die Gottheit* vermochte sie davon zu überzeugen, daß Hannah Grant jemals ihre verdiente Strafe bekommen würde.

Mrs. Coles verstorbener Gatte hatte einmal gesagt, Hannah sei eine Frau, die unter dem ständigen Zwang stehe, sich zu revi-

dieren; Ruth fand diese Einschätzung übertrieben liebenswürdig. Als Hannah Grant zum ersten Mal heiratete, war sie eine jener Frauen, die derart mit ihrem ehelichen Glück protzten, daß jeder, der sich irgendwann einmal hatte scheiden lassen, sie von ganzem Herzen haßte. Und als Hannah frisch geschieden war, wurde sie eine so vehemente Befürworterin der Scheidung, daß jeder, der glücklich verheiratet war, sie am liebsten umgebracht hätte. In den sechziger Jahren war sie, was niemanden überraschte, Sozialistin; in den siebziger Jahren Feministin. Solange sie in New York lebte, vertrat sie die Ansicht, daß das Leben auf dem Land nur etwas für Spießer sei; als sie Manhattan verließ, um sich im ländlichen Vermont – und in jener unanfechtbaren zweiten Ehe – niederzulassen, verkündete sie, das Stadtleben eigne sich nur für Menschen, die sexuellen Abenteuern nachjagten und den Nervenkitzel suchten, denen jedoch die Fähigkeit zur Selbsterkenntnis und zum stillen Nachdenken abging.

Hannah hatte einmal ihren Büstenhalter verbrannt (vor einer kleinen Menschenansammlung auf einem öffentlichen Parkplatz), doch in den achtziger Jahren war sie lange Zeit bei den Konservativen politisch aktiv. Nachdem sie jahrelang ohne Erfolg versucht hatte, schwanger zu werden, empfing sie ihr einziges Kind schließlich mit Hilfe eines anonymen Samenspenders; daraufhin wurde sie eine erbitterte Abtreibungsgegnerin. Im Laufe von drei Jahrzehnten machte Hannah Grant eine Entwicklung von der Allesesserin zur strengen Vegetarierin und anschließend wieder zur Allesesserin durch; ihre verwirrenden Ernährungsumstellungen zwang sie auch ihrem samengespendeten Kind auf, einem etwas verhuschten Mädchen, dessen erste Geburtstagsparty – sie wurde damals gerade sechs – sie ihr und den eingeladenen Kindern dadurch verdarb, daß sie die mit einer Schmalfilmkamera festgehaltene Geburt ihrer Tochter vorführte.

Ruth Cole wußte das alles, weil sich ihr einziger Sohn unter den traumatisierten Kindern auf dieser Geburtstagsfeier befunden hatte. Die Angelegenheit hatte ihr Sorgen bereitet, weil sie sich in Gegenwart ihres Sohnes stets körperlich zurückhaltend gezeigt hatte; ihr verstorbener Gatte hatte sich häufig nackt im Haus bewegt – er schlief zum Beispiel auch nackt. Aber das hatte Ruth nicht beunruhigt, zumindest nicht in bezug auf ihren Sohn; schließlich waren beide Männer. Ruth hatte stets sorgfältig darauf geachtet, sich zu bedecken. Dann war ihr Sohn von der Geburtstagsparty der kleinen Grant nach Hause gekommen, wo er einen offenbar recht anschaulichen Film über eine richtige Geburt gesehen hatte – wo er Hannah Grant gesehen hatte... also, nun ja... einsehbar wie ein aufgeschlagenes Buch! dachte Mrs. Cole.

Und im Laufe der Jahre würde Hannah ihrer armen Tochter diesen Film vermutlich immer wieder aufzwingen – und nicht unbedingt aus erzieherischen Gründen. Vielmehr war Ruth davon überzeugt, daß Hannah Grant ein nicht zu zügelndes Geltungsbedürfnis besaß; diese Frau mußte ihrer eigenen Tochter unbedingt demonstrieren, wie sehr sie, zumindest im Augenblick der Geburt, gelitten hatte. Die Tochter wiederum hatte ein recht widerspenstiges Naturell entweder entwickelt oder war damit auf die Welt gekommen; ob das daran lag, daß sie ihre eigene blutige Geburt übermäßig häufig miterleben mußte, oder ob es etwas mit den Genen des anonymen Spenders zu tun hatte – jedenfalls legte die Tochter es offensichtlich darauf an, ihre Mutter in Verlegenheit zu bringen. Und diese Widerspenstigkeit veranlaßte Hannah, die Ursachen für das irritierende Verhalten ihrer Tochter anderswo zu suchen, denn sich selbst hätte Hannah Grant nie für irgendeinen Fehler verantwortlich gemacht.

Nie würde Mrs. Cole vergessen können, wie Hannah Grant als Streikposten bei einer Antipornographie-Kampagne auftrat. Der Pornoladen, der sich an der Peripherie von Bellows Falls, Vermont, befand, gehörte nicht zu den Geschäften, die junge oder ahnungslose oder ansonsten unschuldige Leser anlockten; er befand sich in einem niedrigen, schindelgedeckten Gebäude mit kleinen Fenstern und einem kaputten Dach – und das Schild draußen war unzweideutig: Für Jugendliche kein Zutritt – Bücher und Zeitschriften nur für Erwachsene!

Hannah und ein empörter Trupp kämpferischer Matronen betraten den Laden nur einmal; aufgeregt und mit rotem Kopf machten sie auf dem Absatz kehrt. »Die Schwachen werden von den Starken schikaniert!« erklärte Hannah später dem Reporter einer Regionalzeitung.

Das Ehepaar, dem der Pornoladen gehörte, war schon älter. Die beiden sehnten sich seit langem danach, dem Winter in Vermont zu entfliehen. In dem durch die Kampagne ausgelösten Durcheinander beschlossen sie, sich zur Ruhe zu setzen, und beschwatzten eine von Hannah ins Leben gerufene Gruppe besorgter Bürger, das Haus zu kaufen. Doch diese Bürgerinitiative bezahlte nicht nur viel zu viel für den alten Schuppen, sie mußte auch noch die... nun ja... Bestände loswerden, wie Mrs. Cole es formulierte.

Als der einzig literarisch tätige Mensch weit und breit erklärte sich Ruth Cole bereit, den Wert der Druckerzeugnisse zú schätzen. Zuvor hatte sie Hannahs Aufforderung, sich dem Kreuzzug gegen Pornographie anzuschließen, höflich abgelehnt (mit der Begründung, daß sie schließlich Schriftstellerin sei); sie war grundsätzlich gegen jede Zensur. Als Hannah Druck machte – sie appellierte an Ruth »in erster Linie als Frau und in zweiter als Schriftstellerin« –, war Ruths Reaktion sowohl für sie selbst als auch für Hannah überraschend. »Ich bin in erster Linie Schriftstellerin«, hatte Mrs. Cole geantwortet.

Ruth bekam die Möglichkeit, sich in aller Ruhe mit den pornographischen Schriften zu beschäftigen. Einmal abgesehen von ihrem »Geldwert«, fand sie sie enttäuschend. Die plumpe Darstellungsweise war zu erwarten gewesen (für Hannah Grant offenbar nicht), aber ansonsten enthielten die Hefte im Grunde nichts Anstößigeres als den Anblick eines am Straßenrand pinkelnden Mannes oder die üblichen Spuren von achtlos in den Rinnstein geworfenem Müll; Unanständigkeit, so vermutete Mrs. Cole, war für viele Leute die Norm. Rohheit und lüsterne Neugier wirkten bei den unterschiedlichsten Typen als treibende Kraft; Mrs. Cole hatte zum Glück keinen Umgang mit solchen Leuten. Zwar hätte sie sich mehr Bildung für einen größeren Teil der Bevölkerung gewünscht, war aber zugleich überzeugt, daß Bildung die meisten Menschen, die ihr begegnet waren, völlig kaltließ.

Zu einer Stellungnahme gedrängt, erklärte Ruth den Warenbestand des Ladens für wertlosen Schund – es sei denn, die Bürgerinitiative wollte ihre Kosten dadurch senken, daß sie die Sachen zu Schleuderpreisen an Neugierige verkaufte. Vielleicht auf einem Porno-Flohmarkt? Das wäre darauf hinausgelaufen, daß die besorgten Bürger die Rolle von Pornographen gespielt hätten, wenn auch nur kurzfristig; folglich wurden sämtliche Bücher und Zeitschriften verbrannt – ein Totalverlust. Mrs. Cole, die sich abermals als »in erster Linie Schriftstellerin« definierte, sagte, sie wolle nichts mit der feierlichen Verbrennung zu tun haben; nicht einmal zusehen wollte sie. Die Regionalzeitungen brachten einen Schnappschuß von einem kleinen, aber triumphierenden Häufchen Frauen, die sich um das Feuer kümmerten; echte Feuerwehrmänner standen besorgt bereit, für den Fall, daß die Flammen der brennenden Abbildungen von Geschlechtsakten und vereinzelten Geschlechtsteilen plötzlich um sich greifen sollten. Auf diese Weise wurde der Pornographie in Bellows Falls, Vermont, Einhalt geboten. Mrs. Cole dachte gelegentlich über die Unverschämtheit nach, daß Hannah Grant sie – eine Schriftstellerin – aufgefordert hatte, sich an einem so demonstrativen Akt der Zensur zu beteiligen.

Die samengespendete Tochter war zwölf, als sie Hannah Grants Dildo – einen batteriebetriebenen Vibrator – in die Alternative Schule mitnahm, als Beitrag zu jenem kleinen Bereich amerikanischer Grundschulerziehung, der unter dem Motto »Zeigen und erzählen« stand. Und wieder genoß Ruth

Coles Sohn, der sich bei der Geburtstagsparty der Sechsjährigen notgedrungen den Film über die echte Geburt hatte anschauen müssen, das Privileg, einen kurzen Blick in Hannahs Privatsphäre zu werfen. Zum Glück hatte die zwölfjährige Tochter keine Erfahrung im Umgang mit dem Gerät, das ihr die erstaunte Lehrerin hastig abnahm; so blieb ihm wenig mehr in Erinnerung als die schockierende Größe dieses Dings – Mrs. Cole, die es nie zu Gesicht bekam, schloß aus der Beschreibung ihres Sohnes, daß der Dildo einem beschnittenen Penis (»wie der von Daddy«, meinte er) nachgebildet war. Ebenfalls in Erinnerung blieb ihm das Geräusch, das das Ding machte, wenn man es anstellte. Der Vibrator vibrierte, klar; doch während dies nicht sonderlich auffiel (bevor die Lehrerin ihn der Zwölfjährigen aus der Hand riß und ihn abstellte), war das eigenartige Geräusch für alle, die es hörten, überraschend.

»Wie hat es sich denn genau angehört?« fragte Ruth ihren Sohn. »Ssst! Ssst! Ssst!« berichtete der Junge. Mrs. Cole stellte es sich als pulsierendes Geräusch vor – als eine Art Summen mit einem t am Ende. Dieses Geräusch ging ihr einfach nicht mehr aus dem Kopf.

Und mit diesem Geräusch kehrte die Erinnerung an die Ausgelassenheit ihres verstorbenen Gatten zurück und begann sie aufs neue zu verfolgen. Wann immer sie Hannah Grant irgendwo gesehen hatten – auf einer Party, im Supermarkt oder wenn sie ihre Tochter vor der Alternativen Schule absetzte –, hatte Ruths Mann seiner Frau etwas ins Ohr geflüstert: »Ssst! Ssst! Ssst!« hatte er gemacht. Sein fröhlicher Übermut fehlte ihr am allermeisten; der bloße Anblick von Hannah Grant erinnerte Ruth mit Nachdruck an ihr Witwendasein und an ihren Verlust.

Die Schule, in die Hannah Grants Tochter ging, war deshalb »alternativ«, weil die einzige andere Schule am Ort so schlecht war; das bedeutete nicht unbedingt, daß die Alternative Schule gut war – nur eben besser. Allerdings hatte sie auch schlechtere Seiten.

Zunächst einmal die Eltern. Da sie energisch nach einer schulischen Alternative für ihre Kinder suchten, waren sie energischer als andere Eltern – gelegentlich mischten sie sich höchst energisch in den Schulbetrieb ein. Mehrere Direktoren und Direktorinnen wurden abserviert – meist weil sie es nicht schafften, sich gegenüber besonders energischen Eltern zu behaupten, oder weil sie sich ihnen gegenüber etwas zu heftig behaupteten. Die Sitzungen der Schulverwaltung waren die reinsten Schlammschlachten. Während sich handgreifliche Auseinandersetzungen nicht mit der Philosophie der Schule vereinbaren ließen, waren Verbalinjurien an der Tagesordnung.

Bei einer inzwischen legendären Sitzung schlug Hannah Grant zum Abbau von Streß Einläufe mit Kaffee vor. Es wurde mißverstanden, wie konsequent ihrer Meinung nach die Einläufe verabreicht werden sollten; zunächst hörte sich das Ganze eher nach einer beiläufigen Empfehlung an – ungefähr so: »Wenn ich unter übermäßiger Anspannung stehe, dann finde ich einen Kaffee-Einlauf manchmal recht hilfreich.« Aber nein! Hannah hatte einen umfassenderen Vorschlag im Sinn. Sie wollte die anderen Sitzungsteilnehmer so weit bringen, sich vor den Verwaltungsratssitzungen Einläufe mit Kaffee zu machen. (Ruths verstorbener Gatte pflegte zu sagen, daß sich dadurch nichts am Grad ihrer Entleertheit ändern würde.) Hannah verlangte außerdem, der Lehrkörper solle sich ebenfalls Kaffee-Einläufe applizieren – »sobald ein Lehrer oder eine Lehrerin irgendeine Animosität gegenüber einem Kind empfindet«. Aber Hannah machte auch hier noch nicht halt; sie forderte, daß auch den Schülern ein Kaffee-Einlauf pro Woche verordnet werden sollte. (»Es lebe die verordnete Infektionsgefahr!« hatte Ruths verstorbener Gatte dazu gemeint.)

Jahrelang kursierten in Bellows Falls jede Menge Kaffee-Einlauf-Witze. Daß Hannahs Vorschlag abgelehnt wurde, tat ihrem Dünkel moralischer Überlegenheit keinen Abbruch; sie trug stets eine sittliche Reinheit zur Schau, die die Enthüllung ihres phantastischen Vibrators im Rahmen von »Zeigen und erzählen« Lügen strafte. (Ruths verstorbener Gatte war überzeugt, daß Hannah den batteriebetriebenen Dildo unmittelbar im Anschluß an ihre »anregende« Stippvisite im Pornoladen von Bellows Falls gekauft und benutzt hatte.)

Daß es Mrs. Cole dazu trieb, Hannah Grant mit einer beinahe perfekten Nachahmung des von ihrem Vibrator erzeugten Geräuschs zu konfrontieren, hatte zweierlei Gründe: Zum einen hatte Ruth den sehnlichen Wunsch, ihres verstorbenen Gatten Sinn für Humor wieder zum Leben zu erwecken, zum anderen wußte sie, daß sie, sofern sie Hannah nicht unmittelbar etwas antat, notgedrungen über sie schreiben müßte, und das wäre schlimmer gewesen. Als Romanautorin war es Mrs. Cole zuwider, über lebende Personen zu schreiben;

sie empfand es als Versagen der Phantasie, denn jeder Autor, der diese Bezeichnung verdiente, mußte in der Lage sein, Charaktere zu erfinden, die interessanter waren als irgendwelche lebenden Personen. Hannah Grant zu einer Romanfigur zu machen, und sei es nur, um sie zu verspotten, wäre so etwas wie Schmeichelei gewesen.

Außerdem ergab sich der Augenblick, in dem Mrs. Cole beschloß, das Geräusch von Hannahs Vibrator zu imitieren, ganz zufällig; er war keineswegs – recht untypisch für einen Ruth-Cole-Roman – vorausgeplant. Ausgangspunkt war das jährliche Picknick der Alternativen Schule (bei dem es sich um eine Art alternatives Schulpicknick handelte), das wie üblich nach Ablauf des Schuljahrs stattfand. Es sollte zeitlich mit dem ersten guten Badewetter des Sommers zusammenfallen. Der Fluß, der Wasserfall und der Teich auf dem Schulgelände waren extrem kalt. Und in Vermont machten die Kriebelmücken bis Ende Juni jedes Picknick zur Tortur.

Der Frühling war in diesem Jahr kalt und naß gewesen. Mrs. Cole bemerkte, daß die Kriebelmücken noch immer da waren. Sie hatte nicht die Absicht, schwimmen zu gehen; sie war noch nie bei einem Schulpicknick geschwommen, nicht einmal zu Lebzeiten ihres Mannes. Und da ihr Sohn die Alternative Schule abgeschlossen hatte, stand seine (und ihre) Anwesenheit beim diesjährigen Picknick eher im Zeichen eines Ehemaligentreffens, einer Art Wiedersehen, das mit Mrs. Coles erstem richtigen Ausflug in die Öffentlichkeit, seit sie Witwe geworden war, zusammenfiel. Einige Leute waren überrascht, sie zu sehen; nicht so Hannah Grant. »Wird Ihnen guttun«, sagte Hannah zu Ruth. »Höchste Zeit, daß Sie wieder in die Welt hinausgehen.«

Wahrscheinlich war es das, was Mrs. Cole zum Nachdenken brachte. Sie betrachtete das Picknick der Alternativen Schule nicht gerade als »die Welt«, und es lag ihr auch nichts daran, von Hannah Grant beglückwünscht zu werden.

Ruth ließ sich durch den angenehmen Anblick ihres Sohnes ablenken. Wie er gewachsen war! Und seine ehemaligen Schulkameraden... ja, freilich, die waren auch erwachsen geworden. Sogar Hannahs leidgeprüfte Tochter, wie Mrs. Cole feststellte; sie war ein recht hübsches Mädchen, fröhlich und unbefangen – jetzt, wo sie ins Internat ging, jetzt, wo sie nicht mehr im selben Haus mit dem gespenstischen Film über ihre eigene Geburt und dem entsetzlichen Lustinstrument ihrer Mutter wohnte. (So jedenfalls sah Mrs. Cole die Angelegenheit.)

Um sich weiterhin abzulenken, beobachtete Ruth die kleineren Kinder. Sie kannte nicht viele von ihnen; und die jüngeren Eltern waren ihr zum Teil auch fremd. Die Lehrerin, die Hannahs Tochter den vibrierenden Dildo abgenommen hatte, kam auf sie zu und setzte sich neben sie; Ruth hörte nicht, was sie erzählte – sie überlegte angestrengt, wie sie ihre Frage wohl formulieren könnte und ob sie es wagen würde, sie zu stellen. (»Als Sie das Ding an sich genommen haben, wie heftig hat es da vibriert? Ich meine, wie ein Mixer vielleicht, oder wie ein Pürierstab, oder war es... irgendwie... sanfter?«) Aber natürlich würde Mrs. Cole eine solche Frage nie stellen. Statt dessen lächelte sie. Irgendwann schlenderte die Lehrerin wieder davon.

Als der Nachmittag dem Ende zuging, begannen die kleineren Kinder zu frösteln. Die Wiese neben dem Teich lag jetzt im Schatten. Auch auf dem Parkplatz standen frierende Kinder herum, als Mrs. Cole und ihr Sohn den Picknickkoffer, die Handtücher und die Decken im Kofferraum ihres Autos verstauten. Sie hatten neben Hannah Grant und ihrer Tochter geparkt; sogar Hannahs zweiter Mann, ein Arzt, der sich bei gesellschaftlichen Anlässen selten blicken ließ, war da. Wind kam auf; die kleinen Kinder quengelten. Ein floßähnliches Ding wurde vom Wind erfaßt; es flog einem kleinen Jungen aus der Hand und landete auf dem Dach von Hannah Grants Auto. Ihr Mann wollte danach greifen, aber es flog weiter. Ruth Cole erwischte es im Flug.

Es war eine nur noch halb aufgeblasene Luftmatratze, blau und rot, und der kleine Junge, dem sie entwischt war, rannte auf Mrs. Cole zu. »Ich wollte die Luft rauslassen«, sagte er. »Sonst paßt sie nicht ins Auto. Und da ist sie weggeflogen.«

»Paß auf, ich zeig' dir einen Trick«, sagte Ruth Cole zu dem Jungen. Sie sah, daß Hannah Grant sich hinunterbeugte und sich auf ein Knie niederließ, um ihren Schuh zuzubinden. Ihr Mann saß bereits hinter dem Steuer; ihre samengespendete Tochter saß mißmutig und allein auf dem Rücksitz – durch dieses Wiedersehen zweifellos in ihre schreckliche Kindheit zurückversetzt, wie Mrs. Cole vermutete.

Ruth suchte auf dem Parkplatz nach einem passenden Kieselstein. Sie schraubte die Kappe ab, die auf dem Ventil der blauroten Luftmatratze saß, und steckte den Kiesel so an das Ventil, daß er den Stift in der Mitte hinunterdrückte. Zischend strömte die Luft aus.

»Du brauchst den Kiesel nur hinunterzudrücken«, erklärte Mrs. Cole dem Jungen. »So«, sagte sie. Die Luft entwich stoßweise aus der Matratze. »Und wenn du die Matratze fest zusammendrückst, so wie ich, geht die Luft schneller raus«, fügte sie hinzu.

Doch als Ruth es ihm vormachte, ließ die ausströmende Luft den Kiesel gegen das Ventil klappern. Hannah hörte das Geräusch in dem Augenblick, in dem sie sich aufrichtete.

»Ssst! Ssst! Ssst!« machte die blaurote Luftmatratze. Das Entzücken stand dem kleinen Jungen ins Gesicht geschrieben; es war ein herrliches Geräusch – für ihn. Aber Hannah Grants Miene verriet die plötzliche Erkenntnis, daß sie ertappt worden war. Ihr Mann hinter dem Steuer drehte den Kopf nach dem Geräusch um; dann drehte sich auch Hannahs Tochter zu dem Geräusch um – und sogar Ruth Coles Sohn, der zweimal unfreiwillig mit Hannah Grants Privatleben konfrontiert worden war, wandte sich um, da er das herrliche Geräusch wiedererkannte.

Hannah starrte Mrs. Cole und die rasch zusammenschrumpfende Luftmatratze an, als hätte man sie vor einer gaffenden Menge ausgezogen.

»Sie haben recht; es ist wirklich an der Zeit, daß ich wieder in die Welt hinausgehe«, sagte Ruth zu Hannah. Doch zum Thema »Welt« – und was das war und wann die Zeit reif war, daß man sich wieder gefahrlos hinauswagen konnte – hatte die blaurote Luftmatratze das letzte, maßgebliche Wort.

»Ssst!«

John Irving wurde am 2. März 1942 in Exeter im US-Bundesstaat New Hampshire geboren. 1969 veröffentlichte er seinen ersten Roman *Laßt die Bären los*, eine Geschichte zweier österreichischer Jugendlicher, die die Tiere des Wiener Zoos freilassen wollen, um gegen die Wiederkehr des Faschismus zu protestieren. Weltruhm erlangte Irving vor allem mit zwei Romanen: *Garp und wie er die Welt sah* sowie *Das Hotel New Hampshire*.

SIEBER
ANGELINA

Stanisław Lem

Die blaurote Luftmatratze

Guido Sieber

»Lieber Doktor«, sagte ich. »Sie sind nicht nur mein Leibarzt, sondern auch ein Freund des Hauses. Das Problem, das ich Ihnen anvertrauen möchte, gehört sicherlich nicht in den Bereich der Medizin, aber ich befinde mich in einer Lage, daß ich keinem mehr vertraue – außer Ihnen.«

Während Doktor Gordon, der Psychiater, an seiner Pfeife zog, blickte er mich mit einem Ausdruck an, als verkneife er sich ein nachsichtiges Lächeln. Vielleicht denkt er, mir würde dasselbe passieren, was mit meinem Vater geschehen war, schoß es mir durch den Kopf. Aber nach meinen einleitenden Worten konnte ich nicht mehr zurück.

»Im übrigen sind Sie ja«, fuhr ich etwas trockener fort, »an das Arztgeheimnis gebunden, das dem Beichtgeheimnis ähnelt. Es geht darum – Sie hören mir doch aufmerksam zu? –, daß man mich im Visier hat. Daß man mich ›anpeilt‹, wie es im Fernsehen und in der Presse heißt. Ich bin mir nicht hundertprozentig sicher, aber...«

»Moment«, sagte Gordon. Er klopfte die Pfeife systematisch über dem silbernen Aschenbecher mit den drei Amorfiguren aus. »Das mit dem ›Anpeilen‹ müssen sie mir erst einmal erklären. Sie fühlen sich wohl persönlich bedroht – man will Sie entführen, nicht wahr?«

»Natürlich. Es hat schon etliche solcher Fälle gegeben. Hier ist die *New York Times* vom Montag. Am Beispiel von Bill Harkner wird ausführlich beschrieben, wie eine ›Entführung in die virtuelle Realität‹ abläuft. Ich kannte ihn sogar, wir waren auf demselben College. Sie haben es sicher gelesen.« – »Ich habe es nur überflogen. Das gehört ja, wie Sie wissen, nicht zu meinem Fachgebiet. Der falsche Gebrauch, den man von der modernen Technik macht, ist inzwischen so verbreitet und so unüberschaubar, daß ein einzelner sich nicht mehr in allen Dingen auskennen kann. Aber reden Sie bitte weiter. Können Sie denn – er lächelte kaum merklich – sicher sein, daß das, was Sie hier in meinem Sprechzimmer sagen, ausschließlich an meine Ohren dringt?«

»Dann wissen Sie jedenfalls, daß Bills Entführung nur durch Zufall nicht mit seinem Tod endete?«

»Natürlich weiß ich das. In dem Viertel, wo man ihn auf einem Dachboden gefangenhielt, brach die Stromversorgung zusammen, und er wachte auf, das heißt, er begriff, wer er wirklich ist und was lediglich eine vom Phantomisator erzeugte Illusion war. Und sie glauben, daß man es auch auf Sie abgesehen hat? Haben Sie irgendwelche Anhaltspunkte?«

Ich wußte nicht recht, ob Gordon meine Sorge vollkommen ernst nahm. Hätte er es vielleicht lieber gesehen, wenn ich ein Opfer der für sein Fachgebiet typischen Halluzinationen gewesen wäre? Aber wie auch immer – nachdem ich mich so weit vorgewagt hatte, mußte ich weiterreden.

»Das ist so«, sagte ich. »Noch vor fünf Jahren kam mir diese ganze Sache mit der

Investition in ›virtuelle Technik‹ oder ›Realität‹ nicht seriös vor. Das ist so eine Manie, dachte ich, wie früher das Jo-Jo. Ich wollte nicht bei Visionary Machines einsteigen, obwohl meine Broker mich beschwatzten, wenigstens mit zwanzig Prozent des Aktienpakets einzusteigen. Aber ich habe nicht daran geglaubt. Mir kam vielmehr sogleich der Gedanke, daß nach dem Computer crime nun das Virtuality crime entstehen würde. Und ich hatte recht. Aber Sie verstehen sicher, daß ein Mann in meiner Position, mit meinem gesellschaftlichen Ansehen und so weiter, sich nicht mit Dingen abgibt, die zunächst ein gefundenes Fressen für Journalisten und Thrillerautoren waren?«

»Das alles hätten Sie gar nicht zu erwähnen brauchen«, bemerkte Gordon. Seine Pfeife war ausgegangen, er stocherte darin herum zu meinem nicht geringen Verdruß, weil ich doch eine gewisse Aufmerksamkeit für meine Worte erwartete. Ich war schließlich nicht irgendwer, sondern Gordons Patient; er hatte mich stets so hinreichend geschätzt, daß seine vierteljährlichen Rechnungen Rekordhöhe erreichten.

»Mag sein«, fuhr ich fort. »Zumindest in einem Punkt haben mich meine Erwartungen nicht getrogen: Seit die Qualität der virtuellen Realität an die Qualität der wirklichen Welt heranreichte, seit es immer schwerer wurde, diese phantomatischen Illusionen von der gewohnten Realität zu unterscheiden, bekam die Sache einen sehr häßlichen Anstrich – und sie kam in Schwung.«

»Ich weiß.« Nach einigem Bemühen gelang es Gordon, die Pfeife wieder anzuzünden. »Ich weiß. Eigentlich besteht die sogenannte ›Entführung‹ nur darin, den Menschen mit all seinen Sinnen von der Welt ›abzukoppeln‹ und an einen Computer, der die Welt simuliert, ›anzukoppeln‹. Aber wissen Sie, mein Lieber, Sie sollten sich in dieser Sache besser an gute Anwälte wenden – daran fehlt es Ihnen ja nicht – oder an Phantomatik-Ingenieure. Die Psychiatrie kann da nicht viel ausrichten...«

»Eigenartig, was Sie da sagen«, warf ich ein. »Der Witz ist doch gerade, daß jemand, der den Eindruck hat, in eine elektronische Fiktion versetzt zu sein, praktisch keine Möglichkeit hat, sich davon zu überzeugen, wie es wirklich um ihn steht. Ob er sich im Wachzustand befindet oder in einer elektronischen Zwangsjacke...«

»Wissen Sie was?« Wieder war ihm die Pfeife brutzelnd ausgegangen. »Wir sollten vielleicht nicht mehr um den heißen Brei herumreden, sondern zur Sache kommen. Wer peilt Sie an? Wozu, glauben Sie, will man an Ihnen das vornehmen, was wir als sensorische Deprivation und Restitution unter dem Einfluß eines Simulationsprogramms bezeichnen? Worauf stützen sich Ihre Befürchtungen und Verdächtigungen?«

»Darauf, daß Bill genau wie ich Teilhaber der IBV Machines war und wir beide recht ansehnliche Konten hatten, und außerdem waren beziehungsweise sind wir beide von Personen – belassen wir es bei ›Personen‹ – umgeben, die mit einer Erbschaft rechnen können...«

»Verdächtigen Sie jemanden aus der Familie?«

»Aber Doktor, Sie sind Arzt, nicht Jurist. Hätte ich einen konkreteren, begründeten Verdacht, würde ich mich über einen von meinen Leibwächtern an Privatdetektive wenden. Da ich niemanden konkret in Verdacht habe, will ich lieber nicht davon reden. Es geht einfach darum, daß man Bill unter nicht genau bekannten Umständen entführt hat, daß man ihm diese Haube mit Elektroden übergestülpt hat, daß man ihn auf irgendeinem Dachboden in eine Ecke gelegt und er dort zwei Wochen gelegen hat, ohne daß er auch nur ein Häppchen gegessen hat, obwohl es ihm schien, als fresse er sich in den besten Lokalen voll, umgeben von Odalisken oder Nymphen. Er hatte immer eine Schwäche für Mädchen von leichterem Lebenswandel und schwererem Gewicht. Aber darum geht es mir nicht. Als der Strom wegblieb, konnte er sich befreien. Er hatte an die 25 Kilo verloren, und er schleppte sich mit letzter Kraft an ein Telefon. Er weiß nicht, wer dahintersteckt, zumindest gibt er an, es nicht zu wissen, aber ich habe da so meine Vermutungen. Es ging um ein sogenanntes Vacuum iuris. Das haben mir meine Juristen erläutert. Ohne Gesetz kein Verbrechen. Er wäre dort verhungert, und irgendwann hätte man seine Überreste entdeckt, und natürlich wären alle Spuren dieser ›Entführung‹ beseitigt gewesen, so daß es danach ausgesehen hätte, als sei er, sagen wir, verrückt geworden und habe sich zu Tode gehungert. Dann wäre der Kampf zwischen den Anwälten der Erben losgegangen. So macht man das heute; so schreibt man darüber.«

»Verstehe. Demnach verdächtigen Sie jemanden aus Ihrer Verwandtschaft beziehungsweise Personen, die Sie in Ihrem Testament bedacht haben, ähnlicher Gelüste, und Sie möchten...«

»Verzeihung, Doktor. Ich hatte und habe

SIEBER

nicht die Absicht, über die Erbschaft oder darüber, was aus meinen Millionen werden mag, mit Ihnen zu sprechen. Ich möchte mir lediglich von Ihnen als Fachmann erklären lassen, wie man eine falsche Realität von der echten unterscheiden kann. Mehr nicht. Sonst hole ich mir, mit Verlaub, woanders Rat.«

»Soll ich Ihnen was sagen? Sie sind nervös. Nein, lassen Sie mich bitte ausreden. Einstweilen, ich betone: einstweilen, befinden Sie sich in der echten Realität, und das, was ich Ihnen über die Methoden der Unterscheidung sagen kann, gehört zu den Randbereichen meines ärztlichen Fachgebiets. Ein Programmierer könnte Ihnen mehr darüber sagen...«

»Aber kein Programmierer ist verpflichtet, absolutes Stillschweigen über das zu bewahren, was ich Ihnen anvertraue. Schon das Gerücht von meinen Befürchtungen kann mich meinen Kredit kosten. Also verdammt noch mal, Doktor, werden Sie mich nun aufklären oder nicht?«

»So gut ich kann.« Wieder war ihm die Pfeife ausgegangen, und ich hatte Lust, sie ihm aus der Hand zu reißen und aus dem Fenster zu schmeißen. »Das ›Anpeilen‹, wie Sie es genannt haben, besteht bekanntlich darin, daß die dem Kandidaten vertraute Umgebung filmisch, fotografisch, akustisch und so weiter mit größter Genauigkeit aufgezeichnet wird. Das bildet dann die Grundlage des Programms. Außerdem muß man sich natürlich im ganz persönlichen und privaten Leben des Kandidaten auskennen. Gelegentlich soll es ›Generalproben‹ mit ›Stuntmen‹ geben. Je genauer alles, was die Umgebung des Betreffenden ausmacht, seine Familie, seine Bekannten und so weiter, aufgezeichnet werden kann, desto größer die Chance, daß der Entführte darauf hereinfällt und die Fiktion nicht von der Realität unterschieden wird.«

»Aber das weiß ich doch. Das kann man in jeder Zeitung lesen. Wozu erzählen Sie mir das?«

»Um Ihnen klarzumachen, daß es praktisch unmöglich ist, eine vertraute Umgebung auf diese Weise zu imitieren. Ausgeschlossen. Sie brauchen bloß irgendwelche alten Briefe in Ihrem Panzerschrank zu haben oder ein Foto aus früheren Jahren, an das Sie sich gut erinnern, und wenn Sie dann plötzlich nichts mehr finden, wird der Verdacht, daß Sie entführt worden sind, unabweisbar. Dann können Sie sich an niemanden um Rat und Hilfe wenden... und wissen Sie, warum?«

»Ich habe davon gelesen. Wenn ich mich in einer geschlossenen Fiktion befinde, wird derjenige, den ich um Hilfe bitte, ebenfalls ein Produkt dieser Fiktion sein, und er wird mich davon zu überzeugen versuchen, daß ich mich in der Realität befinde.«

»Richtig, so ist es. Und das ist die historisch vollkommenste, auf Technologie basierende Methode, den Solipsismus zu erzeugen, den Bischof Berkeley...«

»Lassen Sie bitte die Bischöfe aus dem Spiel, Doktor. Was tue ich dann? Reden Sie doch endlich!«

»Um die Unterscheidung maximal zu erschweren, versetzen die Programmierer den Entführten in der Regel in eine ihm völlig fremde Umgebung. Angenommen, er tritt aus dem Haus, und ein Bote kommt mit einem Telegramm auf ihn zugestürzt, oder er bekommt einen Anruf von einem angeblichen Freund, er solle sich unverzüglich dort und dorthin begeben, was er auch tut, und dann kommt ihm die Orientierung in der realen Welt abhanden. Auch Menschen aus seiner engeren Umgebung werden irgendwie ›liquidiert‹. Die Frau mußte plötzlich verreisen, den Butler hat der Rettungswagen abgeholt, weil er einen Herzanfall bekam, und so weiter.«

»Aha. Plötzliche Veränderungen im Alltagsleben wären also ein warnendes Vorzeichen?«

»Das könnte man sagen, aber es sind keine verläßlichen Vorzeichen. Wie das Ganze arrangiert wird, hängt vom Einfallsreichtum des Programmierers ab.«

»Also, was mache ich dann, zum Teufel noch mal?«

»Sie müssen etwas machen, worauf die Programmierer nicht kommen können; sie nennen das ›Zusammenbruch des Programms‹. Vor dem Phantomatisierten tut sich dann eine vollkommene Leere auf. Sie beweist ihm, daß er nicht in der Realität ist!«

»Woher soll ich wissen, auf was dieser verbrecherische Programmierer nicht kommen kann?«

»Dafür habe ich kein allgemeingültiges Rezept. Sie befinden sich dann in einer Spielsituation: Sie spielen mit der Maschine, das heißt, mit dem Computer, an den Ihr Gehirn angeschlossen ist, und Sie müssen selbst – Sie ganz allein – entscheiden, was noch möglich ist und was nicht.«

Wenn ich also sehen würde, wie eine fliegende Untertasse mit kleinen grünen Männchen landet...«

»Ach, mein Lieber, mit so primitiven Dingen kommen die nicht. Die Realität muß auf gediegene Weise imitiert sein. Mehr kann ich Ihnen nicht sagen, ich kann Ihnen nur den allgemeinen Rat geben: Im Schlaf, beim Baden, bei der Morgentoilette müssen Sie besonders auf der Hut sein. Aber Sie haben ja Ihre Leibwache, nicht wahr?«

»Ja, ja! Vielen Dank, Doktor. Ich sage nicht, daß ich von Ihnen Wunder erwartet hätte, aber ein bißchen enttäuscht bin ich schon von Ihnen. Ich werde Sie nächsten Freitag wieder aufsuchen...«

*

Dem gepanzerten Ferrari, mit dem ich nach Hause fuhr, merkte man seine drei Tonnen Gewicht gar nicht an. Mit diesem Kauf war ich zufrieden. Vor mir und hinter mir fuhren meine Leute. Der Gedanke, daß meine Lebensweise mich einem Mafiaboß immer ähnlicher werden ließ, gefiel mir gar nicht. Immer mehr Artillerie, immer weniger Vertrauen. Schön wäre es, allein irgendwo hinzufahren, möglichst weit weg, aber dann müßte man Tickets und Hotels reservieren, und weiß der Teufel, wo eine Abhörwanze stecken mochte. Vermutlich hatte Doktor Gordon recht damit, daß man sich in seiner vertrauten Umgebung aufhalten sollte, das wird noch das sicherste sein.

Wir standen im Stau. Die Klimaanlage tat, was sie konnte, aber es roch schon ein bißchen. Panzerglas, immerhin etwas. Der Schneider riet mir neulich zu einer kugelsicheren Weste, aber sie wog fast sechs Pfund, und außerdem heißt es, daß sie neuerdings entweder unter die Gürtellinie oder auf den Kopf zielen. Bald werden wir mit Stahl- oder Titanhelmen herumlaufen, dachte ich. Die Ampel ging auf Grün, der Ferrari schoß nach vorn, sanft wie eine Katze. Ich saß allein auf dem Rücksitz, vom Fahrer durch eine Scheibe getrennt. Das Gespräch mit Gordon hatte, warum, weiß ich nicht, einen gewissen Nachgeschmack hinterlassen. Ich fuhr mir mit der Hand über den Kopf – höchste Zeit, die Haare schneiden zu lassen. Ich kann Zöpfe bei Männern nicht ausstehen. Aber wie sollte ich das anstellen, ohne ›angepeilt‹ zu werden? Mir fiel ein, daß der Psychiater meine Befürchtungen nicht ganz ernst genommen hatte, obwohl die Geschichte mit Bill doch authentisch war. Dafür ist er Psychiater, versuchte ich einen aufkommenden Verdacht zu beschwichtigen. Wie lange hält man so ein Leben aus, abgeschirmt von Leibwächtern? Sollte man nicht einmal mit einer wirklich bedeutenden Autorität darüber sprechen, wie sich eine Entführung verhüten läßt, ach nein, wie man erkennt, ob sie schon stattgefunden hat...

Wir fuhren auf das Tor zu, das sich automatisch öffnete, ich hörte schon die Hunde bellen. Die Hunde täuschen mich nicht, sie verraten und betrügen nicht, dachte ich noch, als Peter die Autotür vor mir aufriß.

*

Ich hatte Rossini, meinen Friseur, für zehn Uhr bestellen lassen. Unmittelbar vor dem Frühstück kam der Butler und teilte mir mit, Rossini sei wegen eines Schwächeanfalls ins Krankenhaus gebracht worden, er werde mir aber seinen Vertreter schicken. Kurz nach neun tauchte ein dunkelhaariger junger Mann auf, ein typischer Italiener, nur um mir ein ordentlich verschlossenes Päckchen zu überreichen. Darin fand ich, von Plastikschnipseln umgeben, einen Brief Rossinis: In seinem schwülstigen Stil ließ er mich wissen, er können für seinen »Cousin« nicht garantieren und rate mir deshalb, mich zu seinem Schwager am Rande Manhattans zu begeben. Gegenüber dem Frisiersalon befinde sich ein Sportgeschäft; dieser Schwager könne nicht zu mir kommen, weil er niemanden habe, dem er den Salon überlassen könne. Ich ließ für alle Fälle im Krankenhaus anrufen, um die Echtheit des Briefes von Rossini bestätigen zu lassen. Er bestätigte sie, wie mein Sekretär mir sagte. Ich überdachte die Situation. Wenn ich jetzt anfinge, alle zu verdächtigen, würde ich am Ende bei Gordon in der geschlossenen Abteilung landen. Ich schickte also einen Leibwächter, damit er sich in diesem verdammten Friseursalon umschaute und mir von dort aus Bescheid gab, ob die Luft rein sei. So war es. Ich fuhr hin; ein kurzes Stück mußte ich allerdings durch die kleine Straße laufen. Tatsächlich befand sich auf der anderen Seite ein Geschäft, in dessen Schaufenster diverse Paddel, Badehosen und Luftmatratzen hingen. Eine war auf der einen Seite blau und auf der anderen rot. In Cocconis Frisiersalon war es angenehm kühl. Außer ihm war niemand da. Ich sagte ihm, er solle mir die Haare schneiden und den Kopf waschen. Als er sich mit geschickten Händen ans Werk machte, schaute ich noch einmal aus dem Fenster. Einer meiner Leute stand direkt neben der Tür.

Eigentlich lasse ich mir nicht gern den Kopf waschen, aber ich lag ruhig da, in duftende Tücher gehüllt, der Friseur kämmte mich, dann stülpte er mir ein Netz auf.

»Nehmen Sie das bitte runter.«

»Aber die Frisur hält sich so besser«, protestierte er.

»Nehmen Sie das sofort runter!«

Er nahm es ab und trocknete mir die Haare, die tatsächlich auseinanderflogen, aber das war unwichtig. Als ich auf die Straße trat, blickte ich zu dem Sportgeschäft hinüber, und ich wunderte mich, weil jetzt eine weißgrüne Luftmatratze im Schaufenster hing. Ich winkte einen der Männer meiner Leibwache zu mir.

»Ach ja, während Sie beim Friseur waren, haben sie umdekoriert«, sagte er.

Dem gab es nichts mehr hinzuzufügen. Während der Ferrari losfuhr, faßte ich mir mehrmals an den Kopf und stellte fest, daß die Haare geschnitten und noch ein wenig feucht waren. Ich hatte aber das Gefühl, als ob mir etwas am Herzen oder am Magen saugte. Ich befahl dem Chauffeur, die andere Brücke zu nehmen, wo ein furchtbarer Stau herrschte. Die Leibwache war hinter mir. Es war eigentlich nichts, aber ich hatte ein gewisses Schwächegefühl. Höchste Zeit für einen Besuch bei Gordon, dachte ich, denn auch ohne diese Angst vor der Phantomatik bekomme ich noch eine neurotische Störung. Es dauerte eine halbe Stunde, bis wir uns über diese verdammte Brücke gezwängt hatten, doch als wir schon fast zu Hause waren, erzitterte die Luft plötzlich von einer starken Explosion. Gleich hinter der Ecke stoppte uns die Polizei. Es war eine Bombe, und natürlich war sie vor meinem Domizil hochgegangen. In mir wuchs ein Verdacht. Ich ging so nah heran, wie die Feuerwehrleute mich ließen. Neben einem Polizisten stehend, betrachtete ich die Fassade, vor der sich rauchende Trümmer häuften; das ganze Obergeschoß war eingedrückt, und Mauer- und Glasbrocken waren in das ebenfalls rauchende Innere des Hauses geflogen. Ich überlegte mir schon, was ich tun mußte, um mich zu überzeugen, daß dies die wahre Realität sei. Mir fielen die Fotos der Mädchen ein, die ich im Panzerschrank im ersten Stock aufbewahrte, besonders das von Lily, das ich nie jemandem gezeigt hatte. Dessen war ich mir sicher. Die Zahlenkombination wußte ich noch, aber wie sollte ich in den ersten Stock kommen? Um den Safe herauszuholen, mußte eine regelrechte Aktion organisiert werden: ein Kran und Leute; schon sah ich diesen verdammten Panzerschrank am Haken der Stahlseile baumeln, als von oben ein Teil einer noch nicht ganz eingestürzten Wand direkt auf den Stahlschrank herunterprasselte und das Ganze in einer riesigen Staubwolke in den von Dunkel erfüllten Keller stürzte.

Jetzt tat ich etwas, das nach meiner Ansicht den Empfehlungen von Doktor Gordon entsprach. Ich ließ mich zu dem Sportgeschäft gegenüber dem Frisiersalon fahren und verlangte die blaurote Luftmatratze.

»Gerade die ist uns ausgegangen«, platzte es aus dem kleinwüchsigen Verkäufer heraus, und er schüttelte seinen kahlen Kopf. »Wir hätten für Sie eine ähnliche, eine rotgrün gestreifte – diese hier.«

»Ich möchte aber die, die vor einer Stunde bei Ihnen im Schaufenster hing.«

»Die haben wir verkauft. Wir können sie nachbestellen, sie wird noch heute...«

Wortlos verließ ich das Geschäft. Ich schaute beim Friseur herein – er grüßte mich. Jetzt wußte ich gar nichts mehr. Ich schaute auf meine Hände, nach Hause konnte ich nicht, also ließ ich mich zum »Ritz« fahren, mietete ein Appartement und telefonierte, zuerst mit meiner Frau in Florida, dann mit Gordon. Meine Frau wußte von nichts, und ich hatte keine Lust, mit ihr über die Verluste zu reden, die sie durch die Zerstörung des Hauses erlitten hatte. Wichtiger war mir das Gespräch mit Gordon, aber dort meldete sich nur der Anrufbeantworter.

Ich saß also im Ritz auf einem Sofa mit einem abscheulichen Muster aus Blümchen und Bienchen, nippte lustlos an einem Tonic und überlegte, was ich tun sollte. Die Rezeption hatte mir schon dreimal Reporter avisiert, die mich gern interviewt hätten, aber ich hatte erklärt, danach stünde mir nicht der Sinn, und zwei meiner Leibwächter waren vor der Tür postiert. Zuvor hatte ich sie aufmerksam gemustert, aber mir war nichts aufgefallen. Ich hatte mir, ehrlich gesagt, die Gesichter meiner Leibwächter noch nie genauer angesehen, und das rächte sich jetzt. Sie waren dieselben wie vorher – oder auch nicht. Im übrigen wechselten sie sich sowieso alle sechs Stunden ab. Wenn ich jetzt anfangen würde, sie auszufragen (wonach?), würde ich dem Computerprogramm, das sich meines Gehirns bemächtigt hatte – falls es tatsächlich dazu gekommen war –, höchstens noch zusätzliche, strategisch wichtige Informationen liefern. Am schrecklichsten fand ich den Moment beim Friseur, als er mir das Netz übergestülpt hatte. Ich hatte es nicht gesehen. Konnten das nicht Elektroden sein? Das war doch so eine typische phantomatisierende Haube! Vielleicht, dachte ich, liege ich ja in einer stinkenden alten Kiste auf irgendeinem Dachboden, und es ist mir absolut unmöglich, sicher festzustellen, daß ich mich wirklich im Hotel befinde. Was tun? Was tun?

Ich überlegte mir der Reihe nach die folgenden Szenarien:

1. Ich bestelle alle meine Anwälte, den Broker, den Makler, den Kassierer und den Sekretär und so weiter zum Essen ins Hotel und schaue sie mir gründlich an. – Falls ich aber mitsamt meiner Umgebung genauestens »angepeilt« worden war, würden es nicht meine Leute sein, sondern vom Computer erzeugte Phantome.

2. Ich könnte das Zimmermädchen kommen lassen (die, die mir das Tonic und dann noch mal etwas gebracht hatte; sie war recht hübsch) und sie vergewaltigen. – Falls sie aber nichts dagegen hat und nicht schreit, bekomme ich über eine eventuelle Phantomatisierung gar nichts heraus; höchstens schlittere ich noch in eine Affäre hinein, auf die ich gegenwärtig gar keine Lust habe.

3. Ich könnte so tun, als hätte ich einen Tobsuchtsanfall bekommen. – Aber das ist die dümmste Variante, denn dann bringen sie mich ins psychiatrische Krankenhaus.

4. Ich könnte jemanden ermorden. – Doch falls ich in der authentischen Realität bin, bekäme mir das nicht gut.

5. Ich muß etwas Überraschendes und völlig Unberechenbares tun!

Ich entschied mich für die fünfte Variante, fuhr ins Parterre hinunter und ging in die Hotelküche. Sehr günstig, denn nicht weit weg hingen an der Wand die verschiedensten Fleischermesser; doch zunächst packte ich einen riesigen Kessel mit Suppe am Henkel und schüttete den gesamten Inhalt über zwei Küchenjungen mit weißen Kochmützen aus, die mich entgeistert anstarrten. Weil man mir diesen Streich jedoch ungestraft durchgehen ließ, jedenfalls vorläufig, griff ich zu einer großen Gabel und begann, die in den Pfannen schmorenden Buletten irgendwo hinzuschleudern; jetzt eilten einige Männer in weißen Kitteln auf mich zu. Was soll's, sagte ich mir, kann ein Millionär etwa nicht Suppe ausschütten und mit Buletten um sich werfen, wenn es ihn danach gelüstet? Ich benehme mich wie der letzte Idiot, das ist klar, aber ich muß mir Gewißheit verschaffen...

Mit einem Messer in der Hand rannte ich aus der Küche und gelangte durch einige Korridore in die Halle. Vor der Rezeption standen einige junge Frauen, also schlitzte ich einer von ihnen das Miniröckchen auf – sie hatte jedoch einen ganz gewöhnlichen rosa Schlüpfer darunter. Der zweiten versuchte ich die Haare auszureißen, und ich war nicht wenig überrascht, als ich sie in der Hand hielt, denn sie trug eine Perücke. Hinter mir vernahm ich ein Geschrei und Gekreische, doch in der Erkenntnis, daß ich in diesem tödlichen Ringen mit dem Computer auf keinen Fall aufgeben durfte, stach ich mit dem Messer auf den Empfangschef ein. Ich traf ihn gut.

*

Jetzt sitze ich in einer Zelle, angeklagt wegen Mordes. Meine Anwälte bemühen sich um ein psychiatrisches Gutachten, aus dem hervorgeht, daß ich im Zustand der Unzurechnungsfähigkeit gehandelt habe. Wenn es nicht gut ausgeht, kann ich sogar auf den elektrischen Stuhl kommen.

Aber kann ich mir dessen auch ganz sicher sein?

Stanisław Lem, geboren 1921 im galizischen Lemberg, war mit einem IQ von 180 das intelligenteste Kind in Südpolen. Er studierte nach dem Krieg in Krakau Medizin, interessierte sich aber mehr für Physik, Kosmologie und Philosophie. Als Universaltalent schrieb er nebenher Gedichte, Humoresken, Märchen, Fabeln und Essays. Zu Weltruhm gelangte er allerdings als Meister der Science-fiction-Literatur, die er salonfähig machte, indem er literarisch weit über die Phantasien seiner Vorgänger Jules Verne und H.G. Wells hinausging. Seine zahlreichen Werke sind in mehr als dreißig Sprachen übersetzt, wurden millionenfach aufgelegt und mehrfach verfilmt. Stanisław Lem lebt heute wieder mit seiner Frau in Krakau und schreibt noch immer gern Rezensionen über Bücher, die gar nicht existieren.

Jakob Arjouni

Die blaurote Luftmatratze

Frank Flöthmann

Er hatte es versaut! Keine Frage. Er war Chef des Sicherheitsdienstes und hatte die Übergabe geleitet. Dabei war es egal, daß in den Bleibehältern der Russen anstatt Plutonium ein Zettel gelegen hatte mit den hingeschmierten Worten »Arsch leck! Alle Nazi-Hitlers doof wie Scheiße!« und daneben zwei abgeschnittene Schweinehoden. Die Koffer seiner Männer waren ja auch nicht mit Geld gefüllt gewesen, sondern mit Klopapier. Die ganze Übergabe war ein einziger Witz gewesen, allerdings für zwei Russen und einen seiner Männer mit tödlichem Ende. Einen Moment nicht aufgepaßt, und plötzlich hatte dieser kleine krummbeinige Iwan eine Kanone in der Hand gehabt. Woher? Tja! Die Übergabe hatte am See stattgefunden, und alle waren in Badehosen gekommen. Seine Idee. Eine Spitzenidee! Der Boß hatte ihn vorher noch dafür gelobt. Und dann das... Es gibt nur eine Möglichkeit, wo ein Mann mit Badehose eine Pistole verstecken kann, und im nachhinein erinnerte sich Harry, daß ihm noch durch den Kopf gegangen war: »Diese Krimkaffer! Immer spitz wie Lumpi!«, und das war dann auch der Moment gewesen, wo er kurz über den See geguckt und an Jessica gedacht hatte. Seine Jessica, die ihn in letzter Zeit behandelte wie den letzten Dreck. Tja, und dann war die Ballerei auch schon losgegangen. Natürlich hatten auch seine Männer in Baumlöchern und hinter Büschen allerhand Waffen versteckt und waren in Nullkommanix, was den Bleiausstoß betraf, überlegen gewesen, aber Ralle hatte dran glauben müssen – ausgerechnet Ralle, der Neffe vom Boß.

Die Tür ging auf, und Harry wurde vom Flur ins Allerheiligste gerufen. Ein großes helles Zimmer mit Parkettboden und Stuckdecke. An den Wänden hingen echte Warhols, und sämtliche Möbel hatten auf der letzten Mailänder Designermesse Preise gewonnen. Hinter dem Schreibtisch aus Chrom und Schiefer saß André von Ammersfeld und übte Pfeife rauchen. Mit richtigem Namen hieß er Horst Ruttke, und bis vor vier Jahren hatte er kaum gewußt, daß das Wort Pfeife noch was anderes benannte als einen Trottel. Noch heute war ihm das Gerät fremd, regelmäßig glühten ihm die Edelholzböden durch, und sobald ausländische Gesprächspartner oder wichtige Kunden aus der Tür waren, warf er den Kram hin und steckte sich eine gute alte Lord Extra an.

Ja, in den letzten vier Jahren seit der Maueröffnung hatte sich eine Menge verändert. Aus Ruttke-Immobilien in Steglitz war Ammersfeld International Cooperation and Management am Ku'damm geworden. Die Häuser der Firma, vorher abbruchreife Kästen in Stadtrandlage, hatten sich von einem Tag auf den anderen in begehrte Objekte in Citynähe verwandelt. Es dauerte nicht lange, und Ruttke schwamm im Geld. Ab da lief fast alles von alleine. Zur Spekulation mit Immobilien kamen andere Geschäfte, die die von Tag zu Tag offeneren Grenzen gen Osten ermöglichten, Ruttke kaufte Penthouse auf Penthouse für Freundin auf Freundin, dazu ein Fußballfeld voll Jeeps und Cabriolets, ließ sich den Bauch absaugen und Haare auf die Halbglatze pflanzen und wurde zu einem anerkannten Mitglied der Berliner Gesellschaft. Heute bekam er vom Kultursenat automatisch Premierenkarten für die Oper, und keiner störte sich daran, wenn er während der Vorstellung einen seiner Leibwächter nach Bier und Currywurst schickte. So war er eben, der »Hotte«! Selbst der Bürgermeister nannte ihn so, und Horst Ruttke dankte es ihm mit Einladungen zu Champagner-Picknicks und privaten Damenbademoden-Shows. Von Ammersfeld hieß er nur für Geschäftspartner von auswärts und die Neueingestellten in seinen Büros.

Ruttke betrachtete Harry über die kalte Pfeife hinweg. Istvan, der Harry hereingerufen hatte und neben Harry der zweite Chef in Ruttkes Sicherheitsdienst war, hockte sich lässig auf die Lehne eines Stuhlgebildes aus Kupferdrähten und Seidenblumen und begann, extra langsam einen Bubble-gum auszupacken. Das Aufreißen und Knistern des Papiers war für ein, zwei Minuten das einzige Geräusch im Zimmer. Die Fenster zum Ku'damm waren aus Panzerglas, und nicht mal eine Feuerwehrsirene wäre von der Straße zu hören gewesen.

»Tja, Harry...«, sagte Ruttke mit unterdrückter Stimme. »... Das war wohl nichts.« Und nach einer Pause: »Stimmt's, oder hab' ich recht?«

Harry blickte starr auf die Wand direkt über Ruttkes Kopf. Wie lange es diese Scherzfrage wohl schon gab? Und wie lange es sie noch geben würde? Und ob sie jemals jemand lustig fand, außer denen, die sie benutzten? Ruttke benutzte sie dauernd.

»Stimmt«, antwortete Harry, ohne den Blick von der Wand zu nehmen. In solchen Situationen mit Ruttke war es besser, nur das Nötigste zu sagen. Und selbst das war meistens falsch.

»Das heißt, ich habe unrecht?«

Harry biß leicht die Zähne zusammen. Es sollte also ein echter Anschiß werden. Wenn nur dieser Lackaffe Istvan nicht dabeigewesen wäre!

»Es stimmt, und du hast recht. Aber ich würde gern erklären...«

Weiter kam er nicht.

»Erklären!« schnauzte Ruttke. »Das würde ich auch gern! Und zwar meiner Schwester, wieso ihr Sohn bei irgendeinem läppischen Treffen mit ein paar tschetschenischen Scherzkeksen einfach so abgeknallt wurde?!«

»Bei dem läppischen Treffen ging es um Plutonium.«

»Ach, Plutonium!« Ruttke warf die Hand in die Luft. »Soweit ich weiß, waren Schweineeier in den Kisten, oder etwa nicht?«

Harry antwortete nicht. Es war sinnlos.

Ruttke setzte sich in seinem Sessel zurück und machte ein Gesicht, als wäre sein Armani-Anzug in der Reinigung eingegangen.

»Nicht, daß ich diese fette Mißgeburt von Neffen besonders gemocht hätte. Man mußte ja denken, meine Schwester hätt's mit 'm Elefanten getrieben, zuzutrauen wär's ihr. Aber ob Ralle nun das Ergebnis von 'ner wilden Nacht mit Dumbo war oder ihn die täglichen dreißig Big Mäcs so aufgepumpt haben – was ich mir nicht vor-

stellen kann, weil da ist Sesam drauf, saugt zum Kacken, hört man...« Ruttke sah kurz auf, und Istvan kicherte beifällig. Harry zwang sich zu einem Lächeln. Ruttke bildete sich eine Menge auf seinen Humor ein, und als sein Angestellter hatte man sich zu amüsieren. »...Er war jedenfalls mein Neffe! Und dabei geht's mir nicht um Itaker-Schmus, von wegen Familie, sondern darum, daß meine Schwester seit vier Tagen ununterbrochen anruft und mir abwechselnd die Ohren vollheult und damit droht, irgendwelche kriminellen Geschäfte auffliegen zu lassen, in die ich ihren Sohn angeblich reingezogen hätte – keine Ahnung, was sie damit meint. So!« Er knallte die flache Hand auf den Tisch. »Jetzt verstehst du hoffentlich, warum ich einigermaßen sauer bin! Hätte doch irgend jemand anders von euch dran glauben können! Außer dir, mein' ich natürlich.«

Harry verlagerte sein Gewicht von einem Bein aufs andere und wartete. In sein linkes Ohr drang das Knatschen von Istvans Kaugummigekaue. Ruttke steckte sich eine Lord Extra an und blies den Rauch wie einen letzten Rest Wut zur Decke.

»Na schön«, sagte er dann und zuckte die Schultern. »Passiert ist passiert – und wenn wo was passiert ist, wo nichts mehr zu machen ist, dann ja wohl bei 'nem Toten. Stimmt's, oder hab' ich recht?«

Harry spürte, wie Istvan ihn von der Seite mit seinen kleinen braunen Augen beobachtete und auf die erneute Demütigung wartete. Es war ein offenes Geheimnis, daß sie sich nicht mochten. Bei Istvan hatte das einen praktischen Grund: Er wollte alleiniger Chef des Sicherheitsdiensts werden. Harry dagegen fand Istvan einfach zum Kotzen: die bunten Seidenhemden, das zurückgekämmte, ölige Haar, der gefärbte Schnurrbart, der Diamant im Ohr, diese samtweiche Schlagersängerstimme! Istvan brauchte bloß den Mund aufzumachen, und Harrys Boxerschultern spannten sich zur ersten Runde.

Harry räusperte sich: »Es stimmt, und du hast recht.«

Ruttke grunzte zufrieden. Dann wurde er sachlich. Er gab Anweisungen, wie sich jeder bei den ins Haus stehenden Polizeiermittlungen zu verhalten habe, und beauftragte Istvan, mit zwei kräftigen Kerlen bei seiner Schwester vorbeizuschauen, ihr das herzliche Beileid der Ammersfeld-Belegschaft auszurichten, ihr eine großzügige Entschädigung in Aussicht zu stellen und nebenbei darauf hinzuweisen, daß ein Toter in der Familie nicht etwa wie ein Art Gottesopfer funktioniert, wonach die anderen Familienmitglieder gegen's Sterben unter mysteriösen Umständen gefeit wären.

So! Damit hätten wir, glaube ich, alles geregelt. Jetzt trinken wir noch einen, und Schwamm drüber. Istvan, schaff mal den Grappa her! Und guck, daß die Gläser sauber sind! Seit wir diese polnische Putzfrau haben... Am besten, du wäschst sie noch mal ab, und laß dir Zeit dabei.«

Als Istvan das Zimmer verlassen hatte, stützte Ruttke den Ellbogen auf den Tisch, legte das Kinn in die Hand und betrachtete Harry einen Moment nachdenklich, fast zärtlich.

»Was ist los, mein Junge? Du siehst in letzter Zeit irgendwie immer so... so ausgeschissen aus. Als hättest du angefangen, Gedichte zu lesen.«

Harry tat, als sei er voll damit beschäftigt, sein Notizbuch zu verstauen.

»...Ich meine, jeder hat mal Zeiten, wo's ihm nicht gutgeht«, fuhr Ruttke fort. »Das Wetter, die Verdauung, 'n eingewachsener Nagel oder auch das Innere, klar, bin doch nicht aus Stein. Auch ich hab' Momente, wo ich mich frage, was das alles soll: Geld, Weiber, Rum – ich mein Ruhm. Und dann überleg' ich Sachen wie: Wo komm' ich her, wo geh' ich hin, was ist der Sinn, und was kommt nach'm Tod. Bin ich ich, bist du du? Na ja, so Zeug eben. Aber was soll ich sagen, das geht vorbei. ...Hat es was mit Jessica zu tun?«

Vielleicht war das das ganze Geheimnis von Ruttkes Erfolg: Er schaffte es, die Leute, selbst die, die ihn gut kannten, in völliger Sicherheit oder Langeweile zu wiegen, um dann plötzlich die entscheidende Frage, das

entscheidende Angebot oder die entscheidende Drohung auszusprechen. Wenigstens für einen Augenblick stand seinem überraschten Gegenüber dann die Wahrheit im Gesicht, und von diesem Augenblick ließ ihn Ruttke nicht mehr zurück.

Harrys Mund öffnete sich kurz, dann senkte er den Blick und schüttelte den Kopf: »Mit uns ist alles in Ordnung.« Er machte sich am Reißverschluß seiner Sportjacke zu schaffen. »Hab' in den letzten Wochen ein bißchen Ärger mit den Handwerkern gehabt. Weißt ja, wir lassen uns gerade 'n Pool bauen. Außerdem ruft Jessicas Mutter dauernd an, weil ihr Kurzzeitgedächtnis futsch ist. Verstehst du? Sie sagt sich, heute ruf' ich mal meine Tochter an, tut's, Jessica redet mit ihr, alles wunderbar, sie legen auf, fünf Minuten später klingelt's wieder: Meine Jessi! Endlich erreich' ich dich! Und das zwanzigmal am Tag. Wenn's so weitergeht, müssen wir uns 'ne neue Leitung legen lassen... Na ja, ein paar Nervereien, nichts Schlimmes.«

Eine Pause entstand. Ruttkes Blick lastete auf Harrys Gesicht. Harry versuchte, zu gucken, als verstehe er nicht genau, was Ruttke eigentlich von ihm wollte.

Schließlich nickte Ruttke leicht. »Wenn du's sagst. Aber ich sag' dir auch was: Jessica ist 'ne klasse Frau. So eine findest du nicht so schnell wieder. Also, mach keinen Scheiß!«

»Ich?!« fuhr Harry auf und bereute es im selben Moment.

Über Ruttkes Lippen ging ein Lächeln.

»...So ist das also. Tja, dazu fällt mir nur ein: Vielleicht kümmerst du dich nicht genug um sie. Ich meine...«, er grinste, »...du weißt schon. Lieben tut sie dich jedenfalls, hat sie mir selber oft genug gesagt, und mich lügt keiner an.«

»Wie... hat sie dir gesagt? Wieso dir?«

»Glaubst du, wir telefonieren nicht hin und wieder miteinander? Sie ist schließlich die Frau von meinem besten Mann.«

Harrys Augenbrauen hatten sich zusammengeschoben, und für einen Moment musterte er Ruttke unverhohlen skeptisch. Die letzten Wochen mit Jessica waren so furchtbar gewesen, daß er, was sie betraf, nicht mehr klar denken konnte. Hinter jedem Mann, der mit ihr Kontakt hatte, und sei es ihr schwuler Innenarchitekt, vermutete er einen Nebenbuhler. Das ging so weit, daß er morgens, wenn er zur Arbeit fuhr, bei jedem in der Nähe ihres Bungalows allein herumlaufenden oder -stehenden Mann den Wagen anhielt und wütend durch die Scheibe prüfte, ob er ein Kandidat für Jessica sein könnte. Er hatte sie immer geliebt, aber wie schmerzhaft, war ihm erst in den letzten Wochen aufgegangen.

Ehe Harry noch etwas sagen konnte, ging die Tür auf, und Istvan kam mit Schnaps und Gläsern.

Als Istvan und Harry nachher draußen den Flur entlanggingen, säuselte Istvan, während er seine öligen, schwarzen Locken in Form strich: »Ich hab' mir überlegt, ich nehm' dich mit zur Schwester vom Chef.«

Harry kam die Galle hoch. Er konnte nichts dagegen tun: Er fuhr herum, packte den kleinen Mann am Sakkokragen, hob und stieß ihn gegen die Wand, daß Istvan die Luft wegblieb, und zischte: »Mich nimmt niemand irgendwohin mit! Und schon gar nicht so 'ne verhinderte Ballerina wie du!«.

In dem Moment trat Ruttke in den Flur und hielt verdutzt inne. Dann hob er die Arme und sagte: »Kinder, Kinder...! Wir haben zu tun!«

*

Am Nachmittag erledigte Harry Routinearbeiten: bei ein paar säumigen Wirten Geld eintreiben, den wichtigsten Koksverteiler von Ammersfeld International Cooperation and Management im Krankenhaus besuchen und mit einem afghanischen Waffenankäufer die Übergabemodalitäten besprechen. Gegen sechs kam er endlich weg. Er rannte durch den Regen zu seinem gebraucht gekauften dunkelblauen Jaguar. Es war Ende Mai, und seit einer Woche goß es wie aus Kübeln. Harry war in Berlin geboren, aufgewachsen, alles – aber an das Berliner Wetter würde er sich nie gewöhnen.

Der Jaguar schnurrte den Ku'damm hinunter Richtung Zehlendorf. Vor drei Jahren waren er und Jessica aus einer Dreizimmerwohnung in Neu-Westend in den Bungalow am Schlachtensee gezogen. Damals war die Welt noch in Ordnung gewesen. Harry hatte an Ruttkes Seite Sprosse um Sprosse auf der Erfolgsleiter erklommen und geglaubt, das höre nie auf: immer höher, immer weiter, immer toller. Doch irgendwann war die Leiter zu Ende gewesen, hatte Harry alles erreicht, was der Sicherheitsdienst-Chef einer regionalen Gangsterboß-Größe erreichen konnte, und der Erfolg wurde zum Alltag. Entweder Harry hielt das Niveau oder stieg ab, zu gewinnen gab es für ihn nichts mehr – jedenfalls nicht bei Ammersfeld International Cooperation and Management. Vor einem Jahr hatte Ruttke ihm Istvan zur Seite gestellt. Istvan sprach Russisch und Ungarisch, kannte sich im internationalen Steuerrecht aus und hatte als ehemaliger Bordellchef Verbindungen zu sämtlichen Schlepperorganisationen in Osteuropa. Mit einem Wort: hochqualifiziert. Dagegen nahmen sich Harrys schwarzer Karategürtel, seine kurze Karriere als Kickboxer und seine Ausbildung zum Scharfschützen auf einmal unangenehm bescheiden aus. Vor der Maueröffnung hatten seine Fähigkeiten gereicht, um in der Berliner Unterwelt oben mitzuspielen, jetzt mußte er fast froh sein, daß Ruttke an ihm festhielt. Aber wie lange noch?

Er bog auf die Avus ab, eins der kleinen Stücke Westberliner Autobahn aus vergangenen, übersichtlichen Zeiten.

Und dann war plötzlich auch noch sein Leben mit Jessica aus den Fugen geraten. Dabei hatte der große Krach vor vier Wochen, seit dem alles anders war, so lächerlich angefangen: Jessica wollte tanzen gehen.

»Okay Schatz, viel Spaß, ich warte auf dich.«

»Wieso kommst du nicht mal mit?«

»Das weißt du doch: Ich kann nicht tanzen. Außerdem hab' ich dem Chef von ›Vogue‹ vor ein paar Monaten den Arm gebrochen. Wenn ich jetzt da hinkomme und wie jeder Wochenendprolet rumhampel, denkt der doch beim nächsten Mal wieder, er muß nicht zahlen.«

»Ich bin also ein Wochenendprolet?!«

»Du bist meine Prinzessin! Du könntest einen Hund haben, der Happy heißt, und ich würde dich immer noch lieben!«

»Ist dir eigentlich klar, daß wir überhaupt nichts mehr unternehmen, sondern nur noch zu Hause rumhocken und übers Wetter reden oder Fernsehen gucken?!«

»Ich hab' im Moment eben viel zu tun.«

»Und ich soll die ganze Zeit zu Hause bleiben?!«

»Gar nicht. Ich sag' doch: Viel Spaß. Und wenn du wiederkommst, machen wir's uns gemütlich.«

»Gemütlich! Ich will's nicht gemütlich, ich will was erleben!«

»Sollst du doch! Aber komm mal 'ne Woche mit mir mit: Leute erpressen, zusammenschlagen, bescheißen, ihnen Buttersäure ins Maul pumpen – da is'n Gespräch übers Wetter wie 's Paradies.«

»Soll ich dir was sagen? Du kotzt mich an! Du denkst nur an dich! Und wie du so breitbeinig rumsitzt! Wie der letzte Macho!«

»Macho is'n Wort für Leute, die Hunde haben, die Happy heißen, aber wie gesagt –«

»Halt's Maul! Was du nicht alles weißt! Aber weißt du auch, daß du nicht der einzige Mann auf der Welt bist?!«

Tja, und dann war's rund gegangen. Das neue Rosenthal-Geschirr, die Art-deco-Stehlampe, der Videorecorder samt Kassette mit NBA-Endspielaufzeichnung, die Fotos ihres letzten Florida-Urlaubs – zerrissen, zerschmettert, in Scherben. Die Möglichkeit, daß Jessica etwas mit einem anderen Mann anfangen könnte, und auch nur die Drohung damit, war für Harry bis zu diesem Abend völlig unvorstellbar gewesen. Bis dahin hatte ihre Liebe, oder jedenfalls Harrys Bild davon, tatsächlich etwas Königskindergleiches gehabt. Seitdem herrschten Verdacht und Andeutungen.

Harry lenkte den Jaguar in die kleine kopfsteingepflasterte Straße, an deren Ende der Bungalow stand. Automatisch sah er sich nach Männern um. Er ließ den Wagen in der Einfahrt stehen und ging ins Haus. Im Keller spielte Musik. Harry warf einen Blick ins Wohnzimmer und wollte schon weiter zur Kellertreppe, als er die Luftmatratze neben der Couch sah und stehenblieb. Ein blaurotes, doppelbettgroßes, einen halben Meter dickes Monstrum. In der Mitte glitzerte golden das Chanel-Logo, an den Rändern hingen goldene und silberne Ketten und Troddeln. Harry runzelte die Stirn. Woher kam das? Wozu war das gut?

Im Keller waren Jessica und ihr schwuler Innenarchitekt dabei, Seidenstoffe zum Bemalen und Färben auszuwählen. Als Harry den Raum betrat, verstummten sie.

»Abend«, sagte Harry, »Zunge verschluckt?«

Der Innenarchitekt sah interessiert zu Boden. Jessicas Miene verhärtete sich.

»Wir sind dabei, das neue Wohnzimmerdekor zu entwerfen.«

Harry musterte seine Frau. Immer war sie schön. Beim Anblick ihres bleichen, feinen Gesichts inmitten der roten Hexenlocken ging ihm noch jedesmal das Herz auf. Selbst wenn sie sich bis aufs Messer stritten, gab es Momente, wo er dachte: Mein Gott, hab' ich ein Glück mit dieser Frau! Doch inzwischen wußte er damit umzugehen.

»Fein. Gehört zum neuen Dekor auch die beschissene Luftmatratze im Wohnzimmer?«

Jessica ließ ihre Hände mit einer himmelblauen Seidenrolle sinken. »Beschissen?«

»Jeder sagt, was er denkt, dann wissen alle, worum's geht. Woher kommt das Ding?«

»Ruttke hat sie uns geschenkt.«

Harry stutzte. »Ruttke hat uns eine Luftmatratze geschenkt?«

»Sprech' ich undeutlich?«

»Ich habe Ruttke heute mittag gesehen. Er hat nichts von einem Geschenk gesagt.«

»Schon mal von 'ner Überraschung gehört?«

»Hat er sie vorbeigebracht?«

»Ja.«

»Heute nachmittag?«

»Ja.«

»Du antwortest so schnell wie schon lange nicht mehr.«

»Auf so dämliche Fragen...«

»Warum schenkt er uns 'ne Luftmatratze?«

Jessica stützte die Hand in die Hüfte. »Vielleicht wollte er uns 'ne Freude machen! Verstehst du?! F.R.E.U.D.E. - Freude!«

Harrys Muskeln spannten sich. »...Warum 'ne Luftmatratze? Warum schenkt er sie, wenn ich nicht da bin?!«

»Mein Gott!« Jessica warf die Seidenrolle zu Boden und wandte sich an ihren Innenarchitekten. »Siehst du?! Er ist irre!« Und über die Schulter: »Hast du gehört?! Du bist irre!«

Harry wiederholte ruhig: »Warum, wenn ich nicht da bin?«

Jessica drehte sich langsam um, und ihre Augen blickten verächtlich. »Ruttke ist wie ein Vater zu dir! Du solltest froh sein, ihn zu haben! Gerade du! Er macht 'n Geschenk, und du denkst sonst was!«

»Scheiß auf meinen Vater, was mich interessiert, ist meine Frau.«

»So?« Davon hätt' ich aber was mitgekriegt!«

Harry sah kurz zur Seite, dann musterte er beide ungerührt und wandte sich an den Innenarchitekten. »Sag mal, Tantchen, bist du vielleicht gar nicht andersrum, sondern hast einfach nur 'ne Masche gefunden, um von sich selbst gelangweilte Weiber, die auf Bizarres stehen, rumzukriegen?«

Nach Abrauschen des Innenarchitekten, Wut, Streit und jeder Menge zerschlagener Einrichtung, streckte Harry gegen zwei seine Beine über den Rand der Wohnzimmercouch. Vor ihm das Luftmatratzenmonstrum. Zum hundertsten Mal an diesem Abend fragte er sich, was es mit dem Scheißding auf sich hatte. Ruttke machte keine Geschenke, höchstens für irgendwelche Schönheitspreisträgerinnen im »Sunrise«, die er flachlegen wollte. Im Laufe des Abends war herausgekommen, daß die Matratze einen Motor hatte, der innendrin eine Rolle auf- und ab- und hin- und herbewegte, die zur Massage gut sein sollte. Für Harry hieß das, man konnte darauf bumsen, ohne sich zu bewegen. Jessica hatte das als die Idee eines Impotenten abgetan.

»Kann man darauf bumsen, ohne sich zu bewegen, oder nicht?!«

»Ich bin es zufällig gewöhnt, daß sich der Kerl bewegt! Oder was man sich so als Gewöhnung erträumt!«

»Mich interessiert's rein technisch!«

»Rein technisch hast du recht! Rein technisch könnt' ich's mir auch selbst machen, während du vorm Fernseher pennst!«

So oder so ähnlich war es den ganzen Abend gegangen. Harry sah von der Luftmatratze weg zur Decke. Das Komische war, daß Jessica ihn tagaus, tagein mit immer demselben Spott bombardierte, aber wenn er versuchte, zärtlich zu ihr zu sein, ließ sie ihn abblitzen. Lag es an seiner allgemeinen Verfassung? War er durch die Probleme bei der Arbeit einfach nicht mehr... sexy? Der Streit hatte angefangen, weil er angeblich zu wenig mit ihr machte, und jetzt war schon jedes »Wie geht's?« zuviel. Lag's da nicht nahe zu glauben, sie habe alles nur inszeniert, um sich quasi schuldlos einen anderen zu nehmen? ... Wenn er etwas machen könnte, was ihn mit einem Schlag wieder in Position bringen würde! Einen Coup! Etwas, wofür er bewundert würde, was ihm Anerkennung und Ruhm einbrächte! Ruttke mochte Jessica. Jessica mochte Ruttke. »So eine findest du nicht so schnell wieder...« – »Ruttke ist wie ein Vater zu dir...« Harry glaubte nicht wirklich, daß Jessica ihn mit Ruttke betrog. Es war nur eine unter vielen Verdächtigungen. Eine besonders schmerzhafte, besonders vorwurfsvolle, wie man sie von sich schleudert, wenn man einen bestimmten Weg einmal eingeschlagen hat. Tatsächlich wünschte Harry sich nichts mehr, als beiden zu gefallen. Seinem Freund und Arbeitgeber und seiner Liebe fürs Leben! Ein für allemal! Ja, er mußte etwas finden, was ihn wieder in Position brachte! Etwas, was Jessicas Augen, wenn sie ihn ansahen, wieder leuchten ließ!

*

Am nächsten Morgen im Büro sprach Harry Ruttke auf die Luftmatratze an.

»Spitze, was?! Nach unserem Gespräch dachte ich, so ein symbolisches Frühlingsgeschenk wäre nicht das schlechteste, um euch ein bißchen aufzulockern. Ist bei Swimmingpool-Zubehör der letzte Schrei.« Ruttke beugte sich grinsend vor. »Man soll übrigens drauf bumsen können, ohne sich zu bewegen!«

»Hm, hm. Warum hast du mir nicht gesagt, daß du zu Jessica rausfährst?«

»Na, weil's 'ne Überraschung sein sollte! hat sie dir das nicht erzählt?«

»Schon, aber –«

»Hab' mir vorgestellt, du kommst abends nach Hause, legst dich drauf, schaltest den Motor ein und...« Ruttke machte eine eindeutige Geste. »...Ehrlich, Harry, ich frag' mich langsam ernsthaft, was mit dir los ist. Erst läßt du meinen Neffen draufgehen, dann schmeißt du Istvan gegen die Wand, und heute fragst du mich über'n nett gemeintes Geschenk aus, als hätt' ich dich vergiften wollen... Vielleicht solltest du mal 'n paar Tage Urlaub machen? Bißchen Florida. Zum Abkühlen.«

Natürlich nahm sich Harry keinen Urlaub. Istvan das Feld zu überlassen, und sei es auch nur für eine Woche, war zur Zeit ausgeschlossen.

Der Juni kam, und es regnete immer noch. Harry machte seine Arbeit, stritt sich mit Jessica und hoffte auf bessere Zeiten. Es lief mehr schlecht als recht, aber es lief. Die Idee vom alles verändernden Coup war im Alltag bald vergessen.

Bis er erneut einen Fehler machte: Ein Journalist hatte ihn mit einer Geschichte über billig zu erwerbende, ehemalige Stasi-Gebäude überlistet und war in die Chefetage von Ammersfeld International Cooperation and Management vorgedrungen. Ehe der Schwindel aufflog, hatte der Journalist heimlich Fotos von sämtlichen Mitarbeitern machen können, die zwei Tage später samt einem reißerischen Artikel über die zwielichtigen Machenschaften eines mit dem Berliner Bürgermeister befreundeten Immobilienmaklers in einer Tageszeitung abgedruckt wurden. Die schwarzweißen, unscharfen Fotos wirkten wie aus einer Verbrecherkartei.

Ruttkes Anschiß war phänomenal. Das Gebrüll war bis ins Treppenhaus zu hören. Anschließend beurlaubte er Harry für die nächsten zwei Wochen und schmiß ihn aus dem Büro.

Über Mittag saß Harry in einem überdachten Gartenrestaurant, trank Tequilas und machte einen Plan. Zum Abendessen ging er mit Jessica ins »Steakhouse«. Sie redeten über Jessicas Mutter und anderes belangloses Zeug, und beide gaben sich Mühe, einen normalen Abend zu gestalten. Den Rausschmiß am Morgen verschwieg Harry.

Als er die Rechnung bezahlt und aus Freude über Jessicas Friedfertigkeit ein fürstliches Trinkgeld gegeben hatte, sagte er unvermittelt: »Ich werde übrigens demnächst der einzige Chef vom Sicherheitsdienst sein!«

»So? Geht Istvan weg?«

»Wer weiß, vielleicht...« Harry grinste verschmitzt. »Jedenfalls bin ich dabei, eine große Sache vorzubereiten, und danach werde ich bei Ruttke wieder die Nummer eins sein. Aber erzähl keinem davon. Auch nicht Ruttke. Es soll eine... eine Überraschung werden!«

Harry war von seinem Plan so begeistert und fühlte sich so stark, daß er in dieser Nacht hartnäckig blieb, und nach anfänglicher Wehr ließ Jessica ihn schließlich nach langer Zeit wieder mal ran. Harry genoß es, auch wenn er inzwischen das Gefühl hatte, Jessica sei mit den Gedanken woanders.

Als Jessica schon lange schlief, feilte er in Gedanken noch an seinem Plan. Die Idee war genial! Er würde ein Attentat auf Ruttke organisieren und ihn retten, und zwar in einem Bereich, für den Istvan zuständig war. Alles, was er dazu brauchte, war ein Dummer, der sich auf die Schnelle zwanzigtausend Mark verdienen wollte. Morgen würde er sich im Osten einen suchen.

Er küßte Jessica auf die Stirn und flüsterte: »Schlaf schön, mein Engel. Harry ist wieder da!«

*

Am nächsten Tag kaufte sich Harry einen falschen Schnurrbart, eine Brille mit Fensterglas, einen schäbigen grauen Anzug und mehrere Päckchen Reval. Da er normalerweise nicht rauchte, hielt er das für den besten Teil seiner Verkleidung. Dann mietete er sich einen weißen Golf und fuhr nach Ostberlin. Er verbrachte den Tag in kleinen dunklen, versteckt gelegenen Kneipen, von denen er wußte, daß dort ehemalige Stasi-Offiziere verkehrten, trank Bier, rauchte Reval und lud deprimiert dreinschauende Männer zum Schnaps ein. Dreimal machte er sein Angebot: Zwanzigtausend für einen Mord, Rückzug ohne Risiko. Dreimal wurde es zurückgewiesen. Als er abends nach Hause fuhr, dachte er: Kein Wunder, daß die DDR mit solchen Schlappschwänzen untergegangen ist!

Doch er versuchte es wieder, und zwei Tage später sprach ihn an der Theke ein Mann an, der sich mit Ludwig vorstellte und sagte, er habe gehört, Harry suche jemanden für einen »Abriß«. Harry schlug ihm vor, frische Luft zu schnappen, und unter dem Dach einer Bushaltestelle erklärte er ihm die Einzelheiten. Der Mann wollte zwei Tage Bedenkzeit. Ende der Woche sagte er zu. Harry hinterlegte ihm die ersten zehntausend in einem Schließfach samt weiteren Anweisungen und brachte den Schlüssel zum vereinbarten Versteck. Es war abgemacht, sich nicht noch mal zu treffen.

Am Sonntag schien endlich mal wieder die Sonne, und Harry überredete Jessica zu einem Ausflug nach Potsdam. Sie besichtigten das Schloß, aßen zu Abend im »Cäcilienhof«, und Harry war den ganzen Tag so guter Laune, daß er Jessica schließlich damit ansteckte. Wieder zu Hause, saßen sie noch eine Weile bei Kerzenlicht und Cognac auf der Terrasse, sahen auf die für den Swimmingpool ausgehobene Grube im Garten und besprachen, welche Lichteffekte für den Pool in Frage kämen. Jessica war von der Idee eines in der Nacht blutrot leuchtenden Wassers fasziniert.

»Ach übrigens, du hast mir ja gar nicht gesagt, daß du seit einer Woche Urlaub hast.«

»Hast du mit Ruttke gesprochen?«

»Ja, er hat angerufen und gefragt, wie's dir gehe.«

»Und sonst?«

»Sonst nichts.«

»Na ja, gegenüber dir nennt er's Urlaub. Ich bin an 'ner besonderen Sachen dran.«

»Aha.« Und plötzlich lächelte sie ihn so zärtlich und vertraut an, wie schon lange nicht mehr. »Scheint dir gutzutun, mal was anderes zu machen, Schatz.«

Harry hielt ergriffen inne. Über den Cognac-Schwenker sah er ihre blauen Augen im Kerzenlicht glitzern. Wie er diese Frau liebte!

»Ja«, sagte er mit belegter Stimme. »Das tut mir gut.«

*

Zwei Wochen später war es soweit. Am Abend weihte Ruttke ein von ihm gespendetes Ferienhaus für krebskranke Kinder aus Tschernobyl ein, und es gab eine Grillparty, zu der Tout Berlin kam. Das Haus lag am See, seit Tagen herrschten selbst nachts um die dreißig Grad, und viele der Gäste ließen im Laufe des Abends Cocktailkleider und Anzüge fallen und vergnügten sich im Wasser. Ruttke hielt vom Balkon eine kleine Rede, in der er zu Spenden aufrief, und der Bürgermeister beschrieb Ruttke anschließend als »Berliner Urgestein mit Schnauze und großem Herzen und einem grenzüberschreitenden sozialen Gewissen, das sich nicht mit Worten aufhält, sondern zupackend hilft, wo Hilfe nötig ist«. Das Haus wurde auf den Namen »Seehaus Ammersfeld« getauft, und es gab lang anhaltenden Beifall. Danach spielte eine Band, und von Fernsehen und Bühne bekannte Schauspieler sangen Zwanziger-Jahre-Chansons.

Als die Musik anfing, nahm Ruttke seinen Platz an der am Seeufer plazierten Ehrentafel ein. Sicherheitstechnisch war der Abend genau durchorganisiert. Nicht zuletzt weil noch vor zwei Tagen ein Fax aus Afghanistan reingekommen war, auf dem die Freiheitskämpfer drohten, ganz Berlin samt Ruttke in die Luft zu jagen, weil die kürzlich gelieferten Handgranaten nicht zündeten.

Istvan war für die rechte Uferseite bis hoch zur Straße zuständig, Harry für die linke. Während Ruttke am Tisch saß und aß, standen beide etwa fünf Meter von ihm entfernt, mit dem Rücken zum See, die

Füße fast im Wasser, und beobachteten Leute und Terrain. Um elf sollte Ludwig auf dem rechten Dach des Hauses auftauchen und versuchen, Ruttke zu erschießen. Vom Dach, so hatte es Harry dem Killer wahrheitsgemäß beschrieben, konnte man wegen der Hanglage direkt in ein auf der Straße geparktes Cabrio springen und wegfahren. So weit sollte es natürlich nicht kommen.

Um viertel vor elf nahm Harry unauffällig seine Pistole aus dem Schulterhalfter und schob sie in die Sakkoaußentasche. Um zehn vor entsicherte er sie. Mit einem Seitenblick stellte er fest, daß Istvans ganze Aufmerksamkeit einem engumschlungenen Pärchen im Wasser galt. Um fünf vor sah Harry zum letzten Mal auf die Uhr. Er dachte an Jessica. Um zwölf wollte sie kommen. Sie würde einen Helden vorfinden! Einen Mann, der seinen Job beherrschte und Killer von den Dächern schoß, während andere versuchten, einen Blick auf nackte Titten im Wasser zu erhaschen! Ihren Mann! Ihren Harry! Ruttkes Retter! Ruttke, der wie ein Vater zu ihm war...

Und plötzlich fiel ihm die Luftmatratze wieder ein. Ein merkwürdiges Geschenk war's schon. Nachher, als Held, würde er Ruttke freundlich, aber bestimmt zur Rede stellen, ob das wirklich nur eine Überraschung gewesen war. Nachmittags mit Jessica alleine im Bungalow... Überraschung vielleicht – aber für wen? Und worüber?

Harrys Blick war auf das Dach geheftet. Jeden Moment mußte Ludwig sich über dem Rand erheben und das Gewehr auf Ruttke richten. Harrys Hand an der Pistole schwitzte. Wo zum Teufel blieb der Blödmann?! Harry wagte es nicht, noch mal auf die Uhr zu schauen. Und dann passierte etwas Seltsames: Aus dem Augenwinkel sah Harry, wie Ruttke den Bürgermeister lachend unter den Tisch drückte.

Im selben Moment schlug es hart in Harrys Rücken ein. Drei Schüsse vom gegenüberliegenden Ufer, drei Treffer. Harrys Beine knickten ein, er fiel nach hinten und platschte in den See. Um ihn herum färbte sich das Wasser rot. Er versuchte, noch zu begreifen, ließ es dann aber, weil er merkte, daß ihm keine Zeit mehr blieb, und das letzte, an was er denken wollte, war das feine bleiche Gesicht von Jessica und daß sie nun tatsächlich seine Liebe fürs Leben gewesen war. Dann war er tot.

In der Nacht traf Istvan den Mann, der sich Ludwig genannt hatte, an einem verabredeten Ort und übergab ihm die zweiten zehntausend Mark.

*

Für Zeitungen und Öffentlichkeit war die Sache klar: Harry hatte ein Attentat auf André von Ammersfeld verhindert und dafür mit seinem Leben bezahlt. Keiner widersprach.

Die Beerdigung war Ende Juni, die Woche darauf trafen sich Ruttke und Jessica nachmittags im Park. Sie gingen spazieren. Die Sonne schien, und auf den Wiesen wurde Federball gespielt. Jessica trug ein kleines Schwarzes.

»Was ich einfach nicht verstehe, ist, warum er dich umbringen lassen wollte!«

»Tja...« Ruttke zog an seiner Lord Extra. »Weißt du, was ich glaube? Wegen der Luftmatratze.«

»Wegen der Luftmatratze...?!«

»Er hat sich da irgendwas zusammengesponnen, von wegen, daß wir was miteinander hätten.«

»Aber das ist doch völliger Unsinn, ich meine, 'tschuldigung, aber...«

Jessica sah kurz und eindeutig an Ruttke herunter. Ruttke lachte.

»...Ich find's ja auch Unsinn. Aber er hat mich so komisch nach der Matratze gefragt und... Er war wirklich ziemlich durcheinander in letzter Zeit.«

»Mein Gott, wir hatten einen normalen Krach! Kommt in den schönsten Lieben vor! Und wir waren ja schon auf dem besten Weg, uns wieder zu vertragen...«

Ruttke bemerkte den vorwurfsvollen Unterton.

»Meine liebe Jessica: Wir konnten nicht anders! Als du mich am Telefon gefragt hast, ob Istvan wirklich weggehen und Harry die Nummer eins werden würde, hab' ich Harry, wie ich's bei jedem anderen auch gemacht hätte, beobachten lassen. Glaubst du nicht, ich bin vom Hocker gekippt, als ich gehört habe, er latscht im Osten durch die Kneipen und sucht 'n Killer für mich?! Da gab's nun mal kein Zurück. Hätte ich zu ihm gehen sollen und sagen, lieber Harry, bring mich nicht um? Abgesehen davon, wußte Harry alles über mich, und wenn er mich sogar umlegen wollte, hätte er auch nicht gezögert, irgendwann mit irgendwem über mich zu plaudern. Ein Mann mit der Stellung im Geschäft wie Harry ist entweder treu oder tot.«

»Aber du hättest doch wenigstens noch einmal mit ihm reden können!«

»Worüber? Daß der Welt ohne mich was fehlen wird?«

Eine Weile spazierten sie stumm.

»...Und warum hast du ihn nicht einfach verschwinden lassen, anstatt ihn in aller Öffentlichkeit hinzurichten?«

»Ich muß schließlich Rücksicht auf die anderen Angestellten und die Stimmung im Betrieb nehmen. Viele hatten mitgekriegt, daß Harry in letzter Zeit unzufrieden war, und womöglich wäre jemand auf die Idee gekommen, wer bei Ammersfeld International Cooperation and Management unzufrieden wird, hat nicht mehr lange zu lachen. Selbst wenn was dran wäre, ich meine, mit solchen Vermutungen ist niemandem geholfen. So glauben alle, es hat ihn im Dienst erwischt. Und dabei habe ich nicht zuletzt auch an Harry gedacht: Die Leute werden ihn als Helden in Erinnerung behalten. Ob er sich dafür was kaufen kann... Na ja. Dabei fällt mir ein: Harry wird dir bestimmt ein paar Sachen von der Arbeit erzählt haben... Ich hab' mir gedacht, mit einer monatlichen Rente von sechstausend müßtest du gut über die Runden kommen. Jedenfalls gut genug, daß du dir nicht irgendeinen Scheiß ausdenkst...«

Später, als sie zum Ausgang des Parks gingen, fragte Ruttke, »Und sonst? Kommst du einigermaßen klar?«

»Ich versuch' einfach, möglichst viel zu unternehmen, um gar nicht erst ins Grübeln zu kommen. Seit der Beerdigung schaut Istvan hin und wieder vorbei. Ich wußte ja gar nicht, daß er und Harry so dicke waren. Netter Kerl. Er geht mit mir tanzen und so... na ja, um mich auf andere Gedanken zu bringen.«

Jakob Arjouni, geboren 1964 in Frankfurt am Main, machte auf der Odenwald-Schule sein Abitur und lebte danach als Kellner und Kleiderverkäufer in Südfrankreich. Mit seinem Kriminalroman *Happy Birthday, Türke* gelang ihm 1985 ein sensationelles Debüt. Der Roman wurde 1991 von Doris Dörrie verfilmt. Mit *Mehr Bier* (1987) und *Ein Mann, ein Mord* (1991) folgten bislang zwei weitere Romane mit seinem Detektiv Kayankaya. Daneben erschienen Theaterstücke und Hörspiele und 1996 der Roman *Magic Hoffmann*. Jakob Arjouni lebt in Berlin.

ME
(BUZZER)
MICKEY

Rita Mae Brown

Die blaurote Luftmatratze

Martin Haake

Mutter hatte etwas gegen ihn. Er sei faul und unzuverlässig, und er kacke immer auf den Tisch. Wenn sie richtig böse auf ihn war, sagte sie, wäre er ein Esel, sie würde ihm kein Heu zu fressen geben. Aber ich beobachtete, wie er sie betörte genau wie mich. Nicht mal Mutter, eine der wenigen Großspurigen mit kleiner Schuhgröße, die ich kannte, konnte Mickeys grünen Augen widerstehen oder seiner tiefen, kehligen Stimme, wenn er sich zu sprechen bequemte. Allerdings war er nicht sehr gesprächig, und das war gut so, denn Mutter stand nur zu gern selbst im Mittelpunkt. Wenn meine Schularbeiten oder häuslichen Pflichten mich beschwerten wie eine ellenlange Kette, konnte ich sie auf der vorderen Veranda hören, wo sie sich eine Pause von ihrer unerbittlichen Arbeitsmoral gönnte. Mickey besuchte sie, während er wartete, daß ich fertig wurde. Leute gingen vorbei, und Mutter ließ meinem Freund eine Beurteilung ihrer Charaktere zuteil werden.

Mrs. Mundis kreuzte in einem nagelneuen Cadillac vorüber, und Mutter flüsterte meinem Freund ins geneigte Ohr: »Sie ist so ein guter Mensch, die Ärmste.« Dann lachte sie über ihre eigene Ansicht. Mrs. Mundis war frömmer als fromm, aber ich vermutete, während ich auf meine Schultafel kritzelte, daß Mutter neidisch war wegen des neuen Cadillac. Falls Mickey das auch dachte, sagte er kein Wort.

Mutters Neid auf den Cadillac war nichts gegen den Neid ihrer Schwester Louise oder Wheezie. Es war nicht der Cadillac, weswegen Wheezie sich ins Hemd machte, es war die Tatsache, daß Mrs. Mundis einen Swimming-pool hatte ausheben lassen; der Bau war gerade fertig geworden. Niemand in unserer kleinen Stadt hatte einen eigenen Swimming-pool. Es gab ein öffentliches Schwimmbad, Zimmy's, aber das wurde von unangenehmen Typen heimgesucht, Horden von zwölfjährigen Jungs, die dir den Badeanzug auszuziehen versuchten, wenn du unter Wasser schwammst. Ich wäre unter gar keinen Umständen ins Zimmy's gegangen. Erstens wäre Mickey nicht mitgekommen, und zweitens wollte ich ohne meine Cowboystiefel nirgends hingehen. Mom sagte, ich könne in Cowboystiefeln nicht schwimmen, aber wenn Lash LaRue es konnte, der peitschenknallende Filmstar, dann konnte ich es auch. Mit sieben glaubte ich, alles zu können.

Die Fliegentür klappte zu. »Juhu, Juts!« Tante Wheezie rief Mutters Spitznamen. Sie klopfte nie an.

»Ich bin in der Küche. Brüll nicht so!«

»Wie konnte ich wissen, daß du so nah

bist?« Da die Küche auf die hintere Veranda hinausging, hätte Louise flüstern können – wir hätten sie gehört.

»Wo hättest du mich denn sonst zur Mittagszeit vermutet?«

»Komm, werd bloß nicht patzig.« Louise warf ihre voluminöse Handtasche auf einen Küchenstuhl, während sie auf die Kaffeekanne zusteuerte. Mom schenkte ihr eine Tasse ein. »Hallo, Buzzer. Hallo, Mickey.« Buzzer war mein Kindheitsspitzname.

»Hallo, Tante Wheezie.«

Sobald wir die Höflichkeiten ausgetauscht hatten, konzentrierte sich Tante Louise auf Mutter und die ofenfrischen Klatschgeschichten. Beide Schwestern gehörten der Elternschule an, die auf »Kinder soll man sehen und nicht hören« schwor. »Claudia Mundis denkt, sie lebt in einem Film mit Ginger Rogers und Fred Astaire. Ein Swimming-pool. Hat man dafür Töne?«

»Wenn sie das Geld hat, soll sie's ruhig ausgeben. Man kann es nicht mit ins Grab nehmen.«

»Julia Ellen, du kannst nicht mit Geld umgehen. Du bist genauso schlimm wie Claudia, bloß daß sie Geld hat und du nicht.«

»Das kannst du laut sagen.« Mutter rührte ihre Weiße-Bohnen-Suppe um und ließ ein bißchen Asche von ihrer Zigarette in die Suppe fallen. Sie lachte und rührte weiter. Sie sah mich an. »Erzähl deinem Vater bloß nicht, daß du das gesehen hast.«

»Mach' ich nicht.«

Louise bemerkte: »Einmal hab' ich Paul ein Hundefuttersandwich gemacht. Er hat keinen Unterschied geschmeckt.«

»Tante Louise, mir würdest du doch kein Hundefuttersandwich geben, oder?«

»Aber nein, Herzchen, dir würde ich Katzenfutter geben.« Sie lachte, dann kehrte sie zu dem heißen Thema zurück. »Ich kann es nicht ertragen, daß Claudia sich gegenüber uns allen so aufspielt.«

»Tut sie gar nicht.«

»Tut sie wohl. Alles bloß, um anzugeben«, sagte ausgerechnet Tante Louise, die größte Angeberin der Stadt.

»Quatsch. Wenn du das Geld hättest, wärst du genauso.«

»Wär' ich nicht. Ganz bestimmt nicht. Ich würde das Geld der Kirche stiften.«

»Ach, Louise.« Mutter verdrehte die Augen. »Du bist so voll von Milch der frommen Denkungsart, daß du muhst.«

»Jetzt reicht's mir. Ich komme her, um mit meiner kleinen Schwester zu plaudern, und was tust du? Du beleidigst mich, und du beleidigst meinen Glauben. Ich gehe!« Sie schnappte ihre Handtasche vom Stuhl, scheuchte Mickey auf und stieß gegen meinen Stuhl, als sie zur Türe schritt.

»Knall die Tür nicht, wenn du rausgehst!« Mutter wartete eine Sekunde, dann warf sie den Köder hin. »Schätze, du hast es noch nicht gehört.«

Louise bremste. »Mich legst du nicht rein. Du weißt gar nichts.« – »Schön, dann geh nach Hause!« Mutter zündete sich die nächste Chesterfield an und inhalierte genüßlich.

»Buzzer, was ist los?«

»Weiß ich nicht«, antwortete ich aufrichtig; ich teilte meinen Stuhl mit Mickey, der sich neben mich kuschelte. Er konnte es nicht leiden, wenn Wheezie laut wurde.

»Hat Claudia nicht mit dir gesprochen?« Eine dünne graue Rauchwolke kringelte sich zur Decke.

»Nein.« Louise verschränkte die Arme.

»Sie hat uns auf ihre Pool-Einweihungsparty eingeladen. Diesen Samstag.«

»Und du hast so lange gewartet, ehe du's mir sagst?« Louises blaue Augen wurden weit.

»Ich habe nicht gewartet. Du bist hier reingefegt, hast das Gespräch an dich gerissen und dann einen Tobsuchtsanfall gekriegt.«

Louises Stimme schlug eine reife Tonlage an. »Du hast über meinen Glauben gespottet. Das geht mir gegen den Strich.«

»Der Spott oder der Glaube?« kicherte Mutter.

Wheezie schlenderte zu ihrem Stuhl zurück und setzte sich. »Du weißt ganz genau, was ich meine. Sogar Mickey und Buzzer wissen, was ich meine. Oder nicht?«

Ich nickte. Mickey starrte sie an. »Louise, du gehst in deine Kirche, ich geh' in meine.«

»Wenn du zufällig mal Lust hast.« Louise griff nach ihrer noch warmen Tasse Kaffee.

»Jesus hat für unsere Sünden gelitten. Ich sehe keinen Anlaß, das meinerseits zu wiederholen.«

Entsetzt über Julias gotteslästerliche Einstellung, beugte Louise sich vor, die Ellenbogen auf dem Tisch, den Zeigefinger auf Juts gerichtet. »Das ist eine unverschämte Bemerkung – und dazu noch in Gegenwart deines Kindes. Was hat Leiden mit regelmäßigem Kirchgang zu tun?«

»Zum einen sollte keine Predigt das Durchhaltevermögen der menschlichen Blase überstrapazieren. Zum anderen, jedesmal, wenn ich zu Pastor Neely gehe, will er mir einen weiteren Vorsitz in einem Komitee andrehen.«

»Weil du so gut organisieren kannst.«

»Danke.« Juts teilte Suppe für uns alle aus und stellte die Schalen vorsichtshalber auf Teller, falls wir kleckerten. Sie setzte sich zu uns an den Tisch.

»Julia, würdest du bitte deine Zigarette ausmachen? Du kannst nicht gleichzeitig essen und rauchen.«

»Nein, aber ich kann's versuchen.«

»Du solltest diese Gewohnheit wirklich aufgeben. Dann lebst du länger.«

»Ich weiß nicht, ob ich länger lebe, aber es wird mir länger vorkommen.«

Empört über die klugschwätzerischen Antworten ihrer Schwester, wandte sich Tante Louise betont an mich, als ob ich eine bessere Gesprächspartnerin wäre als Mom. »Was macht die Schule?«

»Ist okay.«

»Bloß okay?«

Ich zuckte die Achseln. »Würde mir besser gefallen, wenn Mickey in meiner Klasse wäre.«

»Ihr zwei seid unzertrennlich.« Wheezie lächelte.

»Macht deine Schönschrift Fortschritte?«

»Ja, Ma'am.«

»Na, das ist ja großartig.«

»Weißt du was, Tante Wheezie?«

»Was, Liebes?«

»Wir haben eine große Weltkarte an der Tafel, und Mrs. Miller hat uns Länder gezeigt, und es gibt eine Stadt, die heißt Hamburg. Ist das nicht lustig?«

»Ja, zum Totlachen.« Mutter feixte. »Vielleicht können wir eine finden, die Hot dog heißt.«

»Du kannst gemein sein«, erwiderte Louise an meiner Stelle.

»Sie weiß, daß ich bloß Spaß mache.« Mutter sprang zu einem anderen Thema über, ihr übliches Abwehrspiel. »Na, gehst du auf die große Pool-Einweihungsparty?«

»Die möchte ich um keinen Preis verpassen. Ich kann's nicht erwarten, den Fettkloß im Badeanzug zu sehen.«

Die Pool-Party, von sonnigem Wetter begünstigt, war ein Riesenerfolg. Ich trug meinen Badeanzug und meine Cowboystiefel. Mickey folgte mir auf dem Fuße, und wir machten uns über das Essen her, besonders die Süßspeisen. Mrs. Mundis hatte nicht nur Kuchen und Torten, sie hatte auch Schokoriegel und Eis. Weil der Sommer eben erst anfing, waren alle Leute kreidebleich, was Mrs. Mundis nur noch fetter aussehen ließ.

Sie liebte es, der Mittelpunkt der Aufmerksamkeit zu sein, was Mutter und Louise ärgerte, die glaubten, es stünde ih-

MISTER MUNDIS
NEW CADILLAC
JESUS
MRS. MUNDIS
(claudia)

nen zu, im Rampenlicht zu stehen, egal bei welchem Anlaß.

Alle anderen Kinder auf der Party waren entweder Babys oder viel älter als ich, deshalb hielt ich mich an Mickey. Dad pumpte eine alte blaurote Luftmatratze auf, damit man sich im Pool drauflegen konnte. Sie flappte hin und her, während Dad die Handpumpe bediente, deshalb hielten Mick und ich sie an einem Ende fest. Weil sie stellenweise sehr dünn war, müssen wir wohl ein kleines Loch hineingebohrt haben – eigentlich war es Mick, nicht ich. Wir hörten ein leises Zisch-sch-sch, beschlossen aber, nichts davon zu sagen, weil Dad sie ganz aufgepumpt hatte. Er warf sie ins Wasser. Mutter sprang auf die Matratze, wurde aber gleich von Louise heruntergeschubst, die ihre Haare nicht naß machen wollte. Sie hatte sie beim Friseur für die Party tönen und toupieren lassen, was ich albern fand.

»Ich will mich nur ein bißchen hier obendrauf treiben lassen. Ich kann's nicht haben, wenn meine Haare naß werden, und du weißt, wie viele Chemikalien immer in diesen Pools sind.«

»Wie du willst.« Mutter wollte sich wegen der Überlassung der Luftmatratze nicht streiten.

Mrs. Mundis gefiel die Bemerkung über die Chemikalien nicht, aber sie ging nicht darauf ein. Alle wußten, wie dünkelhaft Louise war, schließlich kannten sie sich alle von der Wiege an.

Binnen zehn Minuten war die rote Unterseite der Luftmatratze verschwunden.

»He!« Louise zappelte herum, was die Luft nur noch schneller entweichen ließ, so daß Blasen an die Oberfläche stiegen. »Ich kann nicht schwimmen!«

Sinkend trieb sie aufs Tiefe zu. Da Mrs. Mundis das Radio aufgedreht hatte, zweifellos, um Großmaul zu übertonen, bekam zuerst niemand etwas mit.

Ich ging zu Onkel Paul hinüber; meine Cowboystiefel patschten bei jedem Schritt. »Onkel Pearlie«, ich hatte als Kleinkind Paul zu Pearl verfälscht, »ich glaub', Tante Louise übernimmt Wasser.« Ich benutzte den militärischen Ausdruck, weil mein anderer Onkel im Zweiten Weltkrieg bei der Marine gewesen und sein Schiff getroffen worden war, als es in den Krieg zog. Er hatte erzählt, daß es Wasser übernommen hatte, und ich war schwer beeindruckt. Die Narben, die er hatte, beeindruckten mich noch mehr.

»Ich ertrinke«, jammerte Louise.

»Nicht schnell genug«, sagte Mutter, aber dann merkte sie, daß ihre Schwester wirklich in der Bredouille war und, schlimmer noch, daß ihre Haare naß wurden.

Da Mutter schwimmen konnte, hatte sie die zappelnde blaurote Luftmatratze schnell erreicht, und sie zog Louise herunter, deren Schreie und Erleichterung in Gurgeln untergingen, weil sie jetzt den Mund voll Wasser hatte. Mom schleppte sie an den Beckenrand. Es war ein kleines Becken.

Louise ließ sich keuchend und theatralisch auf die Beckenmauer plumpsen. Sie genoß das Drama in vollen Zügen. Während die Erwachsenen sich mit Louise befaßten, warf ich Baby-Ruth-Schokoriegel ins Wasser.

»Herzelchen«, brüllte Mr. Mundis, »da ist Scheiße im Pool.«

»Harry, das kann nicht sein. Keiner hatte Zeit dazu.«

Unbeirrt von dieser lapidaren Mitteilung deutete Mr. Mundis auf die anstößigen Schokoriegel. »Scheiße schwimmt.«

»Du brauchst mich gar nicht so anzugucken!« schrie Louise, deren Lungen sich voll erholt hatten von ihrer Strapaze. »Ich hatte Angst, aber nicht solche Angst.«

Mutter, die von schwesterlicher Liebe triefte und Louises Unbehagen genoß, gurrte: »Komm schon, Louise, Angst wirkt sich bei vielen so aus.«

»Ich habe nicht in Claudias Pool gekackt!« Louise saß jetzt aufrecht, ihre Augen funkelten.

»Aber jemand hat's getan«, bemerkte Harry, der kein feinfühliger Mensch war.

Mickey und ich hätten's uns richtig gutgehen lassen können, wenn ich nicht angefangen hätte zu kichern. Ich konnte nicht anders.

Mutter drehte sich zu mir um. Zum Glück war ich am anderen Ende des Beckens, schön außer Reichweite. »Buzz, hast du ins Wasser – du weißt schon?«

»Nein, Mom, so was würde ich nie machen.«

Sie ging auf mich zu, und ich wich zurück. Sie bewegte sich ein bißchen schneller. Ich bewegte mich ein bißchen schneller. Ich drehte mich blitzschnell um und fing an zu rennen, dabei öffnete ich meine geballten Fäuste. Die Baby-Ruth-Einwickelpapiere flatterten auf die Erde.

»Du kleines Miststück«, brüllte Mutter.

»Genau«, sagte die rehabilitierte Louise.

Mickey und ich rannten wie die gesengten Säue. Mom, die ziemlich flink zu Fuß war, holte auf. Mickey scherte nach links, hielt auf den Wald zu, ich sprang über die niedrige Buchsbaumhecke und raste wie der Wind zu den Maisfeldern. Mutter gab auf und drohte mir mit der Faust. »Ich zieh' dir bei lebendigem Leibe die Haut ab. Irgendwann mußt du ja nach Hause kommen.«

Sobald mit der feuchten Dunkelheit ganze Mückengeschwader hereinbrachen, ergaben wir uns, und Mickey und ich trödelten heimwärts.

Mutter machte einen Versuch, mich zu bestrafen, aber jedesmal, wenn ihr einfiel, wie Louise wütend beteuert hatte, daß sie bei Todesstrafe niemals einen Haufen in Claudia Mundis' Pool gemacht hätte, brach sie in Lachen aus. Dad hat sich auch gekugelt.

Doch am nächsten Morgen stürmte Tante Louise zur Hintertüre herein. Sie stellte sich vor mich hin, die beleidigte Würde in Person.

»Wie konntest du?« Als ich es vorzog, zu schweigen, ließ sie ein Sperrfeuer auf mich los. »Du hast mich vor allen Leuten erniedrigt. Das werde ich nie vergessen. Oh, ich werde vielleicht verzeihen, aber vergessen – nie.«

»Louise, alle wissen, daß du nicht ins Wasser geschissen hast«, sagte Mutter.

Louises Augenlider flatterten. »Aber sie waren eine Zeitlang drauf und dran, es zu glauben. Diese Demütigung.« Sie zog die mittleren Silben von »Demütigung« in die Länge.

»Sieh es doch mal so.« Mutter klopfte auf die Unterseite eines frischen Päckchens Zigaretten; das Zellophan fühlte sich schön

glatt an. »Buzzer hat die Party mehr oder weniger ruiniert. Von wegen Claudia und sich aufspielen.«

Louise machte den Mund auf und gleich wieder zu. Sie unterzog diesen Gedanken einer gründlichen Betrachtung. Dann erschien ein Kräuseln um ihre Augen, der Anflug eines Lächelns. »Claudia hätte fast gekotzt, und was Harry Mundis für ein Gesicht gemacht hat!«

Bald lachten sie und riefen sich jeden Augenblick der Party in Erinnerung. Als Tante Wheezie schließlich ging, war ich ihre beste Freundin.

Meine Glückssträhne hielt aber nicht an, denn auf der vorderen Veranda polterten schwere Tritte. Mrs. Mundis war erst in der Kirche gewesen, um Unterweisung beten, sagte sie, aber wir wußten alle, sie war hingegangen, um ihre neuen Kleider vorzuzeigen. Claudia war, was Mutter eine »Schönwetterchristin« nannte.

Da es ein schöner Tag war, zerrte Mutter mich nach draußen auf die Veranda, wo ich mich vor Claudia Mundis hinstellen mußte, die auf der großen Verandaschaukel saß. Sie zu beschwichtigen war angebrachter, als sie anzulachen, und da ich diejenige war, die die Entschuldigung vorbringen mußte, hielt Mutter sich heraus.

»Es tut mir leid, Mrs. Mundis. Ich weiß, Mickey tut es auch leid.«

»Du hast dich ausgesprochen schändlich benommen, junge Dame. Du wirst lernen müssen, was dir zusteht auf dieser Welt. Du bist viel zu ausgelassen. Eine Dame läuft nicht in Cowboystiefeln herum. Sie gibt ihre Missetat zu – sie rennt nicht weg. Sie spricht nur, wenn sie gefragt wird – als ich so alt war wie du, haben wir alle daran mitgewirkt, Kaiser Wilhelm zu besiegen...«

Mick war natürlich nirgends zu finden, als ich mir anhören mußte, wie meine Generation zum moralischen und geistigen Untergang Amerikas beitrug. Mrs. Mundis' Generation hatte im Ersten Weltkrieg Socken für die Landser gestrickt und damit für alle Zeit bewiesen, daß sie sich für Kriegsanstrengungen aufgeopfert hatte, wogegen ich Baby-Ruth-Schokoriegel in Swimming-pools warf.

Während sie, in Purpur gehüllt, diese Tirade von sich gab, konnte ich es kaum erwarten, daß sie ging. Mickey spähte um die Verandaecke, dann verschwand er. Ich hätte ihn umbringen können.

Als Mrs. Mundis davonwatschelte, flüsterte Mutter: »Sieht aus wie eine Aubergine, die alte Salbaderin.« Und dann zog sie, als würde ich die ganze Tragweite begreifen, über Mrs. Mundis' Ehe her, eine Verbindung, für die es ihrem Mann an Begeisterung fehle.

»Hat seine Liebe verlegt wie seine Schlüssel.«

»Ich werde Mickey immer lieben«, tönte ich eifrig.

»Du bist zu klein, um zu verstehen, was Liebe ist.«

»Bin ich nicht.«

Sie zog heftig an ihrer Chesterfield, die an ihrer Lippe klebte. »Schätzchen, laß dir von mir einen mütterlichen Rat geben. Wenn's um Hoden oder Hosen geht, gibt's Ärger.«

Ich dachte darüber nach, dann antwortete ich: »Mickey hat keine Hoden.«

Sie lachte, und Mickey kam wieder auf die Veranda gesprungen. Er hatte die ganze Zeit darunter gesteckt und gewartet, daß der Drachen wegging.

»Komm her, du nichtsnutzige Katze.–«

Er schlenderte zu ihr, und Mom kraulte ihn an den Ohren. Dann sprang er auf meinen Schoß und schnurrte wie Mrs. Mundis' voll aufgedrehter Cadillac. Er liebte mich, wirklich und wahrhaftig. Später schmierte ich, von Mickey unterstützt, Giftsumach auf Mrs. Mundis' Lenkrad. Damals haben die Leute ihre Häuser oder Autos nicht abgeschlossen. Diesesmal bin ich nicht erwischt worden.

Viele Jahre sind seit jenem Sommer vergangen, und Mutter hat sich geirrt, als sie sagte, ich verstünde nichts von der Liebe. Ich liebe Mickey heute noch und ehre sein Andenken, denn ohne eine große Tigerkatze kann ich nicht leben. In bezug auf das, was Mutter mir über Hoden und Hosen sagte, hatte ich allerdings reichlich Gelegenheit zu entdecken, daß sie recht hatte.

Rita Mae Brown, geboren 1944 in Hanover, Pennsylvania, gehört zu den populärsten Unterhaltungsschriftstellerinnen Amerikas. In ihren Romanen schildert sie oft das amerikanische Kleinstadtleben mit einfallsreicher Situationskomik und treffenden Beobachtungen. Nach *Jacke wie Hose* und *Rubinroter Dschungel* gelangen ihr mit der Humoreske *Bingo* und dem amüsanten Krimi *Schade, daß du nicht tot bist* auch in Deutschland Leseerfolge. Neben Romanen schreibt sie auch erfolgreiche Drehbücher für Film- und Fernsehserien. Rita Mae Brown, die Pferde und gepflegte Gärten mag, lebt in Charlottesville, Virginia.

Harry Mulisch

Die blaurote Luftmatratze

Martin Tom Dieck

Werte Mama!

Ich wollte Dich vorhin anrufen, aber der Portier sagte, daß Du mit einigen Damen aus dem Seniorenheim eine Fahrt ins Grüne machst, »um die Herbstfärbung zu betrachten«. Eine schöne Idee, aber ich habe nicht die Geduld, bis heute abend zu warten, ich bin völlig durcheinander; deshalb schreibe ich es jetzt einfach auf, dann bin ich es los. Ja, ich bin schon wieder zu Hause, meine Reise endete in einer Katastrophe. Ich frage mich, was in mich gefahren ist, als ich auf diesen idiotischen Vorschlag einging. Dein Sohn ist ein zwar umstrittener, aber dennoch allgemein respektierter Literaturkritiker bei einer seriösen Zeitung, daran hat er sich immer gehalten: ein sechzigjähriger Junggeselle, der hier und da Artikel organisiert und der seit Jahr und Tag wöchentlich auch selbst einen Roman liest und bespricht – kein aufregendes Leben, zugegeben, aber es sind schlimmere Leben denkbar.

Als letzten Freitag während unseres gemeinsamen Mittagessens in der Redaktion plötzlich die Nachricht einging, Willem Zwartkamp habe einen Herzinfarkt erlitten und liege auf der Intensivstation, hätte ich mich natürlich nicht überreden lassen sollen. Dieses Interview war seine Idee gewesen, so eine typische Idee, die nur er haben konnte; in politischer Hinsicht war das alles ziemlich heikel, aber nach mehreren komplizierten Verhandlungen mit der russischen Botschaft in Den Haag und der niederländischen in Moskau war es letztendlich gelungen, einen Termin zu vereinbaren. Er sollte am nächsten Tag fliegen, und somit mußte jemand ihn umgehend vertreten. Aber wer? Alle anderen Interviewer arbeiteten bereits für andere Zeitungen. Ein Schriftsteller vielleicht? Dagegen wehrte ich mich. Ein guter Interviewer, so sagte ich, sei jemand, der sich einem anderen ganz öffnen könne; er steuere das Gespräch natürlich, und später verleihe er ihm eine Form, aber letztendlich müsse er doch so etwas sein wie eine Camera obscura, ein Auge: ein dunkles Zimmer mit einer Pupille, durch die das Bild des anderen klar hindurchfalle – und sei es auf den Kopf. Ein Schriftsteller, so erklärte ich meinen Kollegen, sei nahezu das Gegenteil eines Interviewers: Er gebe seinen Absichten Ausdruck, und er verwandle den Befragten unwiderruflich in einen Aspekt seiner selbst, zumindest dann, wenn er ein guter Schriftsteller sei; aber auf einen schlechten Schriftsteller könnten wir uns natürlich nicht einlassen.

Als ich zu Ende gesprochen hatte, sah der Chefredakteur mich unverwandt an, mit einer Spur Ironie in den blauen Augen, die so gut zu seinem vollen, weißen Haar passen. Während er an seinem Siegelring drehte, fragte er, warum ich es dann nicht selbst tue, wenn ich doch alles so gut wisse. Als Literaturkritiker sei ich doch auch jemand, der sich anderen gut öffnen könne, ich hätte einen flotten Schreibstil, und auch sonst würde es mir nicht schaden, mir mal frischen Wind um die Nase wehen zu lassen. Nein? Konnte es nicht schaden? Wenn ich nicht zu Hause sitze und lese oder schreibe, in meinem Arbeitszinmmer, das sich seit meiner Studienzeit nicht verändert hat, oder dich besuche, dann bin ich in der Redaktion. Aber so bin ich nun einmal, ich will nichts anderes. Als ich entgegnete, daß ich völlig unvorbereitet sei, wischte er das vom Tisch: In den kommenden 24 Stunden sei dazu noch ausreichend Gelegenheit, viel gebe es in diesem Fall ohnehin nicht vorzubereiten, und ich solle das Leben eines echten, sprich oberflächlichen, Journalisten mal kennenlernen. Wie dem auch sei, vielleicht war es wegen der Flasche Santenay, die ich inzwischen zum Hasenrücken getrunken hatte, ich weiß es nicht – beim Armagnac ließ ich mich dann überreden.

Am nächsten Morgen in aller Frühe saß ich also zu meinem eigenen Erstaunen im Flugzeug nach Odessa, im Koffer ein Tonbandgerät der Zeitung. Ich hatte beschlossen, mich dann eben wirklich unvorbereitet in dieses Gespräch zu stürzen. Über Deutschland und Osteuropa standen Wolken wie riesige Sahnetürme, in denen ich monströse Köpfe erkannte wie auf den Gemälden von Arcimboldo, der im 16. Jahrhundert seine Porträts aus Obst und Gemüse, Töpfen und Pfannen oder aus allerhand Tieren zusammenstellte. Während auf seinen Gemälden nirgends etwas Menschliches zu erkennen ist, sind es dennoch Gesichter, und so ist das auch gedacht, aber auch die Wolken bildeten Gesichter: Waren die also auch so gedacht? Bilden Wolken einen Gottesbeweis? Diese Dinge gehören zu den Rätseln der Welt, in der wir leben und in der so vieles einer Erklärung bedarf – zum Beispiel auch der Umstand, daß unsere Eingeweide, unsere Leber, unsere Nieren, eine bestimmte Farbe haben. Warum? Worin liegt der Sinn? Man kommt aus dem Staunen nicht heraus.

*

Über Rußland wichen die dramatischen Szenen einer geschlossenen, blendenden Wolkendecke. Während ich auf die sanft sich wellende Decke starrte, unter der alles grau sein mußte, dachte ich an die unvorstellbaren Veränderungen, die Gorbatschow dort unten bewirkt hatte. Für mich als Büchermensch, der nun mal über die Literatur zu denken pflegt, wurde der Unterschied zwischen der kommunistischen Ära und der heutigen Zeit durch den Unterschied zwischen Tolstoi und Dostojewski vertreten. Während des Sowjetregimes war der Habenichts Dostojewski ein nahezu verbotener Schriftsteller, während der Großgrundbesitzer Tolstoi in allerhöchstem Ansehen stand. Das klare, moralisierende, didaktische Werk des Grafen paßte den Volkskommissaren besser als die wüsten, religiösen, halb wahnsinnigen Erzählungen des Epileptikers. Aber das Rußland nach der Wende ist nicht mehr tolstoisch, es hat unverkennbar den Charakter Dostojewskis dämonischer Romane – zu meinem ästhetischen Vergnügen übrigens. Vielleicht weil ich selbst einen ziemlich tolstoischen Charakter habe, galt meine Vorliebe immer Dostojewski; auf dem Schoß, dort im Flugzeug, lag das Exemplar von *Der Idiot*, das Du mir zu meinem 18. Geburtstag geschenkt hast. Die Übersetzung ist fürchterlich, später erschien eine viel bessere, aber für mich war das nicht mehr der Dostojewski, der mich vor vierzig Jahren in den Bann geschlagen hat, als ich auch Berdjajew las und Schubarts *Der künftige europäische Mensch*. Lauter schändliche Bücher, die plötzlich wieder aktuell geworden sind.

Am Flughafen von Odessa wurde ich von einem gewissen Boris Belinski, dem Dolmetscher, abgeholt, den die Zeitung über die Universität Moskau organisiert hatte: ein kahl werdender, unterwürfiger Mann mit einem schwarzen Schnurrbart, zwei Köpfe kleiner als ich – aber das ist nicht weiter ungewöhnlich. Wir mußten laufen, um unseren Anschluß nicht zu verpassen. In der alten Tupolew von Aeroflot flogen wir über das Schwarze Meer und die Krim, und er erzählte, daß er auch einen Roman geschrieben habe; das Buch trug den lächerlichen Titel *Die blaurote Luftmatratze*, und sicherheitshalber fragte ich erst gar nicht, ob es auch veröffentlicht worden sei. Er klagte hauptsächlich über die katastrophalen Entwicklungen in seinem Land. Für ihn war Gorbatschow kein Befreier, sondern eher ein Pfuscher. Seit dessen Auftritt sei alles eigentlich schlechter geworden; jetzt könne man zwar einen Hamburger kaufen und die *International Herald Tribune*, aber die Mieten und die Lebenshaltungskosten seien unerschwinglich geworden, die Kriminalität unbeherrschbar, und überall in dem ehemaligen antifaschistischen Bollwerk lebe der Faschismus wieder auf. Ich verdächtigte ihn, sich eigentlich nach den Tagen Breschnews und vielleicht sogar Stalins zurückzusehnen. Die einzig gute Bemerkung, die er machte – ich weiß nicht mehr, wie wir darauf kamen –, war, daß man nie einen Hut tragen sollte, wenn man kahl ist, denn wenn man ihn abnimmt, versetzt das jedem einen Schock. Nun, zu allen Katastrophen, die mir blühen, gehört auf jeden Fall nicht das Kahlwerden: Ich habe zum Glück nicht Papas Haar, sondern Deines, das an Deinem 85. noch fast ebenso voll ist wie in meiner Kindheit.

An jenem Abend in Stavropol (»Stadt des Kreuzes«) konnte ich im Hotel gerade noch eine Bockwurst und eine Scheibe Schwarzbrot bekommen; da Belinski mich langweilte, ging ich danach gleich zu Bett. So ein Elend! Nachts um fünf Uhr war ich plötzlich hellwach, ich hatte anderthalb Stunden die Gelegenheit, über meine absurde Anwesenheit dort im Kaukasus als Ersatz für einen Herzpatienten nachzudenken. Am nächsten Morgen brachte uns ein Bummelzug durch eine leicht hügelige, fruchtbare Ackerlandschaft nach Privolnoje (»Frei«), eine landwirtschaftliche Ansiedlung mit ein paar tausend Einwohnern. Offenbar um der Sache einen festlichen Anstrich zu geben, wurden wir von einem Polizeiauto mit zwei Beamten vom Bahnhof abgeholt, beide mit einer Zigarette zwischen den Lippen und einer frechen Tolle unter dem Schirm ihrer Mützen. So, mit bewaffneter Eskorte, wurde Dein Sohn zum Geburtshaus von Michail Gorbatschow gebracht, wo seine Mutter noch immer wohnt.

*

Ja, was meinst Du, an wen ich denken mußte, als ich sie sah? Sie hat keine Ähnlichkeit mit Dir, aber sie war ungefähr genauso alt wie Du, und in ihren braunen Augen lag derselbe Blick von jemandem, der von keinem mehr etwas zu lernen braucht. In dem kleinen, einfachen Wohnzimmer saßen noch mehr Leute, Verwandte und Nachbarn, zu denen sich auch die Polizisten gesellten, ihre Mützen noch weiter in den Nacken geschoben. Maria Gorbatschowa, geborene Pantelejewna, hatte offenbar vor, die Angelegenheit schnell abzuhandeln; während jeder schwieg, sah sie mich abwartend an, die gefalteten Hände im Schoß. Es überrumpelte mich, und ich wußte plötzlich nicht mehr, wie ich anfangen sollte. Als ich das Tonbandgerät in Ordnung gebracht hatte, fiel mein Blick auf zwei dunkle Ikonen, die nebeneinander über ihrem Kopf hingen: ein bärtiger Heiliger und eine Muttergottes mit Kind. Um jede Ikone war die Tapete etwas heller, als ob früher Rahmen darum gewesen wären. Ich zeigte darauf und sagte, es scheine, als hätten die Heiligen eine übersinnliche Ausstrahlung. Sie beantwortete meine Frage, mein Lächeln jedoch nicht:

»Bis zur Einführung der Perestroika durch ihren Mischa«, dolmetschte Belinski, »hingen die Porträts von Lenin und Stalin darüber.«

Perplex sah ich sie an. Ich hatte das Gefühl, daß ich jetzt ebensogut aufstehen und nach Hause zurückkehren konnte: Mit diesem einen Satz war eigentlich schon alles gesagt. Es dauerte eine Weile, bis ich mich wieder in der Gewalt hatte. Cherchez la mère, dachte ich und fragte, ob sie von Anfang an den Vorsatz gehabt habe, mit ihrem Sohn das Sowjetsystem niederzuwerfen, die Berliner Mauer niederzureißen und eine neue Ära einzuläuten, mit der im nachhinein nicht jeder so glücklich war.

Verwundert sah sie mich an.

»Wie meinen Sie das?«.

»Wie ich es sage. Sie sind es schließlich, die Michail Sergejewitsch zur Welt gebracht haben, ohne Sie und Ihren Mann wäre das alles nicht passiert – vor allem aber nicht ohne Sie. Wann haben Sie zum ersten Mal die Idee zu Ihrem Sohn bekommen?«

Nachdem Belinski meine Worte übersetzt hatte, erfüllte ein unbehagliches Schweigen den Raum. Jeder sah mich an, als wäre ich nicht ganz bei Trost.

»Aber mein Herr«, sagte Frau Gorbatschowa, »als Mischa gezeugt wurde und als ich ihn trug, wußte ich doch nicht, was aus ihm werden würde. Ich wußte nicht einmal, ob es ein Junge oder ein Mädchen werden würde.«

Jetzt war ich an der Reihe, verwundert zu sein.

»Wie soll ich das verstehen? Neun Monate lang machte Ihr Fleisch und Blut einen Menschen, und dann wollen Sie nicht gewußt haben, was Sie da taten? Es ist doch nicht so, daß Sie einfach aufs Geratewohl etwas taten?«

Man wechselte Blicke und sah dann wieder zu mir.

»Aufs Geratewohl...« wiederholte sie verwirrt. »Nein... ja... Ich tat eigentlich überhaupt nichts, es ging alles von selbst. Wie soll ich es sagen? Ich war einfach schwanger, ich tat alles, was ich sonst auch tat, einkaufen, kochen, aber indessen wurde

ich immer dicker, und eines Nachts wachte Sergei Andrejewitsch auf, weil Mischa in meinem Bauch ihm in den Rücken trat.«

»Mischa also.«

»Mischa, ja. Nur wußten wir in dem Augenblick noch nicht, daß es Mischa war.«

Ich schüttelte den Kopf.

»Hier stimmt etwas nicht. Ich kann mir vorstellen, daß Sie nicht aus der Schule plaudern, Ihre Triebfedern für sich behalten wollen, das respektiere ich, und wenn die Dinge so liegen, werde ich auch nicht weiter darauf bestehen. Aber es will mir nicht in den Kopf, daß jemand etwas machen kann, ohne zu wissen, was er tut, sozusagen bewußtlos, in Trance; das schein mir eine reichlich romantische Auffassung zu sein.«

Sie richtete sich ein wenig auf.

»Ehrlich gesagt, weiß ich nicht, wovon Sie sprechen, mein Herr. Herr Sergei Andrejewitsch und ich wollten ein Kind, oder vielleicht nicht einmal das, aber daß es dieses Kind werden würde, wußten wir auf alle Fälle nicht.«

War sie durchtrieben? Dumm? Senil? Es ist doch ausgeschlossen, daß die Kreativität so eine stumpfsinnige Angelegenheit wäre, bei der der Verstand letzten Endes keine Rolle spielte! Das stand im krassen Gegensatz zu allem, an das ich mein Leben lang fest geglaubt hatte. Ich erzählte, ich sei Rezensent und habe somit meine Erfahrungen mit der menschlichen Schöpfungskraft. Romanschriftsteller, sagte ich, behaupteten manchmal auch derartige Dinge, ich hätte es jedoch immer als Koketterie betrachtet. Sie wollten sich gern zur Schau stellen als von der Muse geküßt, die durch sie hindurch arbeite wie eine Macht größer als sie selbst, während sie in Wirklichkeit natürlich genau wüßten, was sie tun.

»Vielleicht«, sagte Belinski plötzlich auf niederländisch, wonach er es im Russischen wiederholte, »ist es bei Schriftstellern doch auch so. Vielleicht ist der Schriftsteller nicht der Vater seines Romans, sondern die Mutter, und vielleicht ist gerade die Muse der Vater, während keiner von beiden eigentlich weiß, was er tut.

Ich warf ihm einen ärgerlichen Blick zu. Was bildete dieser Kerl sich ein? Er hatte hier das Intermedium zu sein und war nicht engagiert worden, um seine eigenen Meinungen zu ventilieren, aber jeder im Raum nickte zustimmend. Ich fühlte mich isoliert und tat, was man in solch einer Situation tut: Ich ging zum Angriff über.

»Klara Pölzl und Alois Hitler«, sagte ich, während ich einen Schweißtropfen an der Schläfe herunterrinnen fühlte, »wollten die Juden ausrotten, und damit basta. Das steht fest, und wer auch nur einen Moment seinen Verstand gebraucht, wird da zustimmen. Sonst hätten sie Adolf nicht gezeugt. Auch der Heilige und die Muttergottes dort an der Wand sind auf diese Weise entstanden, um von Christus ganz zu schweigen; aber auch Lenin und Stalin und Sie und ich und Michail Gorbatschow, den ich noch immer bewundere als den womöglich größten Staatsmann dieses Jahrhundert – eine unvergleichliche Leistung, für die ich Ihnen im Namen der gesamten Menschheit im selben Maße Dank sagen möchte, wie ich Klara Hitler verfluche.«

Belinski sah mich fragend an, als wollte er sich vergewissern, ob ich meine Wort tatsächlich übersetzt hören wollte. Ich nickte, und es war, als bliebe der Film plötzlich im Projektor hängen. Keiner rührte sich mehr. Aller Augen waren auf mich gerichtet. Als in einem benachbarten Zimmer plötzlich ein Hund zu bellen begann, vielleicht aufgeschreckt durch die entstandene Stille, erhob sich Frau Gorbatschowa mühsam, zeigte mit dem Zeigefinger auf mich, sah um sich und sagte:

»Der ist ja verrückt.«

Nachdem sie, auf ihren Stock gestützt, das Zimmer verlassen hatte, ging einer der Polizisten zum Telefon und führte ein ziemlich langes Gespräch, das Belinski nicht für mich dolmetschte. Um es kurz zu machen: Ich wurde des Landes verwiesen, es fehlte nur, daß ich gefesselt wurde. Während Belinski unterwegs in jeglicher Sprache schwieg und Notizen in sein Buch machte, brachte das Polizeiauto uns nach Stavropol, im Hotel mußte ich unverzüglich den Koffer packen, wonach ich ins nächste Flugzeug gesetzt wurde. Das Auto wartete auf dem Rollfeld, bis die Maschine abgehoben hatte.

*

Liebe Mama, in diesem Augenblick schaust Du Dir die Herbstfarben an, aber ruf mich bitte sofort an, sobald Du dieses Fax gelesen hast, und sage mir, daß ich nicht ver-

rückt bin. Sonst muß ich mein ganzes Lebenswerk widerrufen, dann sind all meine Essays und Rezensionen Unsinn gewesen. Die absurde Theorie von Belinski, daß Schriftsteller und Mütter nicht wissen, was sie tun, ist doch eine Beleidigung sowohl der Schriftsteller als auch der Mütter! Das würde die Kunst und die Mutterschaft doch in etwas Bestialisches verwandeln! Dann wäre der Künstler eher noch ein Hund als ein Gott! Du bist es, die mich mit einem einzigen Wort aus meiner Verwirrung erlösen kann: Sag mir, daß Du und Papa mich so gemeint haben und nicht einen anderen oder irgend jemanden, Belinski zum Beispiel – schwöre mir, daß ihr nicht einfach aufs Geratewohl etwas tatet und schon sehen würdet, wer es werden würde. Die Welt ist doch kein Kasino, das Leben doch kein Roulette! Wie könnten wir uns dann noch unter die Augen treten? Das Kind benutzt doch nicht einfach seine Mutter, um zu werden, was es ist, wie ein Parasit? Das wäre doch schändlich!

Entschuldige bitte, ich stolpere über meine Worte, ich höre auf und bleibe beim Telefon.

Hoffentlich für immer
Dein Dich liebender Sohn.

Zugabe: Belinskis Notiz

Ein Roman kann auf den ersten Blick ausschließlich ein Bild einer Welt wiedergeben, in der kein Zufall existiert und alles bis ins kleinste Detail vorherbestimmt ist, auch das scheinbar Zufällige, denn er wurde komponiert von einem allwissenden und allmächtigen Erzähler. Diese Welt ist nicht die unsrige. Doch wie die physische Realität – wie ich begriffen habe – zum großen Teil kausal bestimmt ist, aber auch fundamentalen Quantenunsicherheiten unterworfen ist, so passieren auch während des Schreibens eines Romans unaufhörlich Dinge, die der Erzähler nicht vorhergesehen hat. Nur durch seine unvorhersehbare Existenz kann ein Roman ein getreues Bild der Welt wiedergeben.

Harry Mulisch, geboren 1927 in Haarlem, hat in den letzten vierzig Jahren etwa sechzig Titel veröffentlicht, doch war er lange nur in Holland »weltberühmt«. Seinen ersten internationalen Erfolg hatte er 1983 mit dem Roman *Das Attentat*, der eine Vergeltungsaktion der deutschen Besatzungsmacht zum Thema hat. Das Buch wurde auch verfilmt und bekam einen Oscar. Die Kriegs- und Hungerjahre lieferten auch den Stoff für die Romane *Hoogste Tijd* (1985, dt.: *Höchste Zeit*, 1987) und *Augenstern* (1989). Als sein Meisterwerk gilt nach einhelliger Meinung jedoch der Achthundert-Seiten-Roman *Die Entdeckung des Himmels* (1993), der sich zudem auch in den Bestsellerlisten hielt. Harry Mulisch ist verheiratet, hat zwei Töchter und lebt in Amsterdam.

Vladimir Sorokin

Die blaurote Luftmatratze

Guido Sieber

Im Juli geht in der Regel das Geld aus. Ich setze mich auf Milchdiät, trinke jedoch Vodka und nehme die Medikamente, schlafe nicht mit Frauen. Im Prinzip ist die Norm für die Entschlackung fünf Tage, bei mir geht es auch in drei. Am Morgen des vierten Tages trinke ich ein Glas abgekochtes Wasser und verlasse das Haus. Der Weg zum Institut ist nicht gerade kurz – U-Bahn, Straßenbahn, eine Viertelstunde Fußmarsch durch eine Datschensiedlung, das Feld, der Wald. Umgeben von einem prächtigen Kiefernwald und einer drei Meter hohen Ziegelmauer, gemahnt das Institut an die Datscha von Stalin in Kunzewo. Das Gebäude sieht aus wie eine »Poljot«-Torte.

Der Milizionär an der Pforte studiert aufmerksam meinen Ausweis, gibt ihn wortlos zurück. Ich betrete das Institutsgelände. Hier ist alles sauber und gepflegt. Beete, Blautannen, Tujen. Der junge Gärtner sprengt mit einem Gartenschlauch den Rasen. Ich steige die Marmorstufen zum Haupteingang empor, ziehe die schwere Tür auf. Im weitläufigen Vestibül ist es kühl. Im Empfangsschalter mit dem Sichtfenster brennt Neonlicht.

– LSF, – sage ich zu der dicken Frau im Empfang und reiche meinen Ausweis durch. Sie muß nicht lange nach meiner Kartei suchen, macht die Eintragung, gibt mir eine Bescheinigung. Ich gehe in den ersten Stock. Der Flur ist wie immer leer und nur schwach beleuchtet. Der Teppichläufer führt mich vorbei an den bekannten Türschildchen: LHF, LÖF, LMF, LTF, LBF. Meine Tür mit dem Schildchen LSF liegt fast am Ende des Flurs, neben einem Fenster mit weißen Stores und einer Palme in einem Holzkübel. Ich schiebe die Bescheinigung durch den Schlitz an der Tür. Beinah augenblicklich öffnet sie sich, und Schwester Tamara bittet mich herein. Sie ist nicht sehr groß, nicht sehr hübsch, hat aber schlanke Beine und trägt einen sehr kurzen weißen Kittel mit dem Institutslogo auf der Brusttasche. Ich befinde mich in einem Büro mit hoher Decke. Hinter dem Schreibtisch erhebt sich Anatolij Borisowitsch Kogtew und kommt auf mich zu. Er ist der Leiter des Labors zur Aufzeichnung Seltsamer Fantasien. Ein großer, untersetzter Mann unbestimmten Alters, mit der Stimme des Radiosprechers Lewitan und den Manieren eines Markörs beim Billard, Hedonist, Witzbold und Meister seines Fachs. Wir kennen uns seit zwölf Jahren, zum einhundertzweiunddreißigsten Mal überschreite ich die Schwelle zu seinem Büro, um wie gewohnt zu hören:

– Vladimir Georgiewitsch! Eine milde Gabe, Geld nehmen wir nicht, wir geben es!

Ich gebe ihm die Hand, er drückt sie mit seinen dicken Wurstfingern und macht sich daran, mir den linken Ärmel aufzukrempeln. Während mein Blutdruck gemessen und mein Herz abgehört wird, tauschen wir Nichtssagendes aus, wie alte Männer im Dampfbad ihre Seifenstücke:

– Wie ist das Befinden, Vladimir Georgiewitsch?

– Gut, dank Ihrer Fürbitten.

– Die Diät?

– Eingehalten.

– Alkohol?

– Ignoriert.

– Schlafmittel?

– In Maßen.

– Geschlechtsverkehr?

– Vermieden.

– Nikotin?

– Sie wissen doch, ich rauche nicht.

Er wackelt mit dem Kopf und wirft der Krankenschwester das Seifenstück zu:

– Und Sie, Tamara (Zina, Nina, Tanja usw.), behaupten immer, daß es ihn nicht gäbe, den idealen Mann!

Tamara lacht, Kogtew guckt mir in die Augen, ich schaue auf seine Nasenwurzel.

– Nun denn, – er nimmt das Stethoskop vom dicken Hals, – Wie hieß es immer beim KGB – »gehen wir«.

Wir gehen hinüber ins Studio. Ein kleiner würfelförmiger Raum, ausgekleidet mit grauer Schalldämmung. In der Mitte steht ein nicht ganz neuer Sessel, der an die grausamen Zahnarztmodelle heimischer Produktion erinnert. Direkt dahinter jedoch – Superdesign und High-tech: ein Gewirr aus Elektronik, Hydraulik und Optik, in dem sich ein Lotosblatt aus Kunststoff versteckt – Anatolij Borisowitschs bequeme Sitzgelegenheit. Er zwängt seinen wuchtigen Körper dorthin, bückt sich, ächzt und hat kurz darauf, nach allen Seiten ausquellend, eine halbliegende Stellung eingenommen, als wolle er auf seine alten Tage noch Autorennen fahren. Ich nehme vor ihm Platz, Tamara schnallt mich an Handgelenken, Brust und Beinen an, setzt mir eine lichtundurchlässige Brille auf und verläßt unhörbar den Raum. Ins Dunkel getaucht, warte ich auf den rituellen Spruch, nach dem alles beginnt. Kogtew zeigt keinerlei Hast, wie ein echter Profi. Und niemals fragt er, was ich denn diesmal mitgebracht hätte.

– AUFRECHT SITZEN, JUNGER MANN. AUFNAHME.

Kühles Metall legt sich sanft um meinen Kopf, am Ohr ein feines Knacken, ich verliere meinen Körper.

– BAND LÄUFT.

Moskau im Winter. Abend. Dicke Schneeflocken fallen. Ein Taxi, in dem ich sitze, biegt vor dem Bolschoj Theater ein. Ich zahle und steige aus, werfe die Tür zu. Ich trage einen leichten schwarzen Taucheranzug. Die Tauchermaske ist auf die Stirn geschoben. Unter den Bleisohlen knirscht der frischgefallene Schnee. Das führende Theater des Landes ist hell erleuchtet. Ringsum – das Volk in Taucheranzügen verschiedenster Farbe und Form. Ich steige die Stufen empor, stelle mich links zwischen die zweite und dritte Säule, schaue auf meine wasserdichte Uhr. 19.22. Mascha ist noch nicht da. Ringsum eilen die Menschen hin und her, es knirscht: geriffelte Anzüge, enganliegend, mit Faltenwurf, »Haut-Look«, »Schuppen-Look«; Bleischuhe mit Plateausohlen, als Schnabelschuhe, Fasson »Kahn«, »Bock«, »Entenfuß«, »Schiffchen«, »Muschel«.

– Haben Sie eine Karte übrig? – fragt ein dicker, mit Kristall behängter Mann.

Ich schüttle verneinend den Kopf. Gummihandschuhe legen sich auf meine Augen. Ich lege meine darüber:

– Mascha!

– Vova! – sie lacht.

Ich küsse sie in den Winkel ihrer silbrigroten Lippen.

– Wartest du schon lang?

– Sehr lang.

– Du Armer!

Sie trägt ein weißes enganliegendes Kleid, weiße Bleistiefel »Kasatschok«, die weiße Tauchermaske in Form eines zubeißenden Piranha ist hochgeschoben.

– Du bist schön, – sage ich.

– Gefällt es dir? – ihre Augen strahlen, sie zieht mich an der Hand, – Komm!

Wir betreten die Halle, ich zeige der Frau an der Kartenkontrolle die zwei Stanniolstreifen, mit einer Spezialzange kneift sie die Kontrollabschnitte ab. Wir gehen in Richtung Garderobe, um Sauerstoffflaschen zu holen.

– Hierher! – Mascha zieht mich weiter, und wir können uns vordrängeln.

Mascha ist ein tolles Mädchen. Aber ich habe mit ihr noch nicht geschlafen. Wir bekommen zwei Flaschen, schnallen sie auf den Rücken und begeben uns zu den Parterreschleusen.

– Hast du heute bei mir im Büro angerufen? – fragt Mascha.

– Nein. Ich rufe dich immer nur zu Hause an.

– Stell dir vor, da hat einer dreimal angerufen. Eine schmeichlerische Männerstimme. Und unser Trottel Sachnov hat jedesmal geantwortet, daß... sieh mal: Iwanowitsch! – sie deutet mit dem Blick auf einen Herrn in kugelförmigem Anzug.

– Also, was hat dein Sachnov?

– Ach, zum Teufel mit ihm... oj, ewig ist es her, daß ich im Bolschoj war!

Wir betreten die Schleuse. Sie ähnelt einem Aufzug. Die Stahltür schließt sich hinter uns. In der Schleuse befinden sich circa fünfzehn Menschen. Wir setzen die Masken auf, nehmen die Mundstücke, drehen die Sauerstoffzufuhr auf. Eine Leuchtschrift geht an: ACHTUNG! SCHLEUSE WIRD GEFLUTET!

Von unten tritt sprudelnd eine trübe Flüssigkeit ein, in Zimmertemperatur. Mascha macht mir ein Handzeichen in Richtung einer Dame in gelb-schwarzem Salamanderkleid. Unter der bizarren Tauchermaske erkenne ich das Gesicht einer bekannten und sehr beliebten Fernseh-Quizmasterin. Die Schleuse hat sich bis unter die Decke gefüllt, die gegenüberliegende Tür geht auf. Sofort der Stoß der entgegenkommenden Wassermassen, Druckausgleich, die silbrigen Bläschen unserer Luft. Wir verlassen

L.S.F.

die Schleuse und finden uns in einem Saal, der vom Licht hunderter Scheinwerfer durchdrungen ist. Der Zuschauersaal des Bolschoj Theaters ist ein riesiges Klärbecken der Moskauer Kanalisation. Jemand, der nur oberflächlich mit der Fäkalkultur vertraut ist, geht davon aus, daß der Inhalt der Kanalisation eine dicke, undurchdringliche Exrementenmasse sei. Dem ist nicht so. Die Exkremente stellen nur 15-20% dar. Der Rest ist Flüssigkeit. Obgleich trüb, erlaubt diese bei starker Beleuchtung durchaus einen Überblick über den gesamten Saal, vom dem mit Teppich ausgelegten Boden bis zur Decke mit dem berühmten Lüster. Der Raum schimmert bläulich und ist durchsetzt von Myriaden aufsteigender Luftbläschen. Oben arbeiten unhörbar Pumpen zur Homogenisierung der sich stauenden Exkremente, damit diese sich gleichmäßig über den Saal verteilen und der Galerie einen ebenso guten Blick gestatten wie dem Parkett. Ich schaue auf die Stanniolkarten: Reihe 7, Platz 15 und 16. Ideal. Wir setzen uns, schließen uns an die Luftabfuhr an: während der Vorführung dürfen keine Bläschen stören. Das dritte Klingelzeichen. Das Publikum beruhigt sich nach und nach. Über uns – Exkremente und einzelne Bläschen von Nachzüglern. Im Orchestergraben erscheint der Dirigent, hebt seinen stählernen Taktstock. Es erklingt die Ouvertüre zu Tschaikowskijs Oper »Eugen Onegin«. Unsere empfindlichen Membranen reagieren auf die Töne der Geigen, Celli, Waldhörner und Oboen. Die Bläser klingen unter Wasser noch extravaganter als die Streicher. Das Orchester spielt mit Enthusiasmus, ist herrlich aufeinander abgestimmt. »Freies Atmen«, hätte Stokowsky gesagt. Der bleibeschwerte Vorhang geht auf, die Oper beginnt. Das Singen unter derartigen Bedingungen ist allein den echten Virtuosen, den wahren Fanatikern der Opernkunst vorbehalten; die Anforderungen sind höher als beim Kehlkopfgesang der Burjäten, das Risiko ist größer als beim Trampolinspringen. Unter einer zehn Meter hohen Wassermasse fehlerlos und ohne sich zu verschlucken »Ich liebe Sie, Olga!« zu singen, indem man die unter starkem Druck in die Nase steigende Luft nützt, dazu sind, nach Worten Pavarottis, nur »Menschen mit stählernen Lungen, großer Seele und glühendem Herzen« befähigt. Die Sänger sind hervorragend. Endlich erklingen im Bolschoj frische Stimmen, und wir müssen uns vor den Ausländern nicht schämen für das führende Theater unseres Landes. Gorodezkij, Iwanow, Kolokolnikowa – eine

Pléiade von Talenten, die zwar noch jung sind, sich jedoch bereits in allem bewiesen haben. Es ist noch nicht so lange her, daß die Beamten Melpomenes aus der Leitung des Theaters, endlich, hinausgeworfen wurden, die Betonköpfe der satten Breschnew-Ära – und sofort wurde alles anders! Die bezaubernde Tatjana, gleichsam direkt den unsterblichen Puschkinschen Zeilen entstiegen, sitzt im Negligée über dem Taucheranzug am Tisch und hält eine Gänsefeder in der Hand. »Ich schreibe... könnte mehr ich sagen? Bedarf es weitrer Worte noch?« klingt es durch die trübe tonnenschwere Masse, und der Saal explodiert in gummiertem Applaus. Mascha zeigt mir den erhobenen Daumen. Klasse. In der Pause gehen wir ans Buffet. Hier gibt es keine Verteilerströmungen, und die Exkremente schaukeln als grau-braune Masse unter der Decke. Als wir an der Reihe sind, zeige ich der Bedienung mit den Fingern 3 und 2. »Champagner zwei Mal.« Wir erhalten jeder eine Zweideziliter-Flasche, setzen die komplizierten Verschlüsse an unsere Mundstücke, und der exquisite »Moet« fließt durch unsere Speiseröhren. Arm in Arm spazieren wir durch die Halle. Unter den Masken die bewegten Gesichter bekannter und unbekannter Leute; Damen im Pelz, Gentlemen im Smoking, würdige ältere Opernfreunde, buntgewürfelte Jugend. Ich nehme das Programmheft zur Hand und lese, daß die Einnahmen der heutigen Premiere zur Restaurierung des Sucharewskaja-Turms verwendet werden sollen. Dem zweiten Akt wohnt der Präsident bei. Wir begrüßen ihn mit stehenden Ovationen. Die Oper fliegt in einem Atem dahin – Orchester, Ausführende, Chor, Kulissen, Beleuchtung – alles eine große Harmonie, ungewohnt verzaubernd und berauschend. Unser Applaus ist aufrichtig und hingebungsvoll, wie bei Schulkindern, und das gewichtige deutsche Wort Gesamtkunstwerk kommt mir in den Kopf. Zwei Aufzüge vollziehen sich unter pausenlosem Applaus, und da ist bereits die Arie von Gremin. Der Stolz Rußlands, unser berühmter Baß, ein Aufrechter, der sein Haupt immer über der Fäulnis des kommunistischen und postkommunistischen Sumpfes halten konnte.

Es blüht die Liebe allerwegen,
Und ihre Wonnen spenden Segen...

So muß es sich anfühlen, wenn unterirdische Bomben explodieren. Ich spüre, wie die Wassermassen heftig vibrieren. Riesige Luftblasen, die nach jedem Satz aus seinem sinnlichen Mund kommen, steigen schimmernd nach oben und vertreiben schreckhafte Exkrementenschwärme. Die Naturkraft selbst ist es, die da singt.

Dem, dessen Jugend erst erblüht,
Und dem die Welt noch offen steht,
Sowie dem kampferfahr'nen Haupt,
Gestählt vom Schicksal und ergraut.

Der Saal ist nicht mehr zu halten. Ovationen. Ovationen, daß die von den Händen plattgeschlagenen, zerkleinerten Exkremente alles eintrüben. Wir erheben uns. Tränen treten in die Augen. Und Rußland hat doch standgehalten. Und die russische Kunst, sie lebt. Mascha springt hoch hinein ins Trübe und macht mit Zeige- und Mittelfinger ein V. Sie ist einfach entzückend. Das Finale läßt sich trotz zusätzlich eingeschalteter Beleuchtung nur noch mühsam verfolgen. Die Ovationen wollen nicht verstummen. Die Bühne ist überhäuft mit bleibeschwerten Blumen. Man hat sich von der Luftabfuhr abgekoppelt; der Saal kocht vor lauter Bläschen. Die Sänger werden unablässig herausgerufen, sie verbeugen sich im brodelnden Element. Mascha drückt mich am Handgelenk. Ich umarme sie. Die Menge schwemmt uns aus dem Saal: Schleuse, Dusche, Desinfektion, Garderobe und – Maske ab, wir küssen uns, gegen eine Säule des Bolschoj gelehnt. Mascha schlingt die Arme um meinen Hals, dann tritt sie zurück. Der frische Schnee knirscht unter ihren Stiefeln.

– Danke, – flüstert sie.

Ihre Lippen schmecken immer nach Apfel. Hand in Hand gehen wir zur U-Bahn. Nach einigem Schweigen sagt Mascha:

– Komm, laß uns noch einen Sekt trinken.

An einem Stand kaufe ich eine Flasche »Krimsekt«. Wir setzen uns auf die Lehne einer verschneiten Bank und trinken.

– Ich möchte schrecklich gern in »Schwanensee«, – meint Mascha und zündet sich eine Zigarette an, – weißt du, das ist so... so wunderbar. Stärker als Morphium. Am liebsten jede Woche.

– Wird erläädigt, – erwidere ich mit stalinschem Akzent.

Mascha nimmt einen Schluck aus der Flasche und beugt sich mit vollem Mund zu mir. Ich presse meine Lippen an ihre, und eine Sekunde später schäumt der »Krimsekt« in meiner Kehle.

B
I
I
I ENDE DER AUFNAHME
I
I
P

Die Brille verschwindet. Ich blinzle ins Licht. Die Krankenschwester macht mich los.

– Alles bestens, – brummt Kogtew, während er wie wild an der Apparatur hantiert, – im Buffet ein wenig abgetrieben, auf 14,8. Und das Warten auf Mascha – 13,2. Aber ich denke, wir holen das rein. Danke. Kaffee, zur Kasse. Und ich werde mich, mit Ihrer Erlaubnis, ans Ausschlachten machen.

Nach kurzen Dehnübungen verlasse ich das Studio. Tamara schenkt den obligatorischen Kaffee ein. Ich trinke zwei Tassen, sehe aus dem Fenster. Der Gärtner wickelt den Schlauch auf. Tamara schreibt den Scheck aus, stellt unsinnige Fragen, lächelt dümmlich. An der Kasse im Erdgeschoß erhalte ich das Geld. Sie zahlen gut. Zwei Monate Müßiggang in Restaurants. Ich gehe an die Luft. Die Hitze hier außerhalb Moskaus wirkt auf mich wie Kokain: klarer Kopf und zitternde Nervenenden. Als ich aus dem dampfigen Wald komme, erblicke ich eine bekannte Gestalt. Vorn auf dem Feld kommt mir ein großgewachsener alter Mann entgegen. Während der zwölf Jahre sind wir uns wohl schon ein dutzend Mal schweigend auf dem Feld begegnet. Kogtew erzählte mir, das sei der Patriarch des Instituts, bereits in den Vierzigern habe er angefangen. Zuerst sei er spezialisiert gewesen auf historische und ökonomische Fantasien, dann auf Fantasien über das Meer und die Biologie. Vor fünf Jahren sei seine Frau gestorben, und er habe einen leichten Infarkt erlitten. Danach sei er in unser Labor für Seltsame Phantasien gewechselt. Kogtew betont immer, daß der Alte ein großer Meister sei. Wenn ich auf der zwölfgradigen Popow-Skala 5 habe (das ist sehr gut), dann hat er – 2. Das jüngste Meisterwerk des Alten sei ein Rendezvous zwischen Stalin und Mae West in Jasnaja Poljana, unter eben jener »alten Eiche von Andrej Wolkonskij« aus Tolstojs »Krieg und Frieden«. Ich bin nicht mit Details vertraut, doch das Wichtigste an dieser Fantasie sei ein riesiges Schwein, gespickt mit goldenen Trotzkij-Figürchen, das in der Krone der Eiche hängt. Und bei Mae West war etwas mit dem Brustkorb, irgendein kompliziertes hydraulisches System, Hüften mit Scharnieren, ein roter Knopf, den man drückt, und dann klappt alles auf, wie ein Feldaltar, und Stalin schrieb auf georgisch Gedichte in ihre Innereien, und das Schwein quiekte in der Luft des dämmernden Morgens...

Der Alte kommt näher. Er ähnelt einem Elefant. Trotz der Hitze trägt er einen Kaschmirmantel und einen Stoffhut. Wie jedesmal will ich ihn grüßen, doch wie jedesmal verstören mich seine Augen. Sie sind ohne Farbe. Sie sehen durch mich hindurch. Und durch die Welt. Stumm gehen wir aneinander vorbei. Am Bahnhof nehme ich ein aufgeheiztes Taxi mit schwitzendem Fahrer und lasse mich zurück nach Moskau schaukeln. Wie jeder Schizophrene liebe ich die Hitze in der Stadt. In der Natur kann ich sie nicht ertragen, wenn man gemeinsam mit allen anderen in einen trüben Wasserbottich steigen und den Hedonisten spielen muß. Im Juli ist Moskau leer. Der Taxifahrer hält vor meinem Lieblingsrestaurant »Jakor«. Zwei Stunden lang esse ich fette Shrimps und trinke tschechisches Bier dazu. Danach schlendere ich über den weichen Asphalt zurück zu meiner Bude. Sorgsam die Tür hinter mir abschließend, ziehe ich mich aus und falle auf meine einzigartige Bettstatt – eine blau-rote Luftmatratze. Fünfzehn Jahre ist es her, daß mein inzwischen verstorbener Vater sie mir geschenkt hat in der Hoffnung, daß ich endlich »das Schwermütigsein lasse und hinaus auf den See rudere«. Mein lieber naiver Papa. Er konnte nicht ahnen, was er mir da schenkt. Auf den See bin ich freilich nicht hinaus. Dafür sind mir auf dieser Matratze während der sommerlichen Hitze alle meine 132 seltsamen Phantasien gekommen. Und es werden noch Dutzende andere kommen, die mich mit täglich Brot, Bier, Shrimps und Taxis versorgen. Danke, Vater. Warst ein armer Buchhalter, aber hast mir ein fürstliches Geschenk gemacht. Ich liege auf dem Rücken und rudere mit den Armen. Die Augen fallen mir zu. Ich treibe mit der Matratze über den alten Parkettboden, der nach Großmutter und Katze riecht. Das Parkett schaukelt in sanften gelben Wellen. Sie knarzen. Ich bin ganz allein auf diesem Eichenmeer. Ich muß nicht den Hedonisten spielen... Und trotzdem, warum schmecken Maschas Lippen immer nach Apfel?

Vladimir Sorokin, geboren 1955 in Moskau, abgeschlossenes Ingenieurstudium der Petrochemie, machte sich in Europa mit seinem experimentellen Roman *Die Schlange* (dt.: 1990) einen Namen. Seine Texte wurden in Rußland bislang in Abendgesellschaften vorgetragen und zirkulierten im Samisdat. Erst in den letzten zwei Jahren erschienen fast alle seine Bücher auch in seiner Heimat. In deutscher Übersetzung liegen zwei Erzählungsbände und vier Romane vor, zuletzt der Roman mit dem Titel *Roman* (1995). Unter der Regie von Frank Castorf wurde 1995 Vladimir Sorokins Theaterstück *Hochzeitsreise* an der Berliner Volksbühne uraufgeführt.

Margriet de Moor

Die blaurote Luftmatratze

Olaf Hajek

Natürlich wußten wir, warum unsere Stiefschwester weinte. Nadine weinte um Mijnheer Martien. Jemand hatte uns erzählt, daß Mijnheer Martiens kalter, triefender Körper am Abend zuvor bei Ebbe am Strand gefunden worden war, dem Anschein nach von einer starken Strömung mitgerissen und weit jenseits der zweiten Sandbank ertrunken. Die blaurote Luftmatratze, auf der er getrieben hatte, war erst am heutigen Morgen angespült worden. Schlaff, fast ganz leer. Ein kleiner Junge hatte sie zusammengerollt, war damit zu unserem Haus gegangen und hatte sie mit ehrfürchtiger Miene Nadine überreicht.

Es war ein warmer Julitag. Vom Balkon des Zimmers aus, in dem wir auch in diesen Sommerferien wieder schliefen, sahen wir Nadine hinten im Garten, mit dem Rücken zum Haus, zwischen den Beerensträuchern stehen. Plötzlich fuhr sie sich wild übers Gesicht und sackte in die Hocke. Sie streckte die Arme und begann zu pflücken. Sonnenlicht fiel auf ihr kastanienbraunes Haar, das sie zu einem Knoten geschlungen trug. Immer wieder kamen ihre Arme weiß, fleischig und geschickt, wie Tiere, unter dem Blattwerk zum Vorschein, um die Beeren in den Korb neben ihrem sich bauschenden Rock zu werfen. Kummer, das sahen wir. Kummer. Schmerz. Schicksalsschlag. Und über ihrem Kopf tanzte die Sommerluft nicht länger, flimmerte nicht länger in durchsichtigen Arabesken, sondern fiel herab, wie angegriffener Firnis, und enthüllte dabei einen stumpfen Untergrund. Ach, welche Entzauberung! Welche Armut! Niemals würde sie ihn wiedersehen!

Inzwischen waren unsere Brüder aus dem Haus getreten. Noch in Arbeitszeug, standen sie auf der Terrasse, und allein schon ihre Schultern und muskulösen Nacken verrieten, daß sie Nadines Beerenpflücken, dort, ganz allein in der Wärme, als ebenso tragisch empfanden wie wir. Sie gingen über den Rasen und bahnten sich einen Weg durch die Brennesseln, Hippolyte vorneweg, Tony mit seinem goldenen Ring im Ohr, mit den Tätowierungen auf den Armen, dahinter.

»Du kommst ja gar nicht voran, Nadine!« rief Tony, schon von weitem die Stille durchbrechend.

Sie hatten sich noch nicht neben unserer Stiefschwester hingekniet, jeder auf einer Seite, mit Gesichtern, schlaff vor guten Absichten, da begann der ganze Strauch schon zu rascheln und sich zu bewegen. »Sind das Beeren!« schrie Hippolyte. »Verdammt, sind das Massen!« Und wir wußten, daß sich der Heizölgeruch unserer Brüder mit der Ausdünstung von Blumen und Früchten, von tief in Ärmeln verborgenen Frauenachseln und einem Deodorant Marke Maja restlos vermischte. Der Strauch war im Nu leer, der Korb bis zum Rand voll. Alle drei sanken auf die Fersen. Unsere Brüder sahen sich unruhig an, feixten ein bißchen und seufzten. Als Nadine die Hände vors Gesicht schlug, fing Tony von Mijnheer Martien an.

»Lieber Gott, die Besten gehen immer als erste! Die Besten, die Nettesten, die Freigebigsten! Perlen vor die Säue! Ich übertreibe wirklich nicht, wenn ich ihn als großherzig bezeichne. Hat er sich nicht seelenruhig ausnutzen lassen, da, in der Geselligkeit seines Ladens, von Schülern, Hausfrauen, dem erstbesten Mütterchen, das Flaschen zurückbringen will, in Wirklichkeit jedoch kommt, um ein Päckchen Tee mitgehen zu lassen? Wenn ihm das keine schlaflosen Nächte bereitet hat – und wer kannte ihn besser als du, Nadine –, so nur deswegen, weil er bei vollem Verstand gutgläubig war, total unverantwortlich, stimmt's oder stimmt's nicht? Und trotzdem: ahahaha! lief sein Laden erstaunlich gut, meine Liebe!«

Tony schwieg, wie wir glaubten, überwältigt von seinen Worten. Wir fanden, daß er übertrieb. Mijnheer Martien war ein Mann mit Backenbart und Goldbrille, der freundlich an seiner Kasse saß. Als wir eines Nachmittags die Ladentür aufstießen, sahen wir, daß ein Hund, ein reinrassiger Afghane, zwischen den Regalen herumlief. Das Tier, das mit seiner glänzenden Schnauze die Besen und Spülbürsten beschnüffelte, geradeso als wüßte es genau, daß sich dahinter etwas verbarg, war »ihm zugelaufen«, wie Mijnheer Martien uns erzählte. Wir durften den Streuner für ein Stündchen in die Dünen mitnehmen, und als wir verdutzt und völlig atemlos zurückkamen, lange nach Ladenschluß, sagte Mijnheer Martien: »Was? Jetzt schon zurück? Habt ihr schon Eis gegessen?« Und er stand auf, um Eislutscher zu holen und danach eine blaue Emailschüssel mit Wasser auf die Fliesen zu stellen, direkt unter die Hundeschnauze. Für einen Moment flimmerte Mijnheer Martiens ganze Welt vor unseren Augen, blau, schimmernd, eiskalt. »Schmeckt's?« fragte er beim Aufschauen.

»Armer, armer Martien...! Armer Kaufmann...!« tönte es aus dem Garten.

Wieder Tony, Tony mit seiner in Fahrt gekommenen Stimme. So lässig er auch für gewöhnlich mit Worten umging, so lässig unsere beiden Brüder für gewöhnlich damit umgingen, konnte Tony doch plötzlich platzen und mit immer größerem Tempo und Druck seinen Leidenschaften, seinem maßlosen Überschwang Luft machen.

»Leider konnte er schlecht schwimmen!«

Wir sahen, daß Nadine und Hippolyte sich kaum mehr rührten. Mit hängenden Schultern, die Hände auf die Knie gestützt, hockten sie zwischen den Sträuchern.

»...Und leider ist es auf einer Luftmatratze irrsinnig gefährlich in der Strömung, dort, an den Wellenbrechern, am scharfen Basalt, wenn sich das Wasser nach der Flut zurückzieht, dunkel, saugend, immer schneller, und sich nur allzuoft auf einen tosenden Strudel, eine Spirale zubewegt, eine Mechanik, die sich unwiderruflich in den Meeresgrund bohrt...!«

Nadine zuckte mit den Achseln. Ganz im Bann der schrecklichen Anekdote lösten wir unseren Blick von ihr und schauten in den Garten, wo die Sonne lange Schatten

warf und eine graue Katze zwischen den Dahlien rumschlich.

Hippolyte sprang auf.

»So! Die Sache wäre erledigt, allerbestens! Und jetzt, Nadine, kochen! Ja, los, an die Arbeit! Kartoffeln und Fleisch, trotz... trotz... Darf ich mal?« Und er bückte sich und zog sie behutsam, wenn auch mit einiger Mühe, an den Ellbogen hoch.

Bei Tisch war es nicht gemütlich, kein Anlaß, um auch nur eine Sekunde zu lachen. Unsere Stiefschwester setzte uns ein Gericht vor, das wir noch nie gegessen hatten, einen Eintopf, der so süß und köstlich war, daß unsere Brüder in Schweigen verfielen und wir beide sogar zu denken aufhörten. Nadine aß keinen Bissen. Sie stiefelte zwischen dem Mobiliar des Vorderzimmers hin und her, blieb immer wieder stehen, lächelte wie eine Närrin, bis Hippolyte die Störung ihrer Gemütsruhe einfach nicht mehr mit ansehen konnte und seinen Stuhl umwarf, um ihre Lieblingsplatte aufzulegen. »Wien, Wien, nur du allein, sollst stets die Stadt meiner Träume sein...« Sie stürzte aus dem Zimmer.

Gleich nach dem Abwaschen küßten wir unsere Brüder.

»Wir gehen ins Bett«, sagten wir.

Sie protestierten nicht mal, sondern fuhren ohne aufzusehen fort, die altgediente Küchenmaschine, die mahlen, hacken, schneiden, mischen, kneten konnte, auseinanderzunehmen und einzufetten. Wir atmeten auf, als wir die Tür unseres Schlafzimmers hinter uns zuzogen.

Es war ein herrlicher Abend mit roten Streifen am Himmel. Von jenseits des Gartenzauns klangen die Stimmen und das Motorgedröhne der Dorfbevölkerung zu uns herauf, die zum Meer zog, um vor dem Dunkelwerden noch eine Stunde zu schwimmen. Wir ließen uns auf unser Bett fallen. Zwischen den Kissen lag, an der Stelle aufgeschlagen, an der wir stehengeblieben waren, Pim Pandur, der Schrecken des Imbosch. Uns fiel gerade noch rechtzeitig ein, die Fliegentüren zum Balkon zu schließen, und dann tauchten wir augenblicklich, lang ausgestreckt, seufzend und uns an den Fußknöcheln kratzend, in die Nebel der Veluwe bei Nacht und Wind ein, wo eine ganz in Schwarz gekleidete Gestalt, geschmeidig wie eine Katze... Die Mücken tickten an das Fliegengitter. Die Dorfbewohner kehrten in ihre Häuser zurück. Stille. Bei Anbruch der Nacht, gerade als wir uns die Augen gerieben hatten und die Möbel ihre Formen wieder annahmen, hörten wir, daß unsere Brüder ihr Zimmer verließen.

Eine Tür knarrte, an der Schwelle polterte es, etwas fiel, wir hörten das rasend schnelle Flüstern von Tony und Hippolyte, der, ohne die Stimme zu dämpfen, »Tinnef!« und »Scheiße!« sagte. Dann lauschten wir, wie so oft in diesem Sommer, ihrem Gekicher auf der Treppe und folgten ihren Schritten durch die Dunkelheit des Flurs zum Hauswirtschaftsraum, wo sie in der Bastelecke ihr Werkzeug aufbewahrten. Nur wenn man es wußte, konnte man kurz darauf das Klicken der Außentür hören.

Nun gab es drei Möglichkeiten. Entweder nahmen sie den Buick und fuhren ans Meer, um dort, auf der Kippe zwischen Ebbe und Flut, ein durchsichtiges Netz durch die Brandung zu ziehen, was die Folge hätte, daß wir sie morgen mittag mit schmalen Messern neben einem Eimer voll Blut und Schleim antreffen würden. Eine Woche lang würde es Rotzunge geben. Oder sie holten ihren Volkswagen, ein irrsinnig schnelles Ding und so wendig wie sonst was, um mit voll aufgeblendeten Scheinwerfern über Prinz Bernhards tipptopp gepflegte Golfplätze zu rasen, während Tony, aus dem rechten Fenster hängend, am Visier seines Jagdgewehrs dreht. Dann würde uns morgen der schwere, fette Geruch von Haut, von Gekröse, von durchtrennten Sehnen in die Nase steigen, ein Geruch, der sich so gar nicht mehr mit den Sprüngen und Haken des Kaninchens in Verbindung bringen ließe, das dort, wie ein Lumpen, an einem der Wäschepfähle hängt. Hippolyte ist voll konzentriert und versteht seine Sache. Im Nu wird er das feurigrote Ding auf die schöne Schale zu den vier oder fünf anderen gelegt haben.

Die dritte Möglichkeit war einigermaßen dunkel. Um herauszubekommen, was sie an den Hintertüren oder auf den mit Wein bewachsenen Balkonen der Villen in »De Zuid« eigentlich genau trieben, wo sich die inmitten ihrer Besitztümer schlafenden Bewohner durch Scheinwerfer am Giebel, empfindliche Vorrichtungen an Fenstern und Türen und ein paar Hunde in der Diele geschützt wußten, um hier alle Einzelheiten in Erfahrung zu bringen, würden wir morgen die Abendzeitung bei den Regionalnachrichten auf Seite fünf aufschlagen müssen. Drei Tote durch Mord und Brand. Landstreicher ärgert Kaplan mit Kerzenmeer. Leiterdiebe auf frischer Tat ertappt.

Raser entwischt. Geschirrschrank entwendet. Meist gelang es uns, die Meldung, die uns etwas anging, zu entdecken.

Nach dem üblichen Getrödel im Bad gingen wir wieder zu Bett, löschten das Licht und beschlossen zu schlafen. »Gute Nacht!« »Gute Nacht!« »Gute Nacht.« »Gute Nacht...« Die Schläfrigere verlor. Wir wurden still. Die Welt drehte sich bereits.

Da hörten wir von oben einen lauten Seufzer.

»Was ist das?«

Wir schossen hoch und sahen in die Dunkelheit.

Ein Schluchzer, ein trauriger Aufschrei hatte uns im ersten Schlaf gestört. Das Echo hing noch im Raum. Kompakte, regelmäßige Schwingungen veranlaßten uns dazu, uns umzusehen und zu lauschen. Doch das Geräusch wiederholte sich nicht. Im Gegenteil. Eine allesbeherrschende Stille ergriff Besitz vom Haus. Wir wünschten, ein Auto führe vorbei, ein frischer Wind käme auf. Wir ließen uns in die Kissen sinken und schauten wach und traurig zur Decke hinauf.

Sie vermißte ihn. Sie war einsam. Unsere Stiefschwester lag im Bett und wälzte sich hin und her. Diesen ganzen Sommer lang hatte Nadine zweimal in der Woche ihr Kleid gebügelt und war gegen Abend ins Dorf gegangen. Wenn sie dann im Mondlicht zurückkam, zusammen mit Mijnheer Martien, schaute sie glatt durch uns hindurch, so beschäftigt war sie mit dem Genever, den Spielkarten und dem Heranschieben der Stühle unter die Lampe im Wintergarten. Dann, so wußten wir, folgte die Stunde der flinken Handbewegungen. Sie saßen sich an dem kleinen Tisch neben der Tür breit gegenüber, mischten und gaben mit sehnsüchtigen Blicken und knallten, als gälte ihre Aufmerksamkeit nichts anderem, unter dem triumphierenden Ausruf: »Du bist sehr gut!« ihre Karten auf das grüne Tuch. Erst später, wenn wir schon schliefen, ging sie ihm voraus in die kleine Kammer unter dem Dach. Nachthimmel. Ein fiebriger Windstoß durchs offene Fenster. Und die ganze Sache mit Nacktheit und Umarmungen, über die uns niemand etwas zu erzählen brauchte.

Den nächsten Tag verbrachten wir am Meer. Wir waren kaum fertig mit dem Tee und den Zwiebacken, da fing unsere Stiefschwester schon an, eine Keksrolle und zwei Badeanzüge in ein Handtuch zu wickeln.

»Dürfen wir die Luftmatratze von Mijnheer Martien mitnehmen?« fragten wir.

Ohne uns auch nur eine Sekunde lang anzusehen, sagte sie, den Blick starr auf einen bestimmten Punkt über uns gerichtet: »Die müssen wir erst noch flicken.«

Es war noch früh. Der Himmel war kühl und hellblau, aber bereits voller Glanz.

Anfangs waren wir still und lagen ohne großen Elan da, die Wangen auf dem feuchten Sand. Als die Sonne jedoch höher stieg und um uns herum, zusammen mit der Wärme, die Fröhlichkeit und der Trubel gewaltig zunahmen, gingen wir zuerst schwimmen, beteiligten uns danach an einem Schatzgräberwettkampf, bei dem wir eine Wasserarmbanduhr und dann eine Plastikpuppe zu Tage förderten, und ließen uns schließlich von einem dicken, roten Mann beschwatzen, uns das Windhundrennen am ruhigen Strand anzuschauen, wenn wir gut hinhörten – sagte er –, könnten wir die Musik aus den Lautsprechern bereits hören. So war es. Wir betraten die mit Seilen abgesperrte Fläche, wo der Mann uns, nachdem er uns Eintrittskarten, Eis und Sonnenhüte aus Stroh gekauft hatte, schon sehr bald im Spektakel der Hunde und der flatternden Fahnen verlor. Wir schauten den dahinhetzenden Viechern zu und ergriffen Partei für einen großen grauen mit grüner Rückendecke. Er siegte tatsächlich.

Als wir am späten Nachmittag nach Hause kamen, waren unsere Brüder und Nadine im Garten beschäftigt. Der Rasen war bedeckt mit blinkend weißer Wäsche, und an drei Leinen bewegten sich die Laken steif im lauen Wind. Tony half unserer Stiefschwester, die Wäsche abzunehmen. Hippolyte hatte die blaurote Luftmatratze ausgerollt, er hatte sie aufgeblasen und sah jetzt nach, wo sich die Löcher befanden. Wir lungerten einen Augenblick auf der Terrasse herum, gähnend und noch ganz träge vom Meer. Dann mußten wir beide an die Zeitung denken, die drinnen zusammengefaltet auf der Türmatte lag.

Dreister Raub, lasen wir, über den kleinen Tisch im Wintergarten gebeugt. Zwei Männer drangen heute nacht in ein Haus am Koepelweg ein, nachdem sie ein Fenster samt Rahmen aus der Mauer gestemmt hatten. Ein Bewohner, der gegen zehn vor eins nach dem Rechten sehen wollte, wurde nach gezielten Schlägen gezwungen, die Tür seines Tresors zu öffnen. Er wurde auch mit einer Handfeuerwaffe bedroht. Unsanft an einen Eichentisch gefesselt und

völlig verstört, mußte er zusehen, wie die Täter nach einem Griff in die Schmuck- und Geldfächer spurlos in der Nacht verschwanden.

Hungrig und mit dem Gedanken, ob wohl noch ein paar Flaschen Perl im Kühlschrank lagen, sahen wir auf. Sie waren noch immer nicht fertig. Über dem einen Arm die Kissenbezüge, den anderen nach den Geschirrtüchern auf dem Gras ausgestreckt, ging Tony mit vorsichtigen Schritten herum. Hippolyte saß zusammen mit unserer Stiefschwester neben der Luftmatratze. Ernst blickte er in Nadines verweintes Gesicht, die zurückblickte und nickte. Ja. So wird's gemacht. Erst schneiden wir die Flicken zurecht. Dann schmieren wir Kleber um die Löcher, legen die Flicken darauf und drücken sie mit dem Handballen gut zwei, drei Minuten lang fest an.

Margriet de Moor, geboren 1941, studierte in Den Haag Gesang und Klavier. Nach einer Karriere als Sängerin, vor allem mit Liedern des 20. Jahrhunderts, studierte sie in Amsterdam Kunstgeschichte und Architektur. Sie veröffentlichte zunächst zwei Erzählungsbände, danach den vielbeachteten Roman *Erst grau dann weiß dann blau*, für den sie 1992 den AKO-Preis erhielt, eine der wichtigsten Auszeichnungen der Niederlande. 1993 erschien ihr zweiter Roman *Der Virtuose*. Im Herbst 1996 erscheint ein Erzählungsband, *Ich träume also*.

FEUCHTENBERGEROWA

Ingrid Noll

Die blaurote Luftmatratze

Anke Feuchtenberger

Ich gehöre zu jenen blonden Krankenschwestern, die alle Klischees erfüllen, besonders das von lüsternen Chef- und Oberärzten, die meine Väter sein könnten. Aber ich arbeite dagegen an: Meine Figur ist knabenhaft, meine blauen Augen blicken gar verträumt in die Welt, so daß ich Beschützer- und nicht Verführerinstinkte wecke. Natürlich kann ich auch anders dreinschauen, aber hier in unserer psychosomatischen Privatklinik wird mich so leicht keiner dabei erwischen.

Unser dackelbeiniger Oberarzt hat ein Pygmalion-Syndrom, er will mich bilden. Dagegen läßt sich nichts einwenden. Gerade jetzt im Sommer wird er redselig. Ich weiß, daß er einen Grund sucht, im Park herumzulungern, weil er sich nur hier eine Zigarette gönnen mag. Wenn ich auf meiner blauroten Luftmatratze im Halbschatten liege, pflegt er sich leutselig neben mir niederzulassen. Durch sein Gewicht entweicht die Luft zwar nur in langsamen Stößen, aber unter unguten Tönen.

Mich interessiert ein Neuer. Der junge Mann besitzt die gleiche altmodische Luftmatratze wie ich, was eine absolute Rarität darstellt. Sind doch in diesem Park schicke Deck Chairs, weiße Liegestühle, englische Gartenbänke und grüne Loom-Sesselchen gefällig verteilt und zur allgemeinen Benutzung freigegeben, auch leichte Wolldecken, geblümte Kissen und Knieplaids werden ausgeliehen. Aber nur wir zwei haben uns ein kleines nostalgisches Privatrelikt hierher gerettet, wir pfeifen beide auf die Zauberberg-Attitüde.

»Ein schwerer Fall von Schlangenphobie«, sagt der Oberarzt und folgt meinen Blicken. Ich muß lachen: »Nun, wenn man Schlangenwärter im Zoo oder Giftabzapfer auf einer Reptilienfarm ist, dann muß man etwas gegen eine solche Phobie unternehmen, obgleich eine vom Arbeitsamt finanzierte Umschulung sicherlich die billigere Lösung ist. Aber hier auf mitteleuropäischem Asphalt kriechen uns wohl schwerlich Nattern entgegen.« Ich habe klug gesprochen, bei Männern, die ich nicht mag, gelingen mir lange Sätze (übrigens hatte ich Deutsch als Leistungskurs). Aber mein Mentor schüttelt den Kopf. »So simpel ist das nicht«, dozierte er, »wenn es so weit geht, daß der Betroffene alle Schlangenabbildungen aus seinen besten Lexika herausschneidet, wenn er sich nicht mehr in einer Menschenschlange anstellen und keine Serpentinen fahren kann und beim Wort `Schlangenlinie' in Ohnmacht fällt – dann ist es höchste Zeit für eine Therapie.«

Armer Kerl. Ich betrachte ihn – natürlich nicht den Oberarzt – erneut mit Wohlgefallen und Interesse. Wie kann man ihm helfen? Professor Higgins erhebt sich schwerfällig, die Pflicht ruft, die Kippe drückt er im Rasen aus. »Helfen? Da muß ich mir noch etwas einfallen lassen, der mauert total.«

Der Schlangenmensch liegt immer auf der Seite und liest; ich hatte noch nie Blickkontakt aufnehmen können. Wenn es kühl wird, geht er auf sein Zimmer, ohne aufzusehen und andere Patienten oder das Personal zu grüßen. Einmal hat er seine Lektüre liegen lassen, es war ein Biologielehrbuch. Schon seit Tagen habe ich mir eine lockere kleine Anspielung auf unseren gemeinsamen Matratzengeschmack überlegt, ein sinnloses Unterfangen. Als er heute an mir vorbeihastet, kommt es dafür spontan und wenig geistreich über meine Lippen: »Hallo!« Immerhin ein ängstlicher Blick seinerseits. »Was für ein schöner Pullover!« sage ich wie zu einem Mädchen, und er lächelt tatsächlich.

Am nächsten Tag ist es wieder warm, und eine dösig-mittägliche Stimmung herrscht im Park. Der Schlangenmensch kommt später als ich und bleibt tatsächlich vor mir stehen. »Wenn du dein Lager nicht gerade unter den Glyzinien hättest...« sagt er vorwurfsvoll. Ich verstehe nicht ganz und schaue ins Geäst hinauf. Da oben lauern sie, nun sehe ich es auch, ein Gewirr und Geknäuel, Gewinde und Gekrauche. Mit der Luftmatratze unter dem Arm folge ich ihm in den Schatten seines mit Bierreklame bedruckten Sonnenschirms, der ebenfalls nicht zum hiesigen Inventar gehört.

»Probier mal«, sagt er und hält mir einen Baumwollpullover hin, ohne Zweifel keine maschinengestrickte Ware, sondern ein Exemplar von großer Schönheit und origineller Farbgebung. Die meergrünen Streifen, die sich frech mit orange und rosa abwechseln, sind in Größe und Struktur überraschend vielseitig und lustig angeordnet. Ich ziehe den Pullover über den Kopf, mein flacher Busen kann die Querrippung gut vertragen, der Geringelte paßt wie angegossen.

»Wenn er dir gefällt, kannst du ihn haben«, sagt der Schlangenmensch. Wir sitzen hübsch getrennt auf unseren Luftmatratzen, ich zupfe Gänseblümchen, er zupft vergeblich an einem Nasenhärchen.

»Was für einen Job hattest du vorher?« frage ich befangen. Aber das Eis ist beinahe gebrochen. – »Erst habe ich Mediävistik studiert, dann war ich Detektiv, bald fange ich neu an mit Zoologie. Und du?« – »Ich bin Krankenschwester.«

»Dann sag mir mal, wen die beiden Schizos da hinten auf der Bank darstellen – Napoleon und Papst?« – »Quatsch, seit Jahrzehnten gibt es keine Napoleons mehr. Der rechte ist Michael Jackson, manchmal schmiert er sich mit Schuhcreme ein, um sich hinterher weiß machen zu können.« – »Ich fand Irrenwitze noch nie lustig«, sagt der Schlangenmensch; ich auch nicht.

Als der Oberarzt auftaucht, winkt er mich zu sich. »Na, schon was rausgekriegt?« will er wissen. Ich schüttele den Kopf. Anscheinend soll ich nun als Agentin eingesetzt werden.

Ich nenne den Schlangenmenschen Tristan (bis jetzt ist mir noch für alle ein passender Name eingefallen). Als Student hatte er einem einsamen Wolf – seinem Onkel – in dessen Privatdetektei ausgeholfen, ein lukrativer Nebenverdienst. Als der Wolf plötzlich von einem Auto überfahren wurde, erbte Tristan bereits mit 24 Jahren dieses Detektivbüro, trennte sich für immer von der Mediävistik und begann, untreue Ehefrauen oder -männer zu beschatten.

Nach drei Tagen ist Tristan zutraulich geworden. Ohne daß er über mich etwas Konkretes weiß, beginnt er zu beichten. »Ich habe gar keine Schlangenphobie«, sagt er, »das ist nur ein Trick, damit sie mir meine Ruhe lassen. Ich mag allle Viecher gleichermaßen, für mich gibt es keine bösen und guten Tiere wie in der Fabel, das wäre doch purer Unsinn für einen Zoologen.«

Wir schweigen lange. Dann sagt er fast herzlich: »Wahrscheinlich hast du – genau wie ich – in letzter Zeit zu viel Streß gehabt.«

Tristan beginnt mit der Erklärung seiner beeinträchtigten Befindlichkeit: »Der Auftrag kam vom Dachverband europäischer Strickwaren und war, wie fast alle meine Geschäfte, streng vertraulich.«

Im letzten Jahr waren in Kaufhäusern und Boutiquen Pullover aufgetaucht, die mit ihren Preisen alles unterboten, was bisher an Billigimporten aus Ländern der Dritten Welt auf den Markt gekommen war. Aber im Gegensatz zu jenen Produkten, die an Qualität und Geschmack meistens nicht mit europäischer Ware zu vergleichen waren, handelte es sich hier um Pullover aus reinen Naturfasern, von erlesener Ästhetik und ausgefallener Musterung; handgestrickt, Stück für Stück ein Unikat. In wenigen Wochen war es unter der Jugend Europas ebenso selbstverständlich, die obere Hälfte mit diesen Pullovern zu bekleiden, wie man die untere seit Jahr und Tag in Blue jeans steckte. Man bedenke die gewaltigen Defizite für die deutsche Textilindustrie, und schon kann man sich Tristans Spesenkonto errechnen!

»Mein Auftrag lautete: ermitteln, wo man solche Pullover herstellt, und anprangern, für welchen Hungerlohn in irgendeinem Entwicklungsland für einen reinen Modeartikel Menschen ausgebeutet werden.«

Der Oberarzt ist tatsächlich eifersüchtig. »Sie sind doch ein kluges Kind«, sagt er, »lassen Sie lieber die Finger von diesem Verrückten...« Ich räuspere mich scharf. »Sorry«, sagt er und muß ertragen, daß ich Hals über Kopf davonlaufe. Soll er ruhig wissen, daß mich die Bulimie wieder beutelt.

Tristans Geschichte ist wunderlich. »Meine Order hörte sich einfach an, aber meine Auftraggeber wußten selbstverständlich, daß die Importware in Hongkong verpackt und etikettiert wurde, daß es aber bisher unmöglich gewesen war, das genaue Ursprungsland in Innerasien auszumachen. Alles, was mit der Fabrikation dieser Pullover zusammmenhing, schien ein tiefes Geheimnis zu sein, und auch die in Hongkong üblichen Bestechungsgelder hatten absolut keine Wirkung gezeigt.«

Also machte sich Tristan auf den Weg nach Hongkong. In seinem Bericht hielt er

sich lange mit sinnlichen Eindrücken auf – dem Geruch von Garküchen, menschlichem Schweiß und anderen intensiv riechenden Ausscheidungen, dem Gehupe der Wagen, Gezeter der Kulis. Seine Augen wurden müde vom Schauen, die Beine wurden lahm vom Laufen und erst recht der Arm, der ständig Papiere und Geld sicherte.

Ich wollte den Schlangenmenschen gelegentlich zu mehr Tempo antreiben, aber wenn er einmal angeleiert war, achtete er fast nie auf meine Zwischenfragen. Ich hatte mir angewöhnt, die teuren Layout-Filzstifte mit in den Garten zu nehmen und beim Zuhören mein Tagebuch mit farbenfrohen Linien zu schmücken. Es kam mir allmählich so vor, als ob Tristan in Hongkong das satte Leben aller Touristen geführt hatte, wo blieb das versprochene große Abenteuer?

Aber schließlich verließ der Schlangenmensch doch noch die Millionenstadt. Seine Bestechungsversuche hatten endlich Erfolg gehabt: Er hörte, daß die Pullover nicht mit der Bahn, sondern mit Lkws und bei tiefer Nacht an die Versandfirma ausgeliefert wurden. Tristan gelang es, sich unter leeren Kartons und Säcken, ausgestattet mit Vorräten, in einem der zwei Lastwagen zu verstecken und von den Fahrern unbemerkt die Reise in ein unbekanntes fernes Land anzutreten.

»Nach wenigen Stunden taten mir schon alle Knochen weh. Die Säcke boten wenig Komfort zum Liegen, die Straßen waren schlecht. Aber das war nur der Anfang, ich mußte mich wohl oder übel auf eine tage-, ja wochenlange Fahrt gefaßt machen. Wir fuhren ohne Pause, die Fahrer wechselten sich ab. Einer schlief ständig in der Koje. Zum Glück wurde es nach einigen Tagen gebirgig und kühl, denn bei der südchinesischen Hitze hätte mein Wassertank nicht lange ausgereicht. Nach einer Woche Fahrt hatte man mich noch nicht entdeckt, aber ich selbst war ein anderer geworden. Ich hatte ja Zeit zum Nachdenken. Mein Gott, in was hatte ich mich da eingelassen! Lahm an allen Gliedern, hungrig – da ich meine Vorräte streng rationierte – und völlig gleichgültig gegenüber meinen Auftraggebern. Der Erfolg und das Honorar waren unwesentlich geworden. Fragwürdig kam mir mein bisheriges Leben vor, fragwürdig mein Beruf. Man schickte mich in ein unterentwickeltes Land, ein Entwicklungsland, ein Land der Dritten Welt. Welcher Hochmut hatte diese Begriffe geprägt! Den einzigen Sinn sah ich allerdings in meinem Auftrag, menschenunwürdige Ausbeutung zu unterbinden. Wenn mir das gelingen sollte, konnten mir die europäischen Fabrikanten den Buckel herunterrutschen.«

Tristan ist so sehr zum Geschichtenerzähler geworden, daß er kaum bemerkt, daß sich jetzt täglich ein paar weitere Zuhörer auf unseren Luftmatratzen eingefunden haben. Der liebenswürdige Michael Jackson, die Frau mit der Flugangst (immerhin ist sie die Gattin eines Diplomaten), Zarah Leander und mein Leidensgefährte Kotzebue sitzen artig dabei und staunen.

»Nach zwei Wochen Fahrt gönnten sich die Fahrer einen Tag Rast. Sie stellten die Wagen auf einen abgelegenen Parkplatz, ohne abzuschließen; man merkte, sie kannten sich hier aus. Alle vier Fahrer stiegen eine Böschung hinunter und verschwanden in einem Wäldchen. Nach kurzer Wartezeit traute ich mich aus meinem Versteck, klaute von ihren Vorräten, säuberte mein Lager, trank ausgiebig aus einem Bach und füllte meinen kleinen Tank, wenn auch mit Herzklopfen. Die Gegend war vollkommen einsam, rauh, gebirgig und von verschlossener Schönheit. In der Ferne sah ich eine Art wilder Ziegen. War ich noch in China oder bereits in einem anderen Land? Schon lange gab es für mich keine lesbaren Schilder und Hinweise mehr.

Als ich in der Ferne die Fahrer auftauchen sah, warf ich mich sofort in Deckung. Sie schienen mich nicht gesehen zu haben, und es gelang mir, von der abgewandten Wagenseite aus wieder in mein Versteck zu kriechen. Die Fahrt ging weiter. Die Berge wurden zum steilen Gebirge, fielen schließlich jäh ab, und nun änderte sich auch das Klima. Es wurde warm.«

Der Oberarzt steht plötzlich vor uns, Tristan verstummt. »Ich störe doch nicht?« fragt der Psychiater und steckt sich eine Zigarette an. Kotzebue ist mutig: »Doch!« sagt er, was den Arzt aber noch längst nicht zum Gehen bewegt. »Wenn ihr ein bißchen rückt, kann ich ebenfalls eure Piratenschiffe entern«, sagt er lustig und will tatsächlich als Vierter auf meiner morschen Matratze sitzen. »Vorsicht!« rufe ich, aber da ist es schon passiert. Nun wird es ihm zu hart, er zieht ab, der Preis ist leider hoch. Im Gehen knurrt er den Schlangenmenschen an: »Bei mir kriegen Sie nicht die Zähne auseinander, Herr Mäusel, und hier spielen Sie die Scheherazade!«

Tristan zögert; er möchte mich auf sein blaurotes Sofa einladen, aber wir haben beide Schwierigkeiten mit körperlicher Nähe. Also bleibe ich mit Jackson und Zarah auf hartem Grund. Tristan fährt fort:

»Eines Morgens erwachte ich mit einem unbestimmten Schrecken aus tiefem Schlaf. Wir fuhren nicht. Ich öffnete die Augen und sah über mir die Gesichter aller vier Fahrer. Ernst und wortlos betrachteten sie mich. Ich war wie gelähmt, Todesangst bis in die Fingerspitzen. Nachdem wir uns gute fünf Minuten angestarrt hatten, begannen die Männer zu lachen. Es war ein gutmütiges, ja kindliches Gelächter, und ich versuchte – etwas gekünstelt – einzustimmen. Man redete auf mich ein, es mochten Fragen sein. Ich antwortete auf englisch, zwecklos. wir konnten uns absolut nicht verständigen, aber ich hätte auch wirklich keine einleuchtende Begründung für meine Gegenwart angeben können.

Der nächste Tag war wunderbar. Die Männer behandelten mich als Gast, gaben mir Obst, Reiswein und frische Fladen aus einem Dorf, ließen mich nach vorn auf den Beifahrersitz und machten ständig gutmütige Scherze. Sie schienen keine bösen Absichten zu haben, und ich bedauerte fast, nicht früher entdeckt worden zu sein, denn die letzten Tage der Fahrt waren die reinste Erholung.

Es wurde ständig heißer, die Vegetation änderte sich. Buschige feuchte Wälder voller Papageien, Schlingpflanzen, die mich an Tarzans Heimat erinnerten, kleine Affen, seltsame Geräusche von unsichtbarem Getier. Selten sah man Menschen. Die Fahrer bedeuteten mir, daß wir bald am Ziel wären. Dabei betrachteten sie mich eingehend, um zu erkunden, wie ich darauf reagiere. Ich spielte den Gelassenen, der ein reines Gewissen hat.«

Zarah seufzt und greift bei den Worten »reines Gewissen« in meine langen blonden Haare wie in ein Saitenspiel. Eigentlich heißt Zarah ›Herbert Böttger‹ und ist transsexuell. »Ich glaub', ich bin lesbisch«, sagt Zarah mit ihrer oder seiner herrlichen Stimme. »Do be quiet«, befiehlt die Diplomatenfrau mit Emphase, und Tristan haut Zarah kurz und zart auf die Pfoten, was mich aus tiefster Seele beglückt. Ich bedeute ihm etwas.

»Bei Sonnenaufgang erreichten wir eine Flußlandschaft, die dicht besiedelt war. Keine Industrie, keine Telefonleitungen, jedoch ein sehr differenziertes Wassernetz. Die Häuser aus getrocknetem Lehm und Bambusstäben gebaut. Die Menschen von asiatischem Aussehen, eher gelb als braun, heiter winkend. Rote und gelbe Blumen vor jeder Hütte, Körbe mit frischen Früchten vor der Haustür.

Am frühen Nachmittag näherten wir uns einem Camp, das mit Stacheldraht und

Elektrozäunen gut gesichert war. Ein Posten öffnete und nahm die Säcke, die unser Fahrer mitgebracht hatte, in Empfang.

Meine Erregung wuchs. Auch die Männer schienen aufgeregt zu sein und diskutierten untereinander. Sie brachten mich in eine Baracke. Hinter einem Schreibtisch saß ein kleiner, grauäugiger Mann, der wohl zur Hälfte Europäer sein mochte. Er sprach mich in einer slawischen Sprache an. Ich antwortete englisch.

Man holte einheimische gelbe Männer in weißen Kitteln. Fast gleichzeitig begrüßten sie mich und fragten höflich nach dem Grund meines Besuches. Der eine sprach reinstes Oxfordenglisch, der andere hatte einen amerikanischen Akzent. Ich behauptete, Forscher zu sein – Biologe –, und wolle eine Arbeit über seltene Insekten schreiben. Hätte ich mich doch lieber zum Geologen, Ethnologen oder Sprachforscher gemacht! Die Herren waren zoologische Koryphäen, und ich beantwortete ihre wissenschaftlichen Fragen so dümmlich-kümmerlich, daß sie offensichtlich in drei Minuten wußten, daß ich log.

Ihre Freundlichkeit schmolz dahin, und sie forderten mit Nachdruck, ich solle ohne Umschweife den wahren Grund meines Hierseins erklären. Wahrscheinlich wäre es im Roman oder Film zu einer wochenlangen Zerreißprobe gekommen: Ich hätte mich geweigert auszusagen, und die Herren im weißen Kittel hätten mich gefoltert. Ich bin kein Held. Nach der ersten mißlungenen Lüge sagte ich unverzüglich die Wahrheit. Die lange Reise hatte mich mürbe gemacht wie eine alte Luftmatratze.«

Tristan sieht mich beifallheischend an. Diesen Vergleich hat er sich eigens meinetwegen einfallen lassen, ich weiß das zu schätzen. Aber auch Zarah buhlt um meine Gunst, sie hat für mich Fahrradflickzeug vom Hausmeistersohn geklaut. Kotzebue wiederum füttert mich pausenlos mit weißer Schokolade, für die wir beide die gleiche Leidenschaft hegen. Im Sommer kann das Leben sehr schön sein. Nur die Diplomatenfrau ist unruhig, weil ihr eine Ameise in den Schlüpfer gekrabbelt ist. Von weitem sehen wir den Oberarzt seine Runden drehen; im Grunde haßt er uns alle, weil wir natürlich nur dank großzügig fließender Gelder unserer Eltern hier sein können (das heißt, ein paar von uns besitzen diese Mittel selbst, weil sie bereits geerbt haben).

Michael Jackson und Zarah verlassen uns, sie wollen üben. »Lasciate mi morire«, hören wir ergriffen. Der Schlangenmensch fährt fort:

»Die Reaktion der drei Männer war ebensowenig spektakulär. Sie schickten mich ins Bett. Etwas anderes interessierte mich in jenem Augenblick auch gar nicht. Als ich erfrischt in einem Gästehäuschen erwachte, brachte man mir Reis mit gebratenem Hammelfleisch, Mangos und grünen Tee. War ich Gefangener oder Gast? Konnte ich furchtlos essen und schlafen, oder erwartete mich der Tod? War dieses vorzügliche Essen meine Henkersmahlzeit?

Bevor ich lange grübeln konnte, holte man mich zur Sightseeing-Tour durch die weitläufige Anlage ab. Wir bestiegen ein Elektroauto und fuhren langsam zwischen Verwaltungsgebäuden, Küchen, einer Färberei vorbei. Kinder zwischen sieben und neun Jahren stürzten aus einem Gebäude.

Das ist des Rätsels Lösung, fuhr es mir durch den Kopf. Diese Kinder gehen wahrscheinlich in keine Schule, müssen bereits im Vorschulalter stricken lernen und verbringen ihre ganze Kindheit mit eintöniger Arbeit. \`Unser Land hat keine Bodenschätze', bemerkte mein Begleiter, \`dafür sind wir reich an Kindern. Früher waren wir ein sehr armes Land. Aber seit wir in den Bergen Schafe züchten und aus der Wolle Pullover herstellen, können wir einen großen wirtschaftlichen Aufschwung verbuchen.' Er lächelte stolz. Ich fragte, was die Kinder hier täten. Alle Schulklassen des Landes verbrächten abwechselnd einige Wochen im Camp. Sie machten Ferien und dürften die Farben der Pullover nach eigenem Geschmack zusammenstellen.

Wir hielten an einem Gebäude, das ein Laboratorium zu sein schien. Hinter dem ersten Raum, der Mikroskope und mir unbekannte Instrumente enthielt, erblickte ich einen langgestreckten Saal. Dort standen Regale mit flachen, offenen Schubladen. Es brannte ein eigentümliches, künstlich-violettes Licht. Ich trat näher, um einen Blick auf die Schubladen zu werfen. Sie waren mit Sand gefüllt; darin eingebettet steckten Eier unterschiedlicher Größe und Färbung. Ohne meine Fragen zu beantworten, ließ man mich wieder den Wagen besteigen.

Die Anlage war groß. Arbeiter mit Säcken, Elektrokarren mit bunt gefärbter Schafwolle, ein Förderband mit Mist – alles schien durchdacht und sinnvoll, ergab aber für mich keinen Zusammenhang.

Wir kämen jetzt zum Zentrum, sagte der Forscher, eigentlich dürfe man nur alle zwei Stunden bei Stromabsperrung passieren, aber ich sei ja kein Kind mehr und werde mich vor den elektrischen Drähten vorsehen. Man öffnete uns ein weiteres Tor, das mit plumpen Totenköpfen, Blitzen und anderen warnenden Symbolen gekennzeichnet war. Zu meinem Erstaunen betraten wir aber kein Gebäude, sondern ein riesiges freies Feld, auf dem abgestorbene Bäume wie Kreuze auf einem Friedhof in regelmäßigen Abständen eingerammt waren.

Beim zweiten Blick gerann mir das Blut in den Adern. Auf jedem toten Baum, in jeder Astgabel lag auf einer Plattform eine Schlange, die gleichsam als lebende Rundstricknadel an einem Pullover arbeitete. Mir stockte der Atem. Der Forscher kostete mein Entsetzen aus, er freute sich von Herzen.«

Vor uns pflanzt sich ungebeten und lauschend Rainer, der Romanist, auf. »Decamerone«, meint er geheimnisvoll. Er glaubt, daß wir alle – wie er – aus Angst vor Aids hierher geflüchtet sind. Dabei konnte er sich sicherlich stets eine sterile Kanüle leisten.

Kotzebue kapiert weder Anspielungen auf Boccaccio noch auf Handarbeitstechniken. »Schlangen haben keine Hände«, meint er. – »Typisch Mann«, sagt Tristan, »alle Frauen haben mich sofort verstanden, die wissen eben, was eine Rundstricknadel ist.« Ich nicke. Die Schlangen arbeiten mit ihrem geschmeidigen Leib, erkläre ich, Kopf und Schwanz treffen sich als Nadelspitzen.

Tristan nickt beifällig und spricht weiter: »Ich betrachtete mir nun die Konstruktion genauer. Schlangen der verschiedensten Länge, von daumendickem bis streichholzdünnem Umfang, bewegten sich nahezu geräuschlos und strickten in atemberaubender Schnelligkeit. Über ihnen war ein Schutzdach aus Wellblech montiert, die kreisförmige Plattform bestand aus geflochtenem luftigem Bast. Um jedes Schlangennest spannte sich ein enges Netz aus Elektrodraht. Unter den Bäumen standen Körbe mit farbiger Wolle. ›Die größten Probleme‹, erklärte mir der Forscher, ›machten uns lange Zeit die Freßgewohnheiten der Schlangen. In freier Natur pflegen sie nämlich nur alle zwei Tage ausgiebig zu speisen und danach fast vierzig Stunden zu schlafen. Für unsere Zwecke war das unmöglich. Durch Zucht und Dressur haben wir erreicht, daß sie jetzt häufig kleine Mahlzeiten zu sich nehmen und dadurch nicht träge werden‹. Er sah auf die Uhr. ›In fünf Minuten ist es wieder so weit‹.

Wirklich ertönte bald darauf ein Gong. Wärter erschienen mit Futtersäcken, gleich-

zeitig wurde der Strom abgeschaltet. Die Schlangen hörten unverzüglich auf zu arbeiten. Beim zweiten Gong begann die Fütterung mit weißen Mäusen, und bei einem dritten Signal erschienen die Kinder, die ich bereits gesehen hatte. Geordnet, in Zweierreihen. Jedes Kind trug eine Zahl am Pullover und begab sich ohne Umschweife zu einer bestimmten Schlange, an deren Blechdach die gleiche Nummer befestigt war. Die Schüler schnitten den baumelnden Wollfaden ab und knüpften eine neue Farbe an das lose Ende. Dies geschah mit großem Ernst und nicht ohne Zögern und Abwägen. Es schien, als seien sich die Kinder bei dieser kreativen Handlung einer großen Verantwortung bewußt.

Der Forscher fragte, ob ich Lust hätte, mir einen Pullover nach eigenem Geschmack stricken zu lassen. Ich nickte beklommen. Er maß meine Größe mit den Augen und wollte wissen, ob ich einen grob- oder feingestrickten Pullover wünsche. Ich entschied mich für einen dicken, und er führte mich zu einer Gruppe molliger Schlangen. Ein grünes Tier mit Goldaugen sollte für mich arbeiten. Ich wählte Farben in Blautönen, ein wenig Naturweiß und Bambusgrün. Der Forscher hielt der Schlange, die geruht hatte, das blaue Wollende hin und schaltete an einem Spezialschalter den Strom ein. Sofort nahm die Strickerin Maschen auf. Als der Wissenschaftler der Meinung war, daß es für meinen schmalen Körperumfang genug war, drückte er auf einen zweiten Schalter, und die Schlange begann zu stricken.

Leider ginge es nicht ohne Strom, erklärte mein Führer, obgleich es ihm natürlich auch lieber wäre, wenn die Schlangen freiwillig arbeiteten; man experimentiere augenblicklich mit einer Spezies, die ohne Zwang stricken könne. Jetzt bedürfe es aber leider noch dieser rigorosen Maßnahmen: Ein kompliziertes System sorge dafür, daß die Arbeiterinnen keinen Schlag erhielten, solange sie die Strickbewegungen flink und regelmäßig ausführten. Sobald sie aufhörten, erhielten sie empfindliche Stromstöße. Wenn man von den Fütterungspausen absähe, arbeiteten die Tiere ohne Unterbrechung, bis ein ganzer Pullover fertig sei. Dann allerdings durften sie zwei volle Tage schlafen.

Inzwischen war mein Pullover schon um einige Zentimeter gewachsen, mir graute. Ich bat, zurückzufahren. Auf dem Heimweg zeigte man mir noch eine kleinere Halle, in der Frauen mit dem Einnähen von Ärmeln beschäftigt waren. Als wir wieder im Büro saßen, wurde mir schwindlig. Ich machte den Wissenschaftlern die schlimmsten Vorwürfe, KZ der Tiere war noch eine milde Variante.

Die Forscher fragten gekränkt, ob mir menschliche Ausbeutung lieber gewesen wäre? Im übrigen hätten sie eine Kommission gebildet, die sich mit der Altersversorgung strickender Schlangen befasse.«

Wir starrten Tristan an. Wieso war er noch am Leben, warum hatte man ihn nicht liquidiert? Der Schlangenmensch sagte, er sei sehr krank geworden, und man habe ihn nach seiner Genesung mit dem nächsten Pullovertransport zurück nach Hongkong gebracht. Offensichtlich waren die Tierquäler davon ausgegangen, daß ihm kein Mensch seine geheimnisvolle Geschichte glauben werde. Womit sie leider recht behielten.

Ich betrachte den Pullover, den er mir geschenkt hat. »Ist der von dort?« frage ich. Bei Männern, die ich mag, bringe ich meistens keinen kunstvollen Satz zustande. Tristan nickt. Wir sind allein, Kotzebue und die Diplomatenfrau haben sich taktvoll davongeschlichen. »Und deine Schlangenphobie? Kommt die auch von dort?« frage ich wieder etwas ungelenk. Er schüttelt den Kopf. »Ich habe keine Schlangenphobie. Mein Problem sind die Menschen.« Ich verstehe ihn gut, denn mir geht es genauso. Vielleicht sollte ich auch Zoologie studieren.

Am Abend werfe ich die Tranquilizer ins Klo und mache mich auf den Weg. Das Gebäude, in dem Tristan wohnt, liegt ganz hinten, ich muß den dunklen Park überwinden. Aber ich habe keine Angst mehr vor Kröten, Spinnen und Oberärzten. Als ich die Tür seines Zimmers aufreiße, sitzt der Schlangenmensch im Schneidersitz auf seinem Bett und strickt. Weinrot und türkis, rosenholz und apfelgrün, himbeer und gold. Mein Gott, wie sehr habe ich mir einen Mann gewünscht, der mir Pullover strickt.

Ingrid Noll, geboren 1935 in Shanghai, studierte in Bonn Germanistik und Kunstgeschichte. Ihr erster Roman *Der Hahn ist tot* mit der unvergeßlichen Titelheldin Rosemarie Hirte fand im In- und Ausland große Beachtung. Für die *Häupter meiner Lieben* erhielt sie den Glauser-Preis. Ihr neuester Roman *Die Apothekerin* (1994) ist das geniale Comeback der Rosemarie Hirte. 1996 veröffentlichte Ingrid Noll ein Kinderbuch, *Der Schweinepascha,* das sie ihren inzwischen erwachsenen drei Kindern gewidmet hat und von ihr selbst illustriert worden ist.